SAUVEZ MES ENFANTS

UN ÉTONNANT RÉCIT DE SURVIE ET DE SON HÉROS IMPROBABLE

LEON KLEINER
EDWIN STEPP

TABLE DES MATIÈRES

Introduction	ix
1. Mon lieu de naissance - Une histoire de haine	1
2. Une enfance merveilleuse	6
3. Les nuages noirs de la guerre	14
4. La mainmise soviétique	19
5. Le commencement de la vraie terreur	27
6. Pour la première fois, les Allemands arrivent à Tluste	33
7. Un antisémite redouté revient à Tluste	37
8. Mort imminente pour Edek	46
9. Abandonnez vos fourrures, ou mourez	55
10. Tusia frôle la mort avec un officier SS	60
11. Il est temps de se cacher	64
12. Trouver de la nourriture	70
13. Mon ami risque sa vie pour la mienne	74
14. Tusia chez les Gentils	82
15. Typhus	100
16. Aux camps de travail	105
17. Tluste devient un bain de sang	108
18. L'avancée du Judenrein	115
19. À l'intérieur du bunker	130
20. Tuer le temps	144
21. Fryma est retrouvée	152
22. Se préparer pour un hiver très long	159
23. La décision de vie ou de mort de Timush	166
24. La vie sans Timush	172
25. "Les Russes sont là !"	179
26. Hors du bunker	184
27. Le retour des Allemands	190
28. Fiévreux et délirant	198
29. Les Nazis, enfin repoussés !	203
30. Le destin de Timush et Hania	218

31. À la recherche d'un nouveau chez-nous 223
32. Comment survivre à Cracovie 227
33. La route vers Prague est une route sinueuse 233
34. Nouveaux démêlés avec la mort 238
35. Le petit train pour Budapest 242
36. Prague, enfin ! 247
37. D'Est en Ouest 250
38. La vie en tant que personne déplacée 258
39. Face à la mort une dernière fois 263
40. Épilogue 273
41. Comment nous avons appris le sort de Timush et Hania 281

Remerciements 291
Photos 295
À propos des auteurs 317

ISBN 9789493276796 (ebook)

ISBN 9789493276789 (livre de poche)

Éditeur : Amsterdam Publishers, Pays-Bas

info@amsterdampublishers.com

Copyright © Leon Kleiner, 2020

Première de couverture : la famille Kleiner avant la guerre. De gauche à droite : Edek, Pearl "Pepi", Tusia, Izak "Zunio", et Leon Kleiner

Tous droits réservés. Aucune partie de cette publication ne peut être reproduite ou transmise sous quelque forme ou par quelque moyen que ce soit, électronique ou mécanique, y compris la photocopie, l'enregistrement ou tout autre système de stockage et de récupération de l'information, sans l'autorisation écrite préalable de l'éditeur.

Traduit de l'anglais : Save My Children. An Astonishing Tale of Survival and its unlikely Hero

Traductrice : Chjara-Stella Poggionovo

Je dédie ce livre à mes deux filles, Susan et Nina, mes petits-enfants Jamie, Danielle, Carly, Drew et Xander, et à mon arrière-petit-fils Liev Max.

À la mémoire de David

Notre fils, un frère et un oncle aimant.

INTRODUCTION

Cette histoire est l'incroyable histoire d'une survie contre toute attente. Elle est le récit passionnant d'une fuite de l'horreur la plus inconcevable, remplie de coups du sort improbables ayant permis aux chassés d'échapper à leurs chasseurs. La chronique de l'incroyable transformation et de la rédemption d'un homme jadis empli de haine et de violence, et de son sacrifice final afin de sauver ceux qu'il avait un jour voulu exterminer.

Mais cette histoire n'est ni une fiction, ni un mythe. Elle a bel et bien eu lieu. Et de ce fait, cette histoire est, plus particulièrement, une mise en garde pressante quant au fait que la haine, l'intolérance et le racisme peuvent mener à la destruction, à la violence et au génocide. Malheureusement, l'histoire de l'humanité regorge d'exemples de "nettoyages" ethniques, religieux et culturels. Toutefois, nombreux sont ceux qui, hélas, n'en tirent aucune leçon, ce qui conduit ces maux à revenir nous hanter éternellement.

Bien que de nombreux témoignages au sujet de l'Holocauste aient été apportés, certaines personnes continuent aujourd'hui encore de nier son existence, ou pire encore, ne voient pas où est le mal. Nous ne pouvons pas autoriser que la réalité, ainsi que les leçons que nous en tirons, soient oubliées. Nous devons enseigner à toutes les générations que la nature humaine peut être exploitée par des hommes malintentionnés dans le but de commettre les crimes les plus sordides envers des innocents.

Puisque tant d'écrits et de documents ont été produits au sujet de cette période sombre de l'histoire humaine - pourquoi un nouveau livre est-il nécessaire ? Comment cela se fait-il que je ressente ce besoin de raconter mon histoire ? N'est-elle pas comparable à celles de tant d'autres ?

Miep Gies, cette Hollandaise qui joua un rôle clef dans la publication des premiers témoignages que le monde reçu de cette période sombre - celui d'Anne Frank et de sa famille - s'était exprimée à ce sujet : "Anne ne peut pas, et ne doit pas, représenter l'intégralité des personnes auxquelles les nazis ont ôté la vie. Chacune des victimes avait ses propres idées et ses propres perspectives sur la vie. Chacune des victimes occupait une place unique dans le monde et dans le cœur de sa famille, de ses amis. Dans leur folie raciale, Hitler et ses complices ont tenté d'affirmer le contraire : ils ont représenté les juifs, ainsi que de nombreux autres groupes, comme des ennemis sans visage en anéantissant six millions d'individus, en exterminant six millions de vies humaines."

Gies avait raison. Toute histoire personnelle revêt une importance cruciale car elle apporte aux chiffres un visage, une dimension et une réalité, sans lesquels ils sont anonymes, insignifiants et incompréhensibles. De plus, les événements consignés ici ne font pas uniquement partie de mon histoire. Il s'agit tout autant de l'histoire de celui qui, en bout de ligne, a donné sa vie pour sauver la nôtre. Un homme sans qui nous n'aurions pas pu survivre et, plus tard, nous épanouir. C'est également une pièce maîtresse de l'immonde puzzle qu'a constitué l'Holocauste. L'histoire de cet homme - notre histoire - offre une lueur d'espoir sur le potentiel que les gens ont de changer, et que ce changement peut émerger même des esprits dans lesquels la haine et les préjugés sont les plus solidement ancrés.

Je n'ai pas beaucoup parlé de ce que j'ai vécu durant l'Holocauste, bien que l'on m'ait quelques fois demandé d'en faire le récit. Une fois l'invitation acceptée, un court récit s'ensuivait, dans lequel je parlais principalement de mes amis, de mes amis d'enfance. Je me souviens de leurs noms et de ce à quoi ils ressemblaient. Je préférais parler d'eux plutôt que de moi-même. Il y avait Jancio Landau, un garçon maigre et plutôt grand ; Zenek Meiberger, un garçon potelé qui adorait lire des livres ; Zyga Francus, qui persécutait toute la classe ; Sala Schwartz, qui ressemblait à une poupée, avec sa peau de porcelaine et son allure frêle ; Nunio Krasucki, un très beau garçon ; Fela Miler, pour qui j'avais le béguin. Elle fut mon premier amour.

Et puis il y avait Rysiek Lewinkron. Malheureusement, son histoire est très triste. Il était fils unique de parents qui avaient décidé qu'ils n'endureraient ni la faim, ni la menace quotidienne de la mort, ni l'humiliation de la vie du ghetto. Rysiek et ses parents se sont suicidés dans le ghetto de Tarnopol.

Rysiek ne fut pas le seul de mes amis de Tarnopol à mourir. À la fin de la guerre, j'ai appris qu'aucun de mes camarades de classe, copains et copines de là-bas n'avait survécu, ni eux ni leur famille.

Je n'ai jamais pu me défaire de cette tristesse que j'ai éprouvée quand j'ai appris que mes amis avaient pratiquement tous disparu.

Ils n'étaient que des enfants innocents et tous étaient dotés d'un si grand potentiel. Et puis, il y a tout naturellement la culpabilité que je porte d'avoir survécu. Il m'est ainsi vital de me souvenir d'eux.

À de multiples reprises, j'ai songé à relater mon histoire. Mais, quelque part, ce projet n'a jamais abouti. En fait, au moment où Steven Spielberg commençait ses entretiens avec la Shoah Foundation, les organisateurs m'ont contacté pour savoir si j'acceptais de leur en accorder un. À la même époque, j'étais en voyage à Los Angeles, où la fondation a ses locaux. Quand ils m'ont appelé, nous avons convenu d'un rendez-vous chez ma fille, où je résidais.

Le jour que nous avions choisi pour l'entretien était un samedi matin. Mais une fois le jour arrivé, je me suis réveillé, pris d'une peur intense. Je me suis levé et me suis dit : "Je ne peux pas faire ça." Je n'étais pas prêt à revivre ces événements terribles, même s'ils s'étaient produits plus de 50 ans en arrière. Je n'en étais tout simplement pas capable, il m'était impossible de m'y résoudre. Sans que je sache réellement pourquoi, je me suis levé ce matin-là et ai dit : "Je ne veux pas le faire. Je ne peux tout simplement pas."

Je les ai donc appelés pour annuler l'entretien, navré de ne pas avoir trouvé la force de raconter cette histoire. Depuis ce jour, je vis avec le sentiment d'avoir manqué à mon devoir d'apporter une preuve supplémentaire de l'un des plus grands crimes que l'humanité ait connu. J'ai porté ce poids pendant près de 20 ans, mais quelque chose dans un coin de ma tête persistait, me poussait à essayer encore.

Mon histoire est aussi celle de la survie de ma famille. Au point d'orgue de cette histoire, je vivais en contact très étroit avec ma tante, mon frère, ma sœur et son petit-ami, les seuls de notre famille proche à s'en être sortis sains et saufs à l'issue de cette guerre.

Mon frère et ma sœur ont tous deux raconté leur histoire à la Shoah Foundation. Leurs histoires sont, bien sûr, très similaires à la mienne, et cela m'avait rendu si heureux de savoir qu'ils avaient eu le courage d'endurer patiemment ce long processus pour que leur témoignage soit recueilli. J'ai, cependant, quelque chose à ajouter à leur propos. Du temps où nous vivions cette épreuve, tous deux étaient plus âgés que moi. Mon frère et ma sœur étaient deux adolescents qui s'apprêtaient à entrer dans l'âge adulte. J'étais un jeune garçon, à des lieux d'imaginer la vitesse avec laquelle le monde pouvait perdre la tête. La guerre m'a volé mon enfance, mais je fais partie des chanceux de l'histoire. D'autres ont perdu la vie, sans avoir eu la chance que j'ai eue de m'épanouir en dépit des ces événements tragiques. J'en arrive à croire qu'il était important que je raconte les détails de ma propre histoire. La perspective est différente de la leur. Il s'agit de celle d'un jeune garçon devenu adulte dans un monde détruit, plutôt que dans un monde aux possibilités sans limite. Le plus grand crime de cette histoire réside dans le meurtre atroce de ces personnes jeunes et innocentes. Elles sont si nombreuses à avoir été tuées, sans jamais avoir eu la chance de pouvoir raconter leurs histoires.

J'ai perdu mon frère début 2017. Ma sœur, en 2010. Du temps de notre combat contre ce terrible calvaire, jamais nous n'aurions cru vivre des vies aussi riches et prospères que celles que nous avons vécues après la guerre. J'ai 90 ans au moment où j'écris ce livre. Mon frère a vécu jusqu'à ses 94 ans, et ma sœur, 87. Et pourtant, leur disparition me causa une profonde tristesse et leur départ, une grande perte. Je sais que les années me sont comptées, et que mon histoire - qui est aussi celle de ces jeunes innocents et de cet homme admirable, ancien anti-sémite convaincu, devenu notre sauveur - doit être racontée.

Bien que mon frère et ma sœur aient enregistré leurs souvenirs lors de l'entretien avec la Shoah Foundation, notre histoire n'a jamais été écrite ni publiée. Il m'a donc semblé important d'en laisser, à mon tour, une trace historique.

Voici donc mes souvenirs de cette extraordinaire histoire de survie.

1

MON LIEU DE NAISSANCE - UNE HISTOIRE DE HAINE

Nul ne peut choisir la date et le lieu de sa naissance. Et quand bien même nous en serions capables, quelle assurance aurions-nous d'avoir pris la bonne décision ? Si l'on m'en avait donné la possibilité, je suis plutôt certain que j'aurais tapé à des portes bien différentes de celle devant laquelle le destin m'avait déposé. Néanmoins, ce sentiment ne me vient qu'en regardant en arrière, vers cette longue vie que j'ai eue et plus particulièrement vers la période qui la représente le plus : 1939-1945, en Pologne orientale.

Jeune garçon, la vie m'avait apporté tout ce que je désirais, je n'aurais pas pu aspirer à une enfance meilleure. Mais, au moment où le monde commença à s'enfoncer dans les ténèbres de la Seconde Guerre mondiale, ce constat initial connut un changement irrévocable. Il n'y avait, à l'époque, pire condition possible que celle d'un juif en Europe de l'Est. Au cours de ces longues années, je n'ai eu de cesse de me trouver au cœur de situations dépourvues de tout espoir d'évasion. Pourtant, dans toute cette horreur, j'étais au bon endroit au bon moment, et cela m'a permis d'éviter la mort. Des millions de mes camarades juifs n'ont pas eu cette chance. Donc, tout autant que je me demande ce à quoi ma vie aurait ressemblé si j'étais né dans une époque et un endroit différents, je me rends finalement compte que j'ai déjoué tous les pronostics, et qu'au bout du compte, c'est ainsi que j'ai été le plus heureux.

Nous sommes en août 1928 dans une petite ville nommée Tarnopol. Elle faisait à l'époque partie de la Pologne, avant de devenir l'une des principales villes situées à la frontière de l'ouest de l'Ukraine. Si vous vous lanciez aujourd'hui sur quelques recherches à son sujet, c'est probablement l'orthographe ukrainienne que vous rencontreriez, Ternopol. Cependant, nous utiliserons l'orthographe polonaise pour y faire référence dans ce livre, tout comme pour la plupart des autres villes qui font partie de mon histoire.

Quand j'y suis né, Tarnopol était une ville d'environ 50 000 habitants, dont près de la moitié était de confession juive. La ville compte à ce jour une population d'environ 250 000 habitants. Pratiquement aucune de ces personnes n'est juive. Quelques centaines d'années avant qu'elle ne soit connue sous le nom de Tarnopol, les populations s'étaient implantées le long de rivière Seret. Son nom lui fut attribué en 1540, au moment où Jan Amor Tarnowski, un haut commandant de l'armée polonaise, reçut l'autorisation de mettre en place des fortifications comme moyen de défense contre les Tatars. Le nom de "Tarnopol" provient de la combinaison de son nom de famille et du terme grec de "polis", signifiant la ville. Mais quand les Ukrainiens prirent le contrôle de la ville, ils y substituèrent le nom ukrainien, qui signifie "champ d'épines."

Enfant, j'avais une représentation bien différente de cette ville. Elle n'avait rien à voir avec un champ truffé d'épines, bien au contraire, je trouvais l'endroit très agréable. C'était une ville effervescente. Les rues étaient bordées de magasins et de restaurants animés, et l'on sentait tout l'amour que les gens portaient à la musique, à l'art et à la culture. L'image que j'avais du lieu où je suis né n'avait rien en commun avec celle qu'évoquait l'étymologie ukrainienne. Mais je savais si peu de ce que le futur apporterait. Pour moi, et pour les personnes que j'aimais, Tarnopol allait rapidement devenir un cauchemar disproportionné - le genre de cauchemar qui vous fait passer un champ d'épines pour un lit de roses.

L'histoire des juifs, population parsemée au sein d'autres peuples d'Europe, était une longue histoire d'acceptation et de tolérance précaires, ponctuée à de nombreuses reprises de violence et de haine. Les premières traces d'arrivées de juifs dans les régions de Tarnopol et de Galicie, qui sont les plus grandes régions de Pologne orientale et d'Ukraine occidentale auxquelles la ville appartient, remontent au XIVe siècle. Au cours des deux cents années suivantes, les juifs se sont installés dans ces régions par vagues successives. Tandis qu'on les encourageait parfois à s'installer dans des régions placées sous la protection des autorités compétentes locales, dans certains cas, les populations juives migrantes étaient menacées de persécution et d'exil forcé. L'inquisition espagnole, par exemple, est l'une des causes principales de la fuite des juifs vers l'Europe de l'Est. Les juifs quittaient l'Espagne et le Portugal, et arrivaient à Tarnopol. Plus tard, d'autres exils forcés contribuèrent à un accroissement rapide du niveau de population dans la région. Au début du XVIe siècle, la population juive de Pologne orientale ne représentait que 0,5% de l'ensemble de la population. Toutefois, au début du XVIIe siècle, on note une arrivée d'à peu près 500 000 juifs dans la ville. Les juifs représentent alors 5% de la population globale. Il fait peu de doute qu'à la création de

Tarnopol en 1540, les juifs comptaient parmi les premières populations à s'y installer.

La ville étant située à la confluence de plusieurs ethnies et nationalités rivales, elle semblait constamment aux prises de guerres frontalières. Polonais, Russes, Suédois, Autrichiens, Hongrois, Tatars et Turcs, tous revendiquaient le pourtour de Tarnopol, s'affrontant à de multiples reprises. L'économie s'en est trouvée perturbée, évoluant au gré des événements au cours des quatre cents années qui s'ensuivirent. L'antisémitisme oscillait également entre essor et déclin à chaque nouvelle vague de guerre et de précarité financière engendrée. Mais il était toujours présent, même en temps de paix, bouillonnant sous la surface, prêt à exploser lorsque les Gentils avaient besoin d'un bouc émissaire pour leurs problèmes.

Mais dans le Tarnopol où j'ai grandi, celui qui comptait autant de juifs que de non-juifs, il faisait bon vivre. Son histoire brutale a été oubliée depuis longtemps. Grâce à son ingéniosité et à son travail acharné, le commerce de mon père nous permettait, à ma famille et à moi-même, de vivre une vie prospère. Nous faisions partie de la classe moyenne supérieure et, quand je regarde en arrière, je comprends combien nous étions gâtés. De temps à autres, il nous arrivait de rencontrer de l'anti-sémitisme, mais dans l'ensemble, nous menions une vie tranquille aux côtés des non-juifs. Bon nombre d'entre eux fréquentaient la boutique de mon père, et étaient affables et sympathiques. Au vu de telles circonstances, l'idée selon laquelle l'humanité s'était extirpée de ses sombres années de tribalisme pour s'épanouir dans une renaissance de la civilité était crédible.

Les promesses de la modernisation grimpante de la société nous ont peut-être pris en traître. Du fait des avancées technologiques et scientifiques rapides, était-il trop simple de croire que nous connaîtrions une évolution similaire avec nos valeurs sociales ? La Première Guerre mondiale avait été surnommée "la guerre pour mettre fin à toutes les guerres", et à la suite de la dévastation qu'elle engendra, il s'était déployé l'espoir d'un monde dans lequel il nous serait possible de vivre dans le dépassement pacifique de nos différences.

Dans une certaine mesure, mon père est devenu victime d'une telle pensée, comme je le révélerai plus tard. Cette pensée l'a empêché de nous protéger contre cette tempête en approche, malgré l'abondance des signaux qui nous parvenaient. Malheureusement, nous avons appris, bien trop tôt, que le progrès technologique ne mettrait rien en œuvre pour réparer les failles de la nature humaine. Le passé laissait présager une histoire différente, une histoire tachée de sang et ravagée par la destruction, une histoire dont la triste intrigue s'est bien trop souvent répétée. Pourtant, en dépit de cette longue histoire de meurtres et d'oppression, personne n'aurait jamais pu prédire la portée et l'ampleur de la monstruosité des événements à venir.

2

UNE ENFANCE MERVEILLEUSE

J'étais le plus jeune de la fratrie. Le plus âgé, mon frère Edek, avait cinq ans de plus que moi, et ma sœur Tusia, quatre. Mon père s'appelait Izak, mais sa famille et ses amis l'avaient surnommé "Zunio", un surnom affectueux créé d'une déformation taquine de son prénom. Ma mère s'appelait Pearl, mais elle aussi était plus connue à travers son surnom affectueux. Sa famille et ses amis proches l'appelaient "Pepi".

Mon père était originaire d'une ville appelée Stanisławów, située à quelques kilomètres au sud de Tarnopol. C'était une ville de province dans laquelle il grandit dans des conditions très modestes. Pour gagner sa vie, son père achetait et revendait toutes sortes de produits au marché local. Une fois devenu adulte, mon père a été appelé par l'armée autrichienne et envoyé à Vienne. Servir l'armée ne l'enchantait pas, mais il appréciait tout de même la vie à Vienne. Vienne était l'une des plus grandes villes d'Europe à l'époque, une ville trépidante qui, sans aucun doute, permit à mon père d'ouvrir son regard sur le monde qui en fit un homme accompli. Vivre là-bas forgea par ailleurs son goût pour l'art, la culture et les choses subtiles de la vie. Il s'était engagé à ce que mon frère, ma sœur et moi développions ce même amour, et nous fournit de multiples opportunités pour que cela se produise. Il nous inscrivit à des cours de musique et nous encouragea à jouer.

Mais l'événement central qui marqua son séjour en Autriche était sa rencontre avec ma mère.

Je suis sûr que c'est la proximité entre les villes dans lesquelles ils ont respectivement grandi qui les attira l'un vers l'autre. Ma mère venait d'une petite ville nommée Tluste. Elle était située à 100 kilomètres à l'est de Stanisławów. Son père était le propriétaire d'une boulangerie là-bas, et était un juif pieux. Il était l'un des hommes les plus respectés de la région, ce qui avait fait florir son commerce.

C'était un endroit sûr et magnifique où grandir, et je suis certain que ma mère a toujours entretenu un lien tout particulier avec cette ville. Mais, quand elle était jeune, ma mère se languissait de partir à la découverte du monde. Tluste était si petit - pas assez petit pour être un village, mais pas non plus assez grand pour être une ville. Ainsi, quand elle fut assez grande, elle supplia son père de la laisser voyager et découvrir ce que c'était que de vivre dans une grande ville. J'ignore pourquoi elle a choisi Vienne, mais il ne m'est pas trop difficile d'en imaginer les raisons. Plus près de Tluste se trouvaient d'autres grandes villes, telles que Kiev, Varsovie, et même Budapest. Aussi grandes fussent-elles, la culture viennoise représentait l'apogée de l'accomplissement de l'homme, tous domaines confondus. Aucune autre ville dans le monde n'avait autant de choses à offrir, surtout à des jeunes gens au futur prometteur.

Je ne sais pas grand-chose de leur idylle à Vienne. Peut-être en ont-ils parlé devant moi, mais j'étais trop jeune pour m'intéresser à ces histoires ou pour en retenir quelque détail que ce soit. Mais l'attirance avait dû être forte puisque mon père était resté en contact avec elle bien après avoir quitté Vienne et regagné la Pologne. Après son départ, mon père s'est installé à Lwów, la plus grande ville de l'ouest de l'Ukraine, non loin de Tarnopol. C'est là qu'il y a fondé sa chapellerie. En d'autres termes, il fabriquait des chapeaux. À la moitié du XXe siècle, tout le monde ou presque portait un chapeau comme la mode de l'époque le préconisait. Les chapeaux représentaient le statut économique et social d'une personne, ce qui en faisait une affaire lucrative.

Il débuta son entreprise avec un de ses cousins, Max Bickel. Leur partenariat a duré plusieurs années pendant lesquelles ils ont travaillé dur pour apprendre le métier. Je ne sais presque rien au sujet de Max, ou bien de ce qu'il lui est arrivé durant la guerre, mais il est probable qu'il y périt. J'ai la chance d'avoir en ma possession une photographie de lui dans laquelle lui et mon père posent ensemble aux côtés de leurs employés pour la photo d'entreprise. Un jour, ils ont décidé d'ouvrir une autre chapellerie à Tarnopol, et mon père s'y installa. J'ignore si le magasin à Lwów resta ouvert, si Max suivit mon père ou bien encore s'ils poursuivirent leurs actions sur les deux sites en même temps. La photographie qu'il me reste d'eux révèle une plaque sur laquelle on peut lire le nom de l'entreprise et son adresse à Tarnopol. Il arriva un jour où leur partenariat se rompit. Je n'ai jamais su les raisons de leur séparation, ni même s'ils s'étaient séparés à cause de désaccords. Je ne me rappelle pas que mon père en ait même parlé. La boutique à Tarnopol était aussi pourvue d'un magasin de vente au détail, permettant de vendre directement les chapeaux au public. Après s'être installés là-bas, lui et ma mère se marièrent. J'ignore également les conditions dans lesquelles ils se sont retrouvés, ainsi que les détails concernant le mariage. Et, aujourd'hui encore, je ne parviens pas à me souvenir de la date de leur anniversaire de mariage.

Il y a tant de choses que je souhaiterais savoir de la vie qu'ils menaient avant ma naissance, mais les crimes qui ont été commis à notre égard m'ont volé ma chance de savoir. À présent, je me bats pour reconstituer le souvenir des premiers jours de nos vies à Tarnopol. Je me souviens de la beauté du magasin de mon père et de l'élégance avec laquelle la marchandise était présentée afin d'attirer la clientèle aisée qui le fréquentait. À l'intérieur, il y avait un balcon qui surplombait l'entrée du magasin, et je me rappelle qu'enfant, c'est de là-haut que je contemplais les magnifiques dames qui venaient acheter nos chapeaux. Ma famille connaissait alors une période de grand bonheur, un bonheur dont le parfum avait envahi toute la boutique.

L'appartement dans lequel nous vivions n'était ni grand ni luxueux, mais il était agréable et douillet - ma mère avait redoublé d'efforts pour que nous nous y sentions bien. Je me souviens toujours de l'adresse. Nous vivions au numéro 7 Ulica Briknera (rue Briknera). Notre appartement était situé au premier étage de l'immeuble, chaque étage comptait deux appartements. Le nôtre comptait trois chambres : mes parents occupaient la première, ma sœur la deuxième, tandis que mon frère et moi partagions la troisième chambre. L'appartement comportait un balcon qui donnait sur les rues de Tarnopol.

Mes plus anciens souvenirs trouvent leurs racines dans cet appartement - certains me sont très agréables et d'autres me causent de l'embarras. Je garde un très bon souvenir de mes voisins de palier. Ils avaient une fille de mon âge, et même si j'étais très jeune, je commençais déjà à m'intéresser aux filles. Elle s'appelait Nusia, nous avions l'habitude de jouer ensemble et je me souviens de ce frisson qui me parcourait à chaque fois que l'on se touchait.

Tout cela était très innocent, mais je me rappelle encore l'effet que cela m'avait fait de toucher son derrière alors qu'elle portait une robe en satin. Je m'en souviens de manière si vive, comme si cela était arrivé hier.

Mais la plupart de mes souvenirs amènent avec eux un brin d'embarras. Quand je repense au balcon, je me souviens d'un incident qui me rappelle la peste que j'étais. Un jour d'été, mon frère et ma sœur préparaient leurs affaires pour participer à un camp de vacances organisé par le mouvement local de Jeunesse juive. Le camp était réservé aux adolescents, et à l'époque, j'étais trop jeune pour y aller. Je les enviais, et trouvais injuste que l'on ne m'ait pas autorisé à les suivre. J'ai commencé à insister pour y aller. Bien entendu, mes parents sont passés outre ce caprice. Déçu et agacé, j'ai élaboré un plan afin de leur poser un ultimatum. J'ai couru jusqu'au balcon, grimpé sur la balustrade et feignit de sauter par-dessus bord. Tournant la tête vers eux, je pris ma voix la plus éplorée et m'exclamai : "Si vous ne m'autorisez pas à y aller, je me jette du balcon !" Mon frère et ma sœur furent pris d'une crise de fou rire. Mon père, en revanche, ne trouva pas cela drôle du tout et, de sa voix forte et autoritaire, les remit rapidement à leur place. Je doute qu'il ait cru à cette menace, mais il craignait sans doute que je ne tombe accidentellement à cause de toute cette effervescence.

Ce n'était pas la première fois que je faisais l'enfant. Étant le dernier de la fratrie, j'étais gâté et dorloté - les mauvaises actions et les écarts de conduite étaient presque devenus un passe-temps pour moi, et pour lesquels je n'étais que très rarement puni. Un jour, en revanche, j'ai fait quelque chose de très dangereux qui, à juste titre, m'a causé de sacrés ennuis. Ce jour-là, je ne me rappelle pas pourquoi, je me suis énervé contre notre femme de ménage, Régina, et ai commencé à lui crier dessus. Dans un accès de rage, j'ai attrapé un couteau de cuisine que j'ai jeté dans sa direction. J'aurais pu la blesser grièvement, mais fort heureusement, je n'étais pas un bon lanceur de couteau : la lame lui était passé complètement à côté. Nul besoin de préciser que la punition infligée par mes parents fut sévère.

Une autre fois, mon père était en train de préparer son voyage à Stanisławów dans le but de rendre visite à ses parents. Je mourais d'envie d'y aller aussi. Mais pour des raisons que j'ignore, il n'a pas voulu que je vienne avec lui cette fois-ci. Pour m'en faire passer l'idée, il me promit en échange de m'offrir une épée en bois que je lorgnais depuis un moment. L'épée était équipée d'une longue gaine. Je m'étais empressé d'accepter ce pot-de-vin, et il m'acheta l'épée. Recevoir ce jouet m'avait rendu si heureux et, les premiers jours, j'étais très heureux de pouvoir jouer avec. Et puis arriva le jour où il était temps pour mon père de partir en voyage. À ce moment-là, la nouveauté et l'excitation que j'avais ressenties pour l'épée s'étaient dissipées. L'idée même de passer à côté du voyage qu'avait organisé mon père m'emplit de déception. Je commençai à pleurer, harcelant mon père pour qu'il m'emmène avec lui. Il résistait, mais je refusai de raisonner. Je devins alors de plus en plus insistant et pénible, jusqu'à ce qu'il cède.

Dans le monde d'aujourd'hui, personne n'aurait considéré un tel voyage comme une aventure : Stanisławów ne se trouvait qu'à 129 kilomètres, et le trajet n'était au mieux qu'un petit voyage en train. Mais pour un petit garçon des années 1930, partir en Pologne ressemblait à une aventure. Cependant, l'excitation fut courte. Même si, à notre arrivée, j'avais adoré voir mes grands-parents, l'ennui m'a rapidement gagné. Il y avait si peu de choses avec lesquelles je pouvais m'amuser, et je n'avais aucun ami de mon âge à Stanisławów. Après un ou deux jours seulement, la maison me manquait déjà et, en pleurs, je fis un caprice à mon père pour rentrer. Aujourd'hui, je regarde avec peine le tourment que j'ai dû causer à mon père lorsque j'étais enfant - il s'est certainement demandé ce qu'il avait fait pour que son fils devienne un tel diable. Mon frère l'a bien résumé quand il dit à mon sujet la chose suivante : "Mon petit-frère était une plaie. Il voulait toujours nous suivre partout. Il voulait faire tout ce que je faisais, mais avec cinq années de moins !" Mon entêtement coriace n'avait de cesse de l'énerver.

La belle vie que j'ai eue étant enfant a certainement joué un rôle dans mon niveau d'insolence. C'était une époque magnifique, pleine de souvenirs précieux. Nous passions nos étés dans les Carpates, non loin de chez nous, quelque chose qu'une famille moyenne ne pouvait pas se permettre. Mon frère, ma sœur et moi partions avec notre mère pour un mois, tandis que notre père restait à Tarnopol pour s'occuper de sa boutique. À l'inverse, le mois suivant, notre père nous rejoignait, et notre mère retournait en ville pour prendre sa place.

Nous voyagions en train à travers les montagnes, et ces trajets nous remplissaient d'exaltation mon frère, ma sœur et moi. Nous engagions une *daroshka* - un terme polonais pour désigner à la fois le cheval et la poussette - pour nous transporter, nous et nos bagages, jusqu'à la gare. J'adorais monter devant à côté du conducteur, parce qu'il me laissait parfois tenir les rênes.

Nous n'avions pas de maison de vacances, donc chaque année nous louions un chalet dans une nouvelle partie des montagnes. La région était irriguée par la rivière *Prut*. Ses nombreuses roches, rapides et piscines naturelles nous donnaient accès à un grand nombre d'activités et d'aventures le long de ses bords. Mais ce que je préférais faire, c'était de m'asseoir en silence à l'un des bords de la rivière et jeter des cailloux en direction de l'autre bord. Nous faisions des randonnées à travers les bois et les coteaux des montagnes abruptes. Mon père se liait souvent d'amitié avec les habitants de la région. Nombreux étaient donc les gamins du coin avec lesquels nous pouvions jouer à chacune de nos visites.

De temps en temps, mon grand-père faisait le trajet depuis Stanisławów pour nous rendre visite à la montagne. Mes oncles venaient aussi nous voir à l'occasion. Je me rappelle que l'un des oncles que nous préférions nous avait rejoints. Il s'appelait Haim : c'était le plus jeune, son âge était bien plus proche du nôtre, et il était pour nous plus un cousin qu'un oncle. Nous avions également une nounou, venue en aide pour s'occuper de nous tous. Elle s'appelait Zosia, et nous embarquait dans toutes sortes d'activités : au parc, faire des pique-niques, faire du patin, au cinéma. Il lui arrivait même quelquefois de jouer au ballon avec nous. Heureusement pour elle, elle émigra en Palestine avant la guerre. J'ai pu lui rendre visite lorsque je suis allé en Israël quelques années plus tard.

Je garde de très bons souvenirs de cette époque joyeuse et sereine de ma vie, et de ces merveilleuses journées d'été. Puis vint l'été 1939 : il n'y aurait plus de vacances avant un long moment. J'avais tout juste onze ans, et l'horreur à venir précipita considérablement mon passage vers l'âge adulte.

3

LES NUAGES NOIRS DE LA GUERRE

Le fait que la guerre débute à la fin des années 1930 ne surprit personne. Un regard, même furtif, sur les événements s'étant déroulés en Europe aurait permis de voir la possibilité imminente d'une guerre. Nous avions lu les journaux et écouté la radio. Nous faisons partie des rares personnes à pouvoir nous permettre l'achat d'un *Telefunken* allemand. Ces radios étaient à l'époque considérées comme étant les meilleures au monde, et pouvaient retransmettre des émissions en provenance de toute l'Europe. Souvent, dans les années qui précédaient la guerre, nous entendions les discours enflammés d'Hitler débordant de remarques antisémites. Pour le jeune garçon que j'étais, ces nouvelles ne m'inquiétaient que très peu. Elles nous venaient de loin et étaient sans conséquence sur mon quotidien. Mais pour mon père et ma mère, elles leur donnèrent de nouvelles raisons de se faire du souci. Ils étaient pourtant très loin de s'imaginer l'horreur qui nous attendait, nous et nos confrères juifs.

Alors que les nuages noirs de la guerre se déployaient au-dessus de l'Europe, et que l'anti-sémitisme se diffusait sur le continent européen, de nombreux juifs devinrent anxieux, ce qui les poussa à considérer quelles étaient leurs options face à une telle menace. Ceux qui eurent la clairvoyance d'anticiper ce qui arrivait, firent le choix d'immigrer vers la Palestine, d'autres vers les États-Unis. Rétrospectivement, il est facile de soutenir que ma famille aurait dû voir ces signes, et que nous aurions dû quitter la Pologne comme d'autres l'ont fait. Comme le vieux proverbe le dit : tout est clair, avec du recul. Mais dans la réalité de l'instant, la situation était plus complexe, rendant peu fiable toute estimation. Personne ne pouvait prédire le futur dans des temps aussi incertains. Je suis sûr que, même ceux qui sont partis avant que la guerre ne commence, n'ont pû anticiper ce déchaînement d'horreur dans son intégralité.

Pour mes parents, partir aurait signifié abandonner les récompenses d'années de dur labeur, garant de ce train de vie confortable dont nous jouissions à l'époque. Ils avaient passé leurs vies d'adultes à mener leur commerce jusqu'à sa réussite, tout en fondant une famille dans un environnement agréable et en devenant membres à part entière de la communauté locale. Face à une telle incertitude, le premier choix ne fut pas celui de tout laisser derrière nous - bien que nous en ayons eu l'opportunité. Nous avions de la famille aux États-Unis. La sœur de ma mère, qui s'appelait Lena, y avait émigré dans les années 1920, bien avant que les ennuis ne commencent en Pologne. Elle était restée méticuleusement en contact avec sa famille, et surveillait de près l'actualité mondiale. Les événements devenant de plus en plus sombres, elle commença à s'inquiéter très sérieusement de notre futur. En 1939, dans une lettre qu'elle nous écrivit, elle suggérait que nous la rejoignions aux États-Unis. Elle y indiquait qu'elle nous aiderait à déménager et à commencer une vie nouvelle sur cette terre d'avenir.

Mais mon père savait que les juifs émigrant aux États-Unis menaient des vies souvent difficiles et qu'il s'avérerait peut-être compliqué de trouver un travail rémunérateur. Il comprit rapidement que, s'il laissait derrière lui son affaire florissante pour partir en Amérique, le train de vie de sa famille changerait drastiquement. Et puisque la guerre n'était pas encore une certitude, rester et voir l'évolution des choses était selon lui la meilleure des solutions. Comme il avait vécu en Autriche, il ressentait un grand respect pour la culture germanique - son peuple étant pour lui le plus civilisé au monde. Et, même s'il n'était pas dupe des dangers de l'antisémitisme, il ne pensait pas qu'une quelconque violence en émanerait. Sa boutique serait peut-être boycottée, nous ferions probablement face à des injures raciales ou à des agressions verbales, mais le raffinement des Allemands ne permettrait très certainement pas plus que cela. Inutile de dire qu'il sous-estimait grossièrement la haine que nous nous apprêtions à rencontrer. Bien sûr, mon père allait regretter amèrement sa décision. Cela me peine terriblement que les dernières années de sa vie furent marquées par une culpabilité ravageuse et par la dépression, conscient qu'il avait eu l'opportunité de sauver sa famille d'un destin tragique et qu'il ne l'avait pas saisie.

En Pologne et en Europe de l'Est, rien de l'antisémisme ni des menaces de guerre n'était nouveau. Cela ne faisait qu'un peu plus d'une décénie que les Polonais, Ukrainiens et Soviétiques s'était affrontés pour la mainmise sur la ville de Tarnopol. La frontière entre ces trois pays avait évolué plusieurs fois avant et après la Première Guerre mondiale. Toute l'agitation qui en découla avait rendu banales la violence et les menaces envers les juifs de la région. Mais ils ont toujours survécu, se reconstruisant sans cesse malgré la haine et les conflits. Nous savions si peu de cette nouvelle forme que l'antisémitisme allait prendre.

Puis arriva ce jour funeste de septembre 1939 qui déclencha une guerre à grande échelle. J'avais fêté mes onze ans seulement quelques semaines avant qu'Hitler n'envahisse la Pologne. Avant l'invasion, il signa un pacte de non-agression avec Staline qui scinda la Pologne en deux parties, l'une revenue à l'Allemagne, l'autre à l'Union Soviétique. Les armées d'Hitler étaient venues de l'est et avaient rapidement conquis l'ouest de la Pologne, tandis qu'au même moment les forces de Staline s'étaient dirigées vers l'ouest avant de s'emparer de l'autre moitié du pays. Tarnopol tomberait aux mains des Soviétiques, ce qui nous permettrait d'échapper à l'extrême persécution des nazis pendant les deux premières années de la guerre. Les juifs qui vivaient à l'ouest du pays commencèrent très rapidement à ressentir la haine des nazis. Les Soviétiques, à l'inverse, n'avaient pas l'intention de nous exterminer, même si bon nombre d'entre eux étaient également antisémites. Cependant, la vie de notre famille allait changer du tout au tout, et ce, en peu de temps - non pas parce que nous étions juifs, mais parce que mon père était le propriétaire d'une usine et d'un commerce. Nous étions des capitalistes et, de ce fait, les Soviétiques nous considéraient comme des ennemis de la Nation.

C'était un grand moment d'appréhension, de confusion et de peur. Les Russes entrèrent dans Tarnopol sans y rencontrer grande résistance, mais il y eut de la violence dans les rues les deux premières semaines. Les ressortissants ukrainiens et polonais s'étaient unis pour combattre les Russes. Les juifs les plus attachés à leur patrie natale rejoignirent ces affrontements. Des escarmouches éclatèrent alors dans la ville au moment où les nationalistes essayèrent de s'opposer à la prise de pouvoir des Soviétiques. Je me rappelle que, depuis notre appartement, je pouvais entendre ces coups de feu retentir alors que le conflit se propageait dans les rues. Il y avait des tireurs d'élite sur le toit des immeubles, d'autres étaient cachés dans les ruelles, attendant de pouvoir tendre une embuscade aux soldats russes qui patrouillaient dans la ville. Mais les Soviétiques n'allaient pas tarder à gagner le contrôle total. Les mouvements de résistances furent réduits au silence et la plupart des activistes polonais et ukrainiens furent arrêtés et envoyés en prison. Suite à cela, la violence dans les rues s'apaisa, nous permettant de nous sentir plus en sécurité. Hélas, le cours de nos vies s'apprêtait à connaître un changement radical.

4

LA MAINMISE SOVIÉTIQUE

Un jour, peu après l'invasion, les autorités soviétiques sont venues taper à la porte de notre usine. Elles nous signifièrent plusieurs avis d'expulsion, avant de faire appel à quelques bureaucrates pour reprendre notre affaire. Elles s'emparèrent de l'ensemble de nos biens, et firent en sorte que tout devienne propriété de l'État. J'étais trop jeune pour me souvenir de chaque détail de la prise de la ville. Mais je me rappelle avoir senti le désespoir de mon père, une fois dépossédé de tout. On le força à balayer le sol de cette entreprise qu'il avait lui-même bâtie et qu'il avait transformée en un commerce florissant, un service pour lequel on lui octroya un salaire de misère. Il se sentit humilié et abattu.

Imaginez-vous en train de travailler avec soin et assiduité pendant toutes ces années, accumulant sans compter de longues heures de labeur pour que, d'un jour à l'autre, on vous dépossède de l'intégralité de votre ouvrage. Sans surprise, mon père sympathisa alors davantage avec les Allemands dans un premier temps qu'avec les Russes. Mon père était un homme d'affaires qui s'était formé à Vienne et qui s'était battu avec les Autrichiens, les cousins pas si éloignés des Allemands. Il croyait fermement au marché libre, à la propriété privée des biens et des capitaux. Il pensait que la culture allemande était l'une des plus en avance sur son temps. Et, bien qu'il fut conscient de la haine qu'éprouvait Hitler et de ses politiques antisémites, il avait toujours foi en le civisme allemand, certain que celui-ci finirait par l'emporter. En revanche, il savait que si les Soviétiques gagnaient en puissance, cela aurait des conséquences terribles sur son commerce - et il avait raison. Pas étonnant qu'il ait commencé à surnommer tous les Soviétiques "Ivans!" avec mépris, il affichait ses préférences.

Les premiers temps, il nous était possible de rester dans notre appartement à Tarnopol. Mais les autorités nous forcèrent à le partager avec des avocats venus de Russie qui travaillaient pour le compte de l'État. Parmi ces avocats, il y avait deux hommes et une femme. Notre appartement n'était pas très grand, mais nous n'avions pas d'autre choix que de leur faire de la place. Même si l'espace dans lequel nous vivions était exigu, nous n'avions que très peu d'interactions avec eux. Ils restaient entre eux, et nous faisions de même. Aussi gênant que ce mode de vie puisse paraître, ces personnes n'en restaient pas moins, pour la majeure partie, sympathiques et ne nous dérangeaient pas. En revanche, c'est probablement à mon frère Edek que cette cohabitation profita le plus. Il avait été séduit par cette femme avocate, et avait flirté avec elle un moment. Elle semblait l'apprécier aussi, pour le plus grand plaisir d'Edek. Je suis sûr que cette escapade a contribué à rendre ces temps incertains plus tolérables pour lui.

Pour ma part, je ne vivais pas cette période particulièrement mal. En fait, d'une certaine manière, j'étais même plus heureux après la prise de pouvoir des Soviétiques qu'avant, à cause d'une opportunité unique dont ils me firent bénéficier. Les Soviétiques étaient de grands amateurs d'arts et de culture, et encourageaient tous les enfants à s'y intéresser aussi. C'est comme cela que j'eus la chance de rejoindre un groupe de danse folklorique russe dans un centre aéré nommé Palace des Jeunes Pionniers. Ces centres servaient à former des jeunes gens au service du système soviétique. Mon institutrice était une femme juive, nommée Madame Orlinski, réfugiée de l'invasion nazie de Varsovie. Nous avons appris un grand nombre de danses folkloriques russes, avant de les exécuter sur scène dans nos costumes. J'ai répété de longues heures durant, et mes entraînements ont fini par payer. En tant que membre du groupe, nous devions porter des écharpes rouges à l'école ainsi que pour certaines occasions. J'aimais aussi le chant, et ai donc intégré une chorale. Il n'y avait pas que des enfants, la plupart des participants étaient des adultes. On me confiait parfois certains solos, car j'étais à l'époque le seul enfant soliste de la chorale. Ces expériences renforcèrent ma confiance en moi, je n'avais jamais rien senti de comparable à cette excitation de monter sur scène.

Après la prise de pouvoir des Soviétiques, il devint obligatoire pour tous les citoyens d'obtenir un passeport soviétique. Sur nos passeports, on nous assigna un certain titre en vertu d'une nouvelle règle connue sous le nom de "Paragraphe 11". Cela signifiait que nous étions des "bourgeois", faisant de nous des ennemis de l'État. Puisque nous étions vus comme des capitalistes, les Soviétiques voyaient en nous une menace pour le système communiste. Sous la loi du "Paragraphe 11", nous n'étions pas autorisés à vivre dans une ville dotée d'un siège du gouvernement. Tarnopol était le siège du gouvernement local pour le département ou *Oblast*. Pour cette raison, nous fûmes forcés de quitter la ville.

Nous avions demandé la permission de déménager dans la ville où ma mère avait passé son enfance, à Tluste, où ses parents vivaient encore. La ville n'était qu'à une centaine de kilomètres de

Tarnopol, mais nous ne disposions pas de réels moyens pour nous y rendre. Tant bien que mal, mon père fit l'acquisition d'un camion, ce qui rendit notre déménagement bien plus facile. Il s'agissait en réalité d'une véritable prouesse, l'accès à de telles ressources étant limité pour l'époque. La plupart des gens étaient contraints d'utiliser des chevaux de traits pour transporter les charges les plus lourdes. Toutefois mon père, grâce à son ingéniosité sans limite, trouva un moyen de se procurer un véhicule.

Une fois l'ensemble de nos biens chargés sur ce camion, mon père, ma mère et moi sommes partis pour Tluste. Mon frère et ma sœur avaient été autorisés à rester à Tarnopol car ils étaient considérés comme des musiciens très prometteurs. Eux aussi avaient pu étudier la musique à l'arrivée des Soviétiques, et avaient choisi de faire du violon. Pour cette raison, ils furent autorisés à continuer leurs études en ville. Tous deux jouaient dans l'orchestre local, qui comptait près d'une centaine de musiciens. Même si mon frère et ma soeur étaient très jeunes, ils étaient suffisamment talentueux pour être considérés comme des membres indispensables du groupe. Mais, peu de temps après, eux aussi furent contraints de s'en aller. Ma sœur nous rejoignit à Tluste, tandis que mon frère, que les Soviétiques trouvaient exceptionnellement talentueux, fut envoyé à Czortkow pour y continuer ses études de musique. Czortkow était une petite ville, à peine plus grande que Tluste, située à mi-chemin entre Tarnopol et notre nouveau village. Une fois arrivés à Tluste, on nous installa dans un petit appartement situé dans un immeuble appartenant à mon grand-père. Mes grands-parents vivaient dans un appartement voisin - appartement qui comprenait la boulangerie qu'ils possédaient. C'était un peu moins bien par rapport à notre style de vie à Tarnopol, mais c'était relativement confortable et, du moins pour le moment, nous étions à l'abri du tumulte qui secouait le reste de l'Europe. Mon père trouva un emploi de comptable auprès d'une entreprise locale de vêtements, un travail pour lequel il était surqualifié après avoir dirigé sa propre boutique de chapellerie féminine pendant de si longues années.

Je n'ai pas l'impression d'avoir réellement connu mon grand-père. C'était un juif pieux et portait une barbe avec deux longues mèches bouclées de part et d'autre de ses pattes, comme le voulait la tradition juive. Mon père, en revanche, n'était pas très religieux - nous n'avions donc pas été élevés selon les principes orthodoxes. Pour moi, cela rendait difficile toute identification possible avec mon grand-père. Il avait toujours l'air de me juger, comme si je manquais constamment à ses attentes et à son approbation.

Du temps où nous vivions à Tarnopol, notre famille avait conservé de nombreuses traditions juives. Nous fêtions toujours le jour des vacances et, tous les vendredis soirs, un repas de Shabbat était organisé, à l'occasion duquel nous allumions un chandelier. On allait de temps en temps à la synagogue pour Shabbat, mais pas toutes les semaines. Mon père aimait la musique et les chants du temple, mais cela ne représentait rien de profondément religieux pour lui. Il nous avait transmis l'amour des vieilles traditions de nos ancêtres, tout en s'assurant que nous les transmettrons à notre tour. Il nous avait inculqué une croyance en ces traditions comme étant essentielles pour la survie de la culture juive. Mais une fois arrivés à Tluste, la préoccupation constante pour notre survie prit une place telle qu'elle nous rendit moins regardants sur le reste.

Après l'invasion de la Pologne occidentale par les Allemands, de nombreux juifs prirent la fuite vers l'Est, préférant une vie régie par le système soviétique que de connaître le triste sort que leur réservaient les nazis. Certains d'entre eux étaient arrivés à Tluste et dans les villes et villages alentour. L'afflux de juifs en fuite continua même après notre arrivée. Ils nous rapportaient de terribles histoires, notamment sur la détresse des juifs de Varsovie, Cracovie et d'autres villes polonaises sous domination allemande. Malheureusement, les soviétiques n'autorisaient pas tout le monde à rester : certains furent ainsi envoyés en Sibérie. Nous aussi, nous craignions qu'ils ne nous y envoient, surtout parce que nous étions répertoriés comme étant des capitalistes. Cela aurait-il été mieux que de vivre sous le règne allemand ? L'impossibilité de connaître laquelle de ces deux voies aurait été la meilleure trouve son illustration dans le sort que connurent certains de nos voisins de Tluste. Ils furent envoyés en Sibérie, mais avaient confié leur fils de six ans à une famille de Tluste. En fin de compte, ils avaient survécu à la Sibérie, mais après la guerre, quand ils retournèrent chercher leur fils, ils apprirent sa mort tragique dans les mains des nazis.

Certes, toutes ces histoires que nous racontaient les réfugiés de Pologne occidentale me terrifiaient, mais je restais un enfant qui, en fin de compte, voulait surtout s'amuser avec ses amis. Je ne me rappelle pas que mes parents aient essayé de m'expliquer ce qu'il se passait, mais je ressentais leur angoisse et leur peur grandir au fur et à mesure que ces histoires et ces nouvelles horribles leur parvenaient.

Comme la plupart des jeunes garçons, je me suis rapidement adapté aux changements et ma vie à Tluste finit par me sembler normale. Avec le temps, ma nostalgie de Tarnopol s'estompait et je commençais à accepter le fait que notre famille allait devoir emprunter une nouvelle voie vers l'avenir, qui serait différente de celle à laquelle nous pensions. Je devenais de plus en plus actif à l'école et populaire parmi mes camarades de classe. J'avais gagné en prestige grâce à mes talents de danseur folklorique. J'avais eu la chance de monter sur scène pour exécuter les danses que j'avais apprises à Tarnopol au Palace des Jeunes Pionniers. Mes camarades étaient impressionnés par ces acrobaties et enchaînements qui défiaient la gravité, caractéristiques de ces danses traditionnelles russes. Les costumes colorés, les décors mais aussi la musique captivante qui accompagnait ces danses rendait les chorégraphies d'autant plus entraînantes. Dans la petite ville de Tluste, rares étaient ceux qui avaient vu ces danses auparavant, et ceux qui les avaient apprises l'étaient encore plus. J'avais saisi cette chance de pouvoir montrer mon talent dans ma nouvelle école, ce qui me fit devenir une sorte de star de la scène.

Dans l'un de mes spectacles préférés, je devais lever la jambe d'un mouvement tout aussi acrobatique qu'aérien, puis tomber au sol tout d'un coup, prétendant une chute, comme si un éclair m'avait frappé. Cela surprenait toujours le public, qui me regardait d'un air inquiet, craignant pour ma sécurité. Je me relevais doucement, continuant de feindre la blessure, mais au fur et à mesure que la musique s'accélérait, je retrouvais progressivement le même rythme que celle-ci, jusqu'à ce qu'elle atteigne sa vitesse maximale. Une fois que le public comprit que la chute faisait partie de la chorégraphie, leurs yeux s'illuminèrent de rires et d'amusement. Puisque que je devais faire en sorte de synchroniser le reste de mes mouvements avec le rythme de la musique, cette chute était presque toujours improvisée.

Rapidement après avoir commencé à étudier dans ma nouvelle école à Tluste, j'ai rencontré un garçon du nom de Sam Langholz. Sam et moi deviendrons amis pour la vie, et aujourd'hui encore, nous sommes restés très proches. Nous étions assez différents du fait de nos enfances respectives. Il avait grandi à Tluste, et avait mené une vie beaucoup plus modeste que la mienne : moi qui avais vécu à Tarnopol, j'étais un garçon de la ville, cultivé, gentil et gâté par mes parents. Lui était l'archétype du jeune garçon vivant dans une petite ville, moins coquet et moins conscient du monde extérieur que je ne l'étais, mais futé, travailleur et très habile de ses mains. Malgré nos différences, nous sommes très vite devenus amis - et ce sont peut-être ces mêmes différences qui nous ont tant rapprochés. Il me fascinait tant il était débrouillard.

Tout au long de notre amitié, il m'a appris à me débrouiller dans un monde moins doré que celui d'où je venais. Cela me fut d'une valeur inestimable pour le reste de ma vie. J'aime à penser qu'en retour je lui ai apporté le savoir d'une éducation plus cosmopolite, à travers la musique, l'art et la culture que j'avais pu fréquenter dans une grande ville. Sam et moi sommes restés des amis proches pendant presque 80 ans, même si nous avons emprunté des chemins différents pour quitter l'Europe et rejoindre les États-Unis, et que nous y avons vécu à l'opposé l'un de l'autre, sur deux côtes différentes.

Le père de Sam était ferblantier et ferronnier, et j'adorais lui rendre visite dans son atelier. C'était comme un terrain de jeu pour moi. Cet établi et tous ces outils fascinants suscitaient en moi autant d'émerveillement que de curiosité. Sam m'y amenait et nous y jouions pendant des heures, comme si nous étions de véritables forgerons. C'est dans ce même atelier que Sam fut l'auteur d'un exploit absolument héroïque, que je révélerai plus tard. La réalisation d'une action aussi altruiste aurait été extrêmement difficile pour tout autre personne, aussi brave fut elle. Compte tenu du fait qu'il n'était alors âgé que de treize ans, ses actions étaient purement phénoménales.

5

LE COMMENCEMENT DE LA VRAIE TERREUR

En juin 1941, une mauvaise nouvelle nous parvint de l'est de la Pologne. Les Allemands avaient lancé "Opération Barbarossa", une attaque destinée à conquérir le reste de la Pologne, les pays baltes et la Russie. Il s'agissait d'une violation directe du pacte germano-soviétique de non-agression qui avait décrété la partition de la Pologne en deux pouvoirs. Hitler avait donné l'ordre d'envoyer ses troupes vers l'est, avec l'intention de conquérir l'Europe de l'Est et de créer un *Lebensraum* ou "Espace vital" pour le peuple allemand. Cette célèbre offensive allait finalement conduire à la chute des nazis, mais au cours des quelques années qui suivirent son émergence, elle allait avoir d'horribles conséquences pour les Juifs de la région.

Cette nouvelle nous bouleversa beaucoup. Toutes ces années pendant lesquelles Hitler était au pouvoir, nous avons scrupuleusement suivi l'évolution de la situation allemande. Nous avions la radio Telefunken, ce qui nous permettait d'avoir accès à des chaînes de toute l'Europe. Mon père parlait très bien allemand, donc nous écoutions surtout des chaînes d'information de Berlin et d'autres villes allemandes. Nous avions écouté les discours d'Hitler en direct, et sa rhétorique passionnée nous avait tout autant stupéfaits qu'elle nous avait inquiétés. Et, maintenant que les Allemands occupaient la partie ouest de la Pologne depuis à peu près deux ans, de nombreux rapports sur ce que les nazis faisaient aux juifs furent publiés. Des histoires du ghetto de Varsovie et de la déportation massive de notre peuple dans des camps de concentration nous parvenaient régulièrement. Nous savions que, si les Soviétiques perdaient le front, un sort similaire nous attendait.

Les forces allemandes avançaient rapidement. Les troupes soviétiques, qui jusqu'à présent manquaient de ressources pour se défendre, n'offraient que peu de résistance face à la terrible machine de guerre nazie. En à peine quelques semaines, les Russes furent forcés de se retirer de Tluste et de ses environs. Au fur et à mesure que les troupes s'enfuyaient, de plus en plus de juifs décidèrent de les suivre, préférant quitter la ville plutôt que de tomber entre les mains des allemands. Certains d'entre eux avaient tenté de convaincre mon père de les suivre, mais il éprouvait toujours une certaine méfiance vis-à-vis des "Ivans" et avait donc décidé que nous resterions à Tluste. Il se remémorait ses années à Vienne, persuadé une fois de plus que les Allemands étaient trop cultivés pour commettre des atrocités. "Que pourraient-ils me faire de si terrible ?" demanda-t-il. "Ils mettront peut-être un panneau devant mon magasin indiquant 'Magasin juif'. C'est mal, mais je survivrai." Qui plus est, les Soviétiques avaient confisqué tout ce que nous possédions - mais le sort qui nous attendait avec les Allemands allait s'avérer bien pire que ce qu'il escomptait.

Tandis que les Russes fuyaient vers l'est, ils avaient choisi de rapatrier leurs armes par train. Certaines de ces armes devaient transiter via la gare ferroviaire de Tluste. À la fin du mois de juin ou au début du mois de juillet 1941, un train de munitions soviétiques attendait à la gare. Les Russes pensaient qu'ils ne parviendraient pas à déplacer le train avant l'arrivée des Allemands. Plutôt que de laisser ces armes aux Allemands, ils prirent la décision de les anéantir en faisant exploser le train.

Nous ne vivions pas très loin de la gare ferroviaire. Un jour, on entendit une détonation terrible. La terre trembla violemment sous nos pieds, même les immeubles semblaient avoir tressauté. La ville fut enveloppée d'un épais manteau de fumée, de cendres, et d'une étouffante odeur de souffre. On pouvait à peine respirer. La rumeur d'une seconde détonation imminente s'était répandue. Nous avions donc pris quelques affaires avec nous, avant de fuir hors de la ville, vers les champs, où nous avons campé pendant deux nuits, sous le ciel étoilé de cette douce soirée d'été.

Cette situation était cauchemardesque pour nous, mais tant bien que mal nous avions réussi à nous en aller loin de cette odeur nauséabonde et des cendres. Pourtant, aussi horrible qu'ait été cette expérience, il était encore temps d'être un jeune garçon et d'expérimenter les choses merveilleuses de la vie. Pendant que nous campions dans l'herbe haute, sous un toit constellé d'un million d'étoiles brillantes, mon cœur connut ses premiers émois amoureux.

Juste à côté de notre emplacement campait une famille dans laquelle se trouvait une jeune fille de mon école, pour laquelle j'avais le béguin. En plein milieu de cette soirée épouvantable, me retrouver si près d'elle me mit du baume au cœur. Je me rappelle qu'elle portait une magnifique robe à fleurs jaunes, étincelant sous le soleil d'été, qui me donnait infiniment envie de la courtiser. Je faisais tout pour attirer son attention et pour l'impressionner au cours de ces deux jours de "camping". Mais, l'heure n'était bientôt plus à la poursuite des amours de jeunesse. En fait, l'heure n'était bientôt plus à rien d'autre qu'à la survie.

Au fur et à mesure que les Soviétiques fuyaient, approchaient alors les troupes hongroises qui atteignirent Tluste avant les Allemands. Elles étaient les alliées des Allemands et venaient soutenir l'offensive. Avec le vide du pouvoir qui s'ensuivit, quelques factions nationalistes ukrainiennes commencèrent à s'allier en faveur d'une déclaration d'indépendance de l'Ukraine. Sous la domination russe, bon nombre d'entre elles avaient été identifiées comme étant des ennemies de l'État, et cherchaient donc à se venger et à évincer leurs oppresseurs. Certains de leurs chefs, anticipant le retrait des Russes, avaient ainsi déclaré l'Ukraine comme pays indépendant avant même que les Soviétiques eurent quitté Tluste. Les nationalistes étaient dotés d'une base de grande ampleur dans le village et étaient, pour beaucoup, tout aussi antisémites que ne l'étaient les nazis.

Quelques-uns de nos anciens voisins Gentils continuaient de nous traiter avec respect, et faisaient ce qu'ils pouvaient pour nous venir en aide dans cette situation qui empirait progressivement. Malheureusement, en fin de compte, nos anciens amis et associés étaient impuissants, car être suspectés d'une quelconque collaboration avec des juifs leur faisait encourir de graves conséquences. Il n'en reste pas moins que la majorité des Polonais et des Ukrainiens étaient contents de voir notre sort tomber aux mains des nazis. Eux aussi voulaient l'éradication de tous les juifs.

Une fois les Allemands arrivés, ils mobilisèrent les populations locales pour qu'elles les aident à identifier qui était juif. Les Polonais et les Ukrainiens connaissaient l'identité de tous les juifs, même lorsque ces derniers n'en avaient pas le profil - après tout, garder l'anonymat était difficile dans un village aussi petit que l'était Tluste. La plupart des villageois collaboraient avec ferveur, sans jamais hésiter à dénoncer un juif cherchant à se planquer.

Mais, au-delà du simple fait de dénoncer les juifs, nombreux étaient ceux qui initiaient, d'eux-mêmes, des violences à l'encontre des juifs, sachant que les Allemands en approche étaient prêts à commencer ce même processus. En juin, une foule d'Ukrainiens fit irruption dans un village voisin, tuant tous les juifs qu'ils trouvaient. Ces gens étaient ravis d'entendre que les troupes allemandes approchaient et de pouvoir enfin saisir l'opportunité d'agir sur leur haine grandissante. Ils traquaient les juifs des villages voisins, avant de les tuer de manières plus barbares et brutales les unes que les autres, notamment en les poignardant au moyen de fourches, ou en les pourchassant à la hache avant de les battre avec des pelles et des marteaux.

La nouvelle du drame s'était rapidement répandue, de même que la rumeur selon laquelle ils viendraient bientôt à Tluste, car la population juive y est importante. Les gens commencèrent à paniquer, mais en entendant la nouvelle, deux prêtres de Tluste, l'un Ukrainien grec orthodoxe et l'autre Polonais catholique, entreprirent courageusement de confronter la population afin qu'ils cessent le pogrom.

Les prêtres vinrent à la rencontre de la foule sur la route principale menant à Tluste, non loin de la sortie de la ville. La foule s'arrêta un instant pour écouter ce que les prêtres avaient à dire. Au lieu de faire appel à l'amour ou à la pitié des meurtriers potentiels, les prêtres tirèrent parti de leur peur. Ils interrogèrent alors la ville : "Pourquoi vous souilleriez vos mains de sang quand les Allemands le feront pour vous ?", avant de les sermonner de la façon suivante: "Ne laissez pas ce péché souiller vos mains. Laissez Hitler faire le sale boulot pour vous." À ce jour, il est impossible de savoir si ces prêtres se souciaient réellement de notre sort en tant que juifs, mais leurs actes laissaient transparaître un peu de compassion et de dignité, qui leur permit de gagner la reconnaissance de la foule grondante.

En effet, les troupes d'Hitler étaient bientôt à nos portes. En l'espace de quelques semaines, elles prirent le contrôle total de Tluste, tout juste au moment de mon treizième anniversaire. Cette entrée dans l'adolescence n'avait pour moi aucun goût de fête.

6

POUR LA PREMIÈRE FOIS, LES ALLEMANDS ARRIVENT À TLUSTE

Pourchassant les troupes soviétiques en fuite, les forces allemandes approchaient Tluste par l'ouest et le sud. Le mauvais présage se confirmait au fur et à mesure que les forces victorieuses franchissaient notre petite ville. Je me souviens des visages stricts et intimidants des officiers allemands, roulant dans leurs voitures décapotables, impeccablement vêtus d'uniformes gris sombre, décorés de nombreuses médailles. La terre tremblait et grondait nerveusement à mesure que les imposants grumiers descendaient l'avenue principale, leurs couchettes rangées bout à bout, côte à côte, remplis de soldats armés anonymes et sans visage, prêts à débarquer et à en découdre avec l'ennemi en un rien de temps. Ils avançaient, tous ensemble, à l'unisson, tel que l'aurait fait un organisme monstrueux guettant sa proie.

La crainte et l'effroi qu'ils suscitaient à cet instant précis n'étaient rien comparé à l'horreur dont ils s'apprêtaient à être les auteurs. Aussi effrayés que nous étions, nous n'avions aucune idée de ce que ces instruments de mort humanoïdes étaient pleinement capables de nous infliger. Mais nous allions bientôt le découvrir.

Les principales unités de combat continuaient de se déplacer vers la frontière rétrécie de l'Union soviétique. Un petit groupe avait été laissé pour y rétablir l'ordre, et commencer à mettre en place les nouvelles règles du Troisième Reich. D'ici peu, les juifs perdraient la liberté d'aller et venir comme bon leur semblait. Ils seraient forcés de revêtir le brassard que les nazis utilisaient pour identifier les juifs. On entendait de plus en plus de rumeurs circuler sur des assassinats de juifs, précédant le pillage de leur maison, par les populations locales dans des villes voisines. Nous avions dès lors notre morne futur devant les yeux. Mais, au vu de tout ce chaos que le front de la guerre avait engendré, il était trop tard pour nous enfuir.

En l'espace de quelques jours, de nouvelles forces hongroises arrivèrent à Tluste. Elles ne venaient pas pour se battre, mais pour amener des juifs expulsés par la Hongrie. Bon nombre de ces juifs avaient quitté l'ouest pour la Hongrie alors que les rumeurs de guerre se propageaient. Le début de la guerre entraîna une augmentation du flux de juifs en provenance de Pologne et d'autres pays d'Europe de l'Est vers ce pays. Les autorités hongroises prirent alors ces populations pour cibles et mirent en place d'importants moyens pour les expédier de Hongrie. Les premières déportations étaient lentes et pénibles, mais après que les Allemands eurent expulsé les Soviétiques de la Galicie, ils autorisèrent les Hongrois à y envoyer des juifs. Des dizaines de milliers de juifs furent conduits dans cette région, avant d'être engouffrés dans des ghettos tout autour de Tluste et de sa région.

L'arrivée des Allemands mit un terme à tout ce qui, pour nous, avait un semblant de normalité dans nos vies. En août, le gouverneur militaire de Tluste fut nommé, ce qui entérina le règne d'une horreur institutionnalisée dans notre petite ville. De nouvelles forces de polices furent engagées, composées pour la plupart d'Ukrainiens. Aidés par les antisémites de la région, les Allemands possédaient à présent le contrôle total de la situation.

Peu de temps après, les autorités allemandes mirent en place un *Judenrat* à Tluste, comme ils le firent dans toutes les autres régions occupées. Il s'agissait d'un comité, ou d'un conseil, de juifs désignés par les nazis pour effectuer la liaison entre les autorités nazies et les populations juives. Leur travail consistait à aider les nazis à faire appliquer les lois imposées sur les juifs. Ils étaient également forcés d'extorquer de l'argent ainsi que des objets de valeur à la communauté juive, d'aider à rassembler et à envoyer le plus de juifs possible vers les camps de travail, voire parfois, d'exécution.

L'une des premières règles que le Judenrat visait à renforcer, était une méthode que les nazis avaient mise en œuvre leur permettant d'identifier immédiatement les juifs. Ils nous faisaient porter des brassards, et ce dès que nous sortions en public. Ma mère avait confectionné les nôtres, cousant une Étoile de David bleue sur un morceau de tissu blanc. Plus tard, des couvre-feux furent instaurés, et les juifs, forcés d'habiter dans un certain périmètre de la ville. Ces aires exiguës prirent, plus tard, le célèbre nom de "ghettos". Chaque ville sous occupation nazie en possédait un. Bien entendu, celui de Varsovie, entouré de murs et de grillages, était probablement le plus grand et le plus connu de tous. À Tluste, nous n'avions pas été emmurés, nous nous sentions donc moins captifs, néanmoins, nous étions dans l'obligation de rester en permanence dans la section qui nous était assignée.

Une fois ces règles votées, la vie devint rapidement une épreuve monumentale. Nous n'étions plus autorisés à aller faire nos courses, même celles qui concernaient des besoins de première nécessité, et avions l'interdiction de pénétrer dans quelque magasin que ce soit. Il nous était difficile de trouver la nourriture dont nous avions besoin. Nous devions entrer en contact avec des "Gentils" et troquer quelque chose avec eux pour obtenir de la nourriture. La famine s'était abattue sur la population, notamment sur les plus pauvres. Les enfants juifs n'avaient plus le droit d'aller à l'école, tandis que l'on retira aux docteurs et aux avocats juifs le droit d'exercer. Il nous était par ailleurs interdit de fréquenter des chrétiens.

7
UN ANTISÉMITE REDOUTÉ REVIENT À TLUSTE

Un peu plus tôt dans les années 1930, alors que la rumeur de la guerre commençait à se propager à travers l'Europe, l'antisémitisme commença son épouvantable gain de popularité et d'acceptation. Les attaques - violentes et non-violentes - à l'encontre de juifs commencèrent à se multiplier. Les juifs de toutes les villes - grandes et petites, et de tous les villages de Pologne faisaient face à des moqueries, au vandalisme de leurs propriétés privées ainsi qu'à des agressions pures et simples. L'intolérance et le racisme étaient plus que jamais exposés à la vue de tous. Les Polonais et les Ukrainiens faisaient des juifs les boucs émissaires de tous les maux sociétaux et économiques perçus. Nous avions nous-mêmes rencontré une telle vague de haine à Tarnopol durant les années qui ont précédé le déclenchement de la guerre. Des antisémites avaient organisé des manifestations, entraînant le boycott de l'entreprise de mon père, et de son salaire. Cette époque était d'autant plus terrifiante que nous commencions à apercevoir la tempête qui se profilait à l'horizon.

Les juifs de Tluste avaient fait face à des maux similaires, ayant engendré le déclenchement de la guerre. Des années durant, avant que nous ne déménagions là-bas, certains Ukrainiens et Polonais du village les ont harcelés et terrorisés. Les incidents n'étaient pas fréquents, et la majorité des habitants de la ville ne participaient pas à ces actes, mais certains semblaient les apprécier, comme s'il s'agissait d'un passe-temps ou d'un sport.

Un homme en particulier était tristement célèbre parmi les juifs, et avait engendré son lot de problèmes. Il s'appelait Hryzei Timush et était un antisémite endurci. Il s'était fait connaître de la plupart des gens en tant que Timush, tout court. Le meilleur mot pour le décrire était probablement "hooligan", et son seul nom inspirait la peur en chacun. Les juifs de là-bas disaient souvent qu'il ne pouvait aller se coucher si, au préalable, il n'avait pas suscité la peur ou l'effroi de quelques juifs des alentours. Le soir-même il avait cassé les vitrines de maisons et de commerces juifs, ivre de sa visite d'un pub voisin. Un autre de ses passe-temps cruels était d'attraper par la barbe un juif orthodoxe de la ville, et d'essayer de la lui couper. C'était un homme méchant qui représentait pour nous un fléau dangereux. Tous les juifs de Tluste faisaient de leur mieux pour l'éviter.

Timush était également par ailleurs un fervent nationaliste ukrainien. Cela faisait des centaines d'années que les Ukrainiens désiraient ardemment l'indépendance de l'Ukraine. Tandis que l'agitation sur la scène mondiale provoquait en chacun une peur et une angoisse de l'avenir, de nombreux Ukrainiens voyaient d'un oeil optimiste la possibilité d'un état libre et indépendant que pourrait engendrer un nouveau conflit européen - quelque chose qu'ils n'avaient jamais atteint, en dépit des nombreuses batailles qu'ils avaient engagées avec l'ensemble des nationalités environnantes depuis des siècles.

Une fois les Russes arrivés en Pologne, ils commencèrent à rechercher et à arrêter quiconque représentait une menace pour le régime soviétique. Parmi eux figuraient les nationalistes ukrainiens. Le nationalisme, quel qu'il soit, était considéré comme un dangereux ennemi de l'objectif soviétique d'étendre leur empire. Bien avant notre arrivée à Tluste, ils avaient déjà capturés et envoyés en prison des centaines de ces nationalistes. Parmi eux, se trouvait Timush.

Nous sommes presque sûrs que Timush a été dénoncé par un habitant de Tluste à la police secrète soviétique. Cette unité était connue sous le nom de NKVD, un acronyme pour une phrase en russe signifiant "Commissariat du peuple aux Affaires intérieures." Le NKVD était le prédécesseur de cet autre organisme d'espionnage soviétique - le KGB - et son autorité était telle qu'elle s'étendait à l'ensemble des activités policières. Cet organisme opérait souvent en indépendance totale, avec très peu de surveillance de la part des autres instances gouvernementales. Cela engendra l'avènement d'exécutions sans procès préalable, de déportations en masse de populations considérées comme étant des menaces au gouvernement soviétique, ainsi qu'à de nombreuses exécutions de prisonniers politiques.

Après la dénonciation de Timush, le NKVD vint le chercher chez lui avant de dévaliser son appartement. Ils y trouvèrent de la littérature antisoviétique et de nombreuses armes. Il fut arrêté immédiatement puis, à l'issue d'un procès bâclé organisé par un tribunal fantoche, fut condamné à mort pour trahison. On l'envoya à la prison de Berditchev, une ville située à 300 kilomètres au Nord-Est de Tluste. Il y attendit dans les couloirs de la mort pendant des mois, terrifié, abattu, contemplant ce qu'il restait de sa courte vie.

Durant son séjour en prison, il fut placé dans une cellule à côté d'un prêtre orthodoxe, lui aussi condamné à mort par les Soviétiques. Nous n'avons jamais découvert l'identité de ce prêtre, d'où il venait, ni même la raison de son emprisonnement. Si aucune religion n'avait été rendue illégale par les Soviétiques, le but ultime de l'État était de toutes les éradiquer. En conséquence, ils ciblaient les chefs de file religieux, notamment ceux dont l'influence sur la communauté leur semblait trop importante.

Timush et le prêtre ne pouvaient pas se voir, mais ils pouvaient s'entendre. Ils se parlaient donc fréquemment et c'est ainsi qu'ils sont devenus bons amis. Timush, étant chrétien, avait peu à peu commencé à raconter sa vie au prêtre, avant de lui confier ses pêchers. Il lui raconta son passé violent, ainsi que les persécutions qu'il avait infligées aux juifs de sa ville. Le prêtre sermona alors Timush au sujet de la profondeur de sa haine et de son intolérance, et lui demanda de se repentir de ses crimes. Timush acquiesça humblement, se sachant proche de la mort et de l'inconnu de ce qui adviendra après elle.

Le prêtre, sans grand enthousiasme ni optimisme, conseilla à Timush de faire la chose suivante : si, par un incroyable miracle, il parvenait à s'enfuir de la prison et à échapper à la mort, il devra expier les actes violents qu'il a commis. Timush, anticipant peut-être grandement la probabilité pour qu'une telle chose se produise, promis avec toute sa fougue qu'il le ferait. Il fit alors le vœu de ne plus jamais faire de mal à un être vivant. Il ne s'en prendrait pas au plus petit des animaux, à une abeille, à une mouche, à la plus petite des fleurs, ni même à un juif. La repentance de Timush semblait sincère, mais arrivait-elle trop tard ?

Au cours de la première semaine de juillet, les Soviétiques se mirent à fuir Berditchev et, tout comme ils l'avaient fait dans les autres villes qu'ils avaient quittées, ils exécutèrent des milliers de prisonniers plutôt que de les laisser en vie, de crainte qu'ils ne rejoignent ensuite des forces ennemies comme les nazis. Timush était sûr que sa mort était proche. Il attendait aux côtés de son nouvel ami prêtre que son numéro soit appelé pour être envoyé au peloton d'exécution.

Tandis que la machine de guerre allemande s'avançait vers l'est, dépassant Tluste, elle fit rapidement son entrée dans la ville de Berditchev. En amont de l'occupation de ces villes de toutes tailles, la *Luftwaffe* - les forces aériennes allemandes - envoya des bombardements massifs sur ses cibles. Le jour où le raid aérien commença, Timush s'assit dans sa cellule, terrifié alors que tout tremblait violemment autour de lui. Il s'est certainement joint aux prières du prêtre, sachant qu'à tout instant leur vie pouvait se terminer.

Soudain, une explosion gigantesque secoua les murs de la prison. Une bombe allemande s'était écrasée et avait atteint la prison. Partout on entendait les cris et les hurlements des prisonniers, enterrés vivants dans les gravats. Les oreilles de Timush étaient douloureuses, bourdonnantes, à cause du bruit assourdissant qu'avait engendré l'explosion. L'effondrement des murs avait empli ses yeux de poussière et de saletés diverses. Il attendit que toute cette agitation retombe et se demanda s'il était toujours en vie. Il retira les débris qui entravaient sa vision et regarda autour de lui. Un pan entier du mur de sa cellule avait été complètement détruit, et quelques rayons de soleil lui parvenaient à travers la poussière de l'air.

Il respirait toujours. Il avait survécu à l'explosion. D'autres prisonniers avaient également eu cette chance, le prêtre notamment. Il était étendu, immobile, sous les décombres. Timush ne pouvait pas attendre une seconde de plus. Il se redressa et se précipita vers cette ouverture nouvellement créée. Il était libre ! Le miracle auquel ni lui ni le prêtre ne croyaient s'était réalisé.

La nouvelle de l'évasion de Timush ne mit que quelques jours à arriver à Tluste. Il allait bientôt rentrer dans sa ville natale. La terreur et l'effroi s'emparèrent des juifs quand ils apprirent la nouvelle. Mais tout le monde ignorait sa rencontre en prison avec le prêtre. Seule sa stupéfiante évasion des couloirs de la mort était connue. Quel mal et quelle terreur amèneraient-il avec lui ? S'il suspectait que quelqu'un l'eût dénoncé, à qui s'en prendrait-il ? N'allait-il pas penser que c'est un juif qui l'avait dénoncé ? Chercherait-il à se venger ? S'il s'était montré si vicieux auparavant, quel niveau de cruauté allait-il démontrer après un tel sort ?

Des histoires mettant en avant les moqueries, le vandalisme et la violence qu'il avait exercés vis-à-vis des juifs avant son emprisonnement se répandaient, changeant la crainte générale en panique. Tout le monde s'attendait à ce qu'il prenne la tête d'un pogrom et qu'il incite à la folie meurtrière. En effet, les Ukrainiens de la région avaient déjà eu l'occasion de démontrer qu'ils étaient prêts et désireux de participer à de telles activités. Personne ne pourrait s'échapper. Nous étions confinés dans le ghetto, et partir nous aurait conduit à une mort certaine. Les gens commencèrent à enterrer leur argent ainsi que les biens. Ils confectionnèrent des cachettes dans leur grenier, leur cave, derrière les murs, sous les planches des parquets. Mais, au bout du compte, chacun savait qu'il était quasiment impossible d'échapper à ce monstre. Tout ce que nous pouvions faire à présent était d'attendre, d'espérer et de prier pour qu'un miracle se produise. Nous étions loin d'imaginer que ce dernier s'était déjà produit.

Et Timush finit par arriver à Tluste. Nous étions sûrs qu'une *akcia* pouvait se déclarer à n'importe quel jour, menée par Timush et ses collègues Ukrainiens. Une akcia était, en substance, un "pogrom", une rafle au cours de laquelle un ordre serait émis par les nazis de former une attaque organisée ayant pour but de mener les juifs, une fois rassemblés, vers l'emprisonnement ou l'exécution. Les Ukrainiens et les Polonais de la région étaient censés leur prêter main forte en se joignant à cette traque des victimes. Le Judenrat ainsi que la police juive du ghetto étaient parfois forcés d'aider. Mais, pour l'heure, il régnait un calme plat. Les semaines passaient sans qu'aucun incident ne soit à déclarer. Alors, la panique et la peur s'étiolèrent. Nous restions tout de même sur le qui-vive, ne sachant trop quand ni comment sa terreur se manifesterait.

Deux mois plus tard, ma soeur Tusia et ma tante Bela furent forcées d'aller travailler dans une villa des environs ayant appartenue autrefois à des juifs, mais qui avait été récupérée par les Allemands après leur occupation. Elles avaient pour tâche de nettoyer la maison. Un dimanche après-midi, elles travaillaient ensemble, secouant la saleté qui recouvrait des tapis à l'extérieur de la villa, quand un beau jeune homme fit son apparition, impeccablement vêtu d'un élégant costume bleu fait sur mesure ainsi que d'un chapeau de bonne facture. L'homme était venu pour embaucher une personne susceptible de l'aider dans son travail.

S'approchant de la porte du bureau, il se retourna face aux deux femmes et son expression s'illumina tandis qu'un sourire se déposa lentement sur son visage. Il avait reconnu ma tante, qu'il avait rencontrée avant son emprisonnement. Il engagea alors la conversation avec elles. Craintive, ma tante ne savait pas à quoi s'attendre de la part de cet homme qui avait terrorisé la population pendant ces longues années. S'approchant peu à peu d'elles, il demanda très poliment à Bella de ses nouvelles. Les réponses que Bella lui donnait étaient brèves - elle espérait que la conversation ne s'éternise pas trop longtemps. Puis l'homme se tourna vers Tusia, tout en continuant à s'adresser à Bella, et dit : "Toi, je te reconnais, mais je ne me souviens pas de cette femme." Ce à quoi Bella répondit : "Oh! C'est ma nièce Tusia, de Tarnopol." Il se présenta alors et, avec beaucoup de grâce, lui donna son nom. Mais Tusia, ressentant l'inquiétude de sa tante, devint si nerveuse à l'issue de cette rencontre qu'elle oublia le nom de cet homme aussitôt qu'il lui avait donné.

Dès qu'il entra dans le bâtiment et que la porte se referma derrière lui, Tusia se tourna immédiatement vers Bella. Son visage avait pâli sous l'effet de la peur. Inquiète, Tusia lui demanda quel était le problème. "Sais-tu qui est cet homme ? C'est Timush !", s'écria Bella, prononçant ces quelques mots d'une voix tremblante. "Timush ?! L'homme qui veut tuer tous les juifs de la ville ? Il a pourtant l'air très correct et sympathique," répondit Tusia. La réponse de Bella fut aussi rapide que ferme : "Il a l'air honnête, mais ne l'est pas."

Une fois sorti de son bureau, il retourna les voir et, avec une empathie sincère dans le regard, s'adressa à Tusia : "Je suis navré que vous ayez à faire ce genre de travail. Vous auriez bien plus votre place dans un salon en train de jouer du piano." Les deux femmes restèrent bouche bée face à la délicatesse de ses propos.

Quand Tusia rentra chez elle cette nuit-là, elle avait hâte de nous raconter les détails de sa rencontre avec l'homme le plus craint de Tluste. Elle insista longuement sur sa gentillesse apparente, ne pouvant se résoudre à penser qu'il pouvait causer le mal pour lequel il s'était fait connaître. Nous avions confiance dans les paroles de Tusia, et l'optimisme qui résultait de sa rencontre avec Timush nous donna à tous une lueur d'espoir. Néanmoins, l'homme qui avait contribué à forger cette horreur ne nous rassurait guère. C'est pourquoi nous avions décidé de rester sur nos gardes, et de nous attendre au pire.

8

MORT IMMINENTE POUR EDEK

À partir de novembre 1941 s'était propagée la rumeur suivante : tous les hommes juifs en bonne santé devaient se déclarer aux autorités allemandes, afin d'être envoyés dans un camp de travaux forcés. L'ordre avait été donné par les autorités allemandes, et mis à exécution par le Judenrat. Au départ, ces travailleurs étaient qualifiés de "volontaires", mais tout le monde savait que quiconque n'exprimait pas son souhait de devenir "volontaire" en paierait lourdement les conséquences.

J'étais trop jeune pour y aller, mais mon frère, lui, avait été inscrit sur la liste des hommes du coin bien-portants en âge de travailler. On nous avait bien fait comprendre que s'il ne se déclarait pas, notre famille entière en pâtirait. Mon frère était effrayé, et mes parents, qui savaient combien les conditions de travail y étaient déplorables, ne voulaient pas le voir partir. Néanmoins, très courageusement, Edek insista pour s'y rendre afin d'épargner au reste de la famille de vivre dans la terreur ou d'être tués par les autorités allemandes et ukrainiennes. Je me rappelle que mon père disait à mon frère : "S'il-te-plaît, n'y va pas." Ce à quoi mon frère répondit : "Si je n'y vais pas, toute la famille souffrira. Cela aura de graves conséquences, puisque mon nom figure déjà sur la liste des hommes aptes à travailler." Les yeux remplis de larmes de douleur, mon père devait accepter que c'était là l'unique solution.

Mon frère devait se présenter le 15 novembre. Je me souviens parfaitement de ce jour. C'était une journée très froide et sombre, bien que l'hiver n'eut pas encore commencé officiellement - un symbole qui ne m'avait pas échappé, c'était peut-être bien la dernière fois que nous le voyions. Je me rappelle l'avoir enlacé et lui avoir dit au revoir. Ma mère, qui avait apporté pour lui quelques vêtements supplémentaires, l'embrassait et l'enlaçait avec ardeur. L'un après l'autre, nous lui faisions nos adieux, avant de le laisser rejoindre le rang des autres hommes de la ville, près à débuter leur marche en direction de la ville de Czortkow. Parmi ces hommes se trouvait notre oncle, Hersh Rosenblatt, marié à la sœur de ma mère, Bronia. Une fois arrivé dans cette ville, un train en direction du camp de travail les attendait.

Le camp de travail était situé tout près d'une petite ville nommée Kamionki. C'était un camp de travaux forcés, mais son but final était d'exterminer les travailleurs qui y étaient envoyés. Toutefois, le travail que s'apprêtaient fournir ces "volontaires", comme les nazis les avaient faussement surnommés, allait s'avérer utile. Ils allaient tout d'abord extraire et casser des pierres, qui serviront ensuite à faire des routes. Mais les rumeurs sur ce qu'il se passait réellement dans ces camps nous étaient déjà parvenues : nous avions entendu dire que, du fait des conditions de travail cruelles qui étaient les leurs, les travailleurs ne survivaient pas longtemps après leur arrivée. Ils étaient nourris aussi peu que possible, juste de quoi leur permettre de continuer à travailler. Ni leurs lotissements ni leurs vêtements ne les protégeaient des éléments, et tout accès à des soins médicaux de quelque sorte leur était refusé. Les prisonniers étaient littéralement forcés de travailler jusqu'à ce que mort s'ensuive, au coût le plus bas possible pour la machine de guerre allemande. Le peu de nourriture qui leur était donné était infecte, et était dépourvue de toute valeur nutritive : des soupes à l'eau, des porridges, accompagnés de pain dur rassis. Leurs vêtements, qui n'étaient jamais ni lavés ni réparés, partaient en lambeaux. Le scorbut, les poux et les maladies se propageaient dans tous les sens, d'une personne à l'autre.

Comme je l'avais indiqué dans la description de nos jours heureux, avant que la guerre n'éclate à Tarnopol, nous vivions une vie d'enfants gâtés. Mon frère, étant le fils d'un commerçant prospère, n'avait jamais eu à travailler trop dur physiquement. Nous savions donc qu'il ne survivrait pas bien longtemps au vu des conditions de vie et de travail sombres et misérables qui l'attendaient. Le beau-frère de ma mère, le mari de sa sœur, figurait également sur la liste des "volontaires", et se trouvait dans le même camp. Ils s'aidaient mutuellement à rester en vie, mais la vie y était si rude que leur état de santé se détériora rapidement.

Le camp faisait partie d'un camp de travaux forcés appartenant aux SS, l'infâme force de police de l'Allemagne nazie qui répandait la terreur. Le but ultime des SS était de débarrasser l'Allemagne et le reste de l'Europe de tous les juifs. Ces camps étaient donc, en réalité, des camps d'extermination. Les personnes qui leur étaient envoyées étaient utilisées pour accomplir le travail nécessaire au soutien de l'effort de guerre allemand, mais avec l'objectif froidement calculé d'éliminer les travailleurs au cours du processus.

Les conditions de vie y étaient atroces. Les prisonniers étaient forcés de travailler durant de longues journées, multipliant des tâches des plus éreintantes. On ne leur fournissait pas de vêtements adéquats, même par les temps les plus froids. Ils étaient très peu nourris, et aucun effort n'était mis en place pour les protéger contre les maladies. En fait, tous ces éléments contribuaient à l'extermination progressive des prisonniers juifs. Le génie diabolique de ce système avait calculé qu'il y aurait suffisamment de juifs pour permettre à l'ensemble des travailleurs du camp d'accomplir le travail nécessaire. Les nazis voyaient leurs victimes comme une ressource naturelle pouvant être utilisée comme des bûches pour alimenter un feu, comme de l'essence dans un moteur.

Mon frère arriva dans ce camp, et il lui fallut peu de temps avant de comprendre qu'il n'en ressortirait pas vivant. Le camp dans lequel se trouvait Edek construisait des routes sous la direction d'une compagnie privée d'ingénieurs allemands, employés par le gouvernement. Il travaillait dans une carrière de pierre située à 15 kilomètres du camp où le cassage des pierres en gravier était effectué. Les prisonniers étaient forcés de faire des allers-retours en direction de ce camp tous les jours, même par des températures glaciales. Et ce, sans chaussures convenables ni vêtements chauds pour affronter un tel froid.

On ne leur donnait que 20 grammes de pain par jour, accompagné d'une soupe à l'eau et d'une petite portion de légumes, composée souvent de pomme de terre ou de poireau. Bien entendu, avec le temps, les prisonniers devinrent si faibles qu'il leur devint presque impossible de marcher jusqu'à la carrière ou de casser des pierres. Dans ce cas-là, nombreux étaient fusillés sur place, puisqu'ils n'étaient plus utiles en tant que main-d'œuvre. D'autres devinrent si fatigués, surtout à cause des allers-retours vers le camp, qu'ils s'asseyaient pour se reposer quelques instants sans jamais pouvoir se relever. Bon nombre d'entre eux mouraient gelés à l'endroit même où ils s'étaient assis ou allongés. Un jour, alors qu'il rentrait au camp, la longue journée de travail de mon frère, qui avait multiplié les allers-retours vers la carrière, l'avait rendu extrêmement assoiffé. Il n'était pas coutume d'offrir de l'eau aux prisonniers. Edek vit alors un gros morceau de neige qui trônait dans un champ à côté de la route. Sa gorge était si sèche qu'il ne pouvait plus le supporter. Prenant là un grand risque, il quitta la file des prisonniers et marcha à travers le champ pour attraper une poignée de neige, avant de la porter à sa bouche. À peine y avait-il apposé les lèvres qu'un policier ukrainien, censé surveiller les prisonniers, fracassa un objet contre son dos. Il tomba au sol, tordu de douleur, et sans attendre qu'il se relève, le policier lui asséna plusieurs coups rapides dans les côtes, le renvoyant par terre sur le sol dur et froid. D'autres prisonniers vinrent à sa rescousse pour l'amener avec eux, arrêtant le policier dans son attaque effrénée. Ils réussirent à le remettre dans le rang, ce qui vint mettre un terme à la violence sadique du policier.

Les prisonniers devenaient peu à peu des *Muselmänner*, un terme argotique issu de ces camps afin de décrire ceux dont on ne voyait littéralement plus que la peau et les os, à cause du manque de nourriture et de la fatigue extrême. À ce stade, il était fréquent que les gens abandonnent, qu'ils s'affaissent sur le sol en position de prière. Certains universitaires pensent que c'est de là que provient ce terme d'argot, puisqu'il dérive d'un mot que les Allemands utilisaient pour décrire les musulmans et que les victimes se mettaient en une position similaire à celle qu'un musulman adopterait pour prier.

Le taux de survie dans un camp comme celui de Kamionki était similaire à ceux d'autres "camps de la mort" plus grands et plus connus, comme celui d'Auschwitz par exemple. Tout autour de mon frère, des gens mouraient ou étaient tués chaque jour. Au-delà de la famine, beaucoup étaient tués à vue dès la moindre entorse aux règles commise. Et, dès que l'on se débarrassait d'un cadavre, de nouveaux prisonniers venaient pour les remplacer, au service de leur propre condamnation à mort. En moyenne, une personne amenée dans l'un de ces camps survivait 6 mois.

Nous commencions à recevoir plus de nouvelles au sujet de ces camps, notamment au sujet du camp où Edek était emprisonné. Nous savions que son temps était compté, et recherchions activement une manière quelconque de lui venir en aide, ainsi qu'à l'oncle Hersh. Nous avions appris par des chefs de la Judenrat locale qu'il était possible de verser un pot de vin aux gardes de ces camps et que, moyennant une certaine somme d'argent, certains acceptaient de libérer un détenu. Le tarif actuel approchait les 20.000 dollars.

Il restait de l'argent ainsi que des objets de valeurs à mon père et à ma mère. C'est ainsi qu'ils décidèrent de vendre bijoux, tissus en lin anglais, cuirs, vaisselle en argent. Pendant ce temps, ma mère fit un voyage en direction du camp afin de s'assurer qu'elle allait pouvoir trouver quelqu'un qui accepterait de l'aider. Visiblement, elle cherchait l'aide de ce que nous appelons en yiddish un *"macher"* : la personne était souvent juive, pouvait faire partie du Judenrat local, et s'occupait de trouver la personne à soudoyer et avec laquelle une négociation pouvait avoir lieu.

Concentrée et déterminée, elle mit à exécution son plan de se rendre jusqu'au camp. Pour réaliser les deux jours et demi de voyage, elle se procura les services d'un côcher et de son cheval. Il faisait horriblement froid, mais cela n'entrava pas le courage de ma mère, qui finit par arriver jusqu'au camp. Une fois sur place, elle s'approcha du portail et s'adressa au gardien. Mon frère se rappelle bien de cette journée, et avait été surpris quand un autre prisonnier vint le trouver pour lui dire qu'une femme au portail était venu le voir pour lui parler.

Je ne peux qu'imaginer combien leurs larmes coulèrent quand ils se virent l'un l'autre à travers le grillage. Mon frère était si maigre qu'il pouvait à peine tenir debout. Sa peau était pâle et cendreuse. Sa tête était rasée à blanc, et sur tout le corps, on pouvait voir des bleus, des coupures et des lésions diverses. Ma mère s'était infiniment langui de le retrouver, mais elle ne put masquer l'horreur que lui causa la vue de mon frère. Sans aucun doute, ses larmes était le fruit d'un mélange de joie, de peur et de désespoir. Edek était si faible qu'il pouvait à peine parler. Tout ce qu'il parvint à articuler furent les mots suivants : "S'il-te-plaît, maman, aide-moi !"

Cela la motiva d'autant plus à aider mon frère et mon oncle. En une journée, elle trouva le *macher* et planifia son retour aussi vite que possible afin qu'ils puissent conclure leur affaire. Elle retourna à toute allure à Tluste pour aider dans la vente de nos biens. En quelques jours, une fois que tout avait été vendu, ajouté à l'argent que nous possédions déjà, le pot de vin que nous avions constitué était suffisant. Sans perdre de temps, elle retourna à Kamionki. Le trajet lui avait semblé encore plus rude cette fois-ci, les routes ayant été recouvertes d'une épaisse couche de neige. En lieu et place d'un côcher, elle recruta un traîneau tiré par un cheval pour effectuer le trajet jusqu'au camp.

Quelques jours plus tard, alors qu'il se trouvait dans le camp, un soldat allemand approcha Edek. Il lui fit un signe et, sur un ton vigoureux, lui dit : "Viens avec moi, tout de suite !" Au premier abord, Edek était effrayé parce qu'il pensait qu'il allait être exécuté, de la même manière que moururent ses nombreux camarades prisonniers. Mais, au fur et à mesure qu'ils se rapprochaient du portail, il vit notre mère, avec Oncle Hersh, et son cœur fit un bond dans sa poitrine. S'apprêtait-il à regagner sa liberté ?

Quand ils arrivèrent au niveau du portail, le gardien ouvrit les portes d'un geste rapide et discret. Une fois qu'il eût remis Edek et Hersh entre les mains de ma mère, il s'exclama violemment : "Maintenant, tirez-vous d'ici ! Mais ne dites jamais à personne où vous étiez, ce que vous avez vu ou fait ici !"

Il ne fallut pas plus d'encouragements à ma mère et mon frère pour déguerpir et laisser derrière eux cet endroit maudit. Ils sautèrent dans le traîneau et s'élancèrent vers Tluste. Edek était devenu si chétif que ma mère dû faire de son mieux pour le garder le plus au chaud et à l'aise possible tout au long du trajet. Heureusement, elle avait emporté avec elle son manteau en fourrure, et l'en avait recouvert pour éviter qu'il ne meure de froid. Une fois en route, elle se rendit compte qu'il était recouvert de poux, et que tout ce qu'il restait de son corps n'étaient que peau et os.

Quand ils arrivèrent enfin chez nous, ma mère ne perdit pas une seconde et lui fit une toilette complète. Elle sortit notre plus grande baignoire, la remplit d'eau chaude et y mit mon frère. Elle le nettoya et le sécha vigoureusement, avant d'aller chercher du kérosène. Elle lui versa la bouteille du sommet de son crâne jusqu'à ses orteils, répartissant le produit partout sur son corps. C'était là la seule méthode que nous avions pour tuer les poux. Cela avait dû lui brûler la peau, notamment ses plaies et ses écorchures. Mais je ne me rappelle pas que mon frère en ait pleuré de douleur, ni qu'il ne s'en soit plaint. Il était si soulagé d'être à la maison, la douleur provoquée par l'effet corrosif du kérosène n'était rien face à la torture qu'il avait subie dans le camp.

Quelques jours plus tard, une fois qu'Edek s'était plus ou moins remis de ce traumatisme, notre père vint le voir et lui dit : "Viens avec moi, Edek." Une fois dehors, notre père attrapa son paquet de cigarettes de sa poche. Il l'ouvrit, en prit une et la plaça entre les lèvres d'Edek. Il gratta une allumette. La flamme avait éclairé leurs deux visages et, tandis qu'Edek retenait sa respiration, le bout de la cigarette s'illumina.

Ils se regardèrent l'un l'autre, Edek, l'air surpris, et mon père avec un sourire en coin. Edek expirait la fumée, toujours circonspect. Vous voyez, avant la guerre, mon père nous avait interdit à tous de fumer quand il se rendit compte des dangers que cela occasionnait pour la santé. Mais Edek avait toujours voulu faire comme ses amis qui, selon lui, étaient traités comme des adultes, capables de prendre la décision de fumer ou non. Mon père le regarda alors dans les yeux et lui dit doucement : "C'est bon. Tu es un homme maintenant !"

9

ABANDONNEZ VOS FOURRURES, OU MOUREZ

Quand ma mère arriva, nous étions tous si joyeux qu'elle et mon frère aient pu revenir sains et saufs. Si les miracles existaient, alors l'évasion d'Edek et son retour chez nous en était sans doute un. Tant de choses auraient pu mal se passer, et entraîner la mort de l'un d'entre eux. Mais notre situation restait toujours très instable, la fête fut donc courte, et notre lutte pour survivre reprit son cours.

Nous étions tristes et terrifiés de devoir annoncer à notre mère que les nazis avaient sorti un nouvel édit durant son absence. Ils ordonnaient aux juifs de leur remettre leurs radios, leur or, leur argent, ainsi que tout objet de valeur. Y compris les fourrures. Ma mère attachait énormément de valeur à ses fourrures, c'est d'ailleurs l'une d'entre elles qui avait permis à Edek d'affronter le froid glacial à son retour du camp. Mais, au-delà du fait qu'elle soit obligée de se défaire de biens de si grande valeur, la date butoir pour les rendre aux autorités avait été dépassée pendant son absence. Nous étions terriblement effrayés, et ne savions pas quoi faire. Retourner les fourrures maintenant nous vaudrait-il une punition, ou pire, la mort, pour ne pas avoir respecté le délai fixé ?

À l'inverse, si nous les gardions, quelqu'un les trouverait-il, et auquel cas, aurions-nous droit à la même sentence ? De nombreux habitants se rappelaient peut-être que ma mère possédait des fourrures, et certains l'avaient peut-être vue en porter une à son retour de Kamionki. Nous étions presque sûrs d'être, tôt ou tard, découverts, et cette peur grandissait au fur et à mesure que nous nous interrogions sur le sort que nous réserverions à ces manteaux.

Non seulement, nous avions peur de ne pas avoir respecté l'édit, mais il nous fallait également affronter la famine à cause du peu d'argent et de biens qu'il nous restait à échanger contre de la nourriture. Mais nous avions toujours ces manteaux de fourrure. Pouvait-on les échanger à quelqu'un contre quelque chose à manger ? Essayer nous ferait courir un grand risque, d'autant plus que nous n'avions pas respecté l'échéance pour le rendu de ces biens. Mais, laquelle de ces deux options serait-elle la pire - mourir aux mains des nazis ou à cause de la famine ? La décision n'était pas facile à prendre, mais au bout du compte, nous avions décidé de chercher quelqu'un avec qui réaliser cet échange.

Grâce à quelques contacts du Judenrat, nous avons découvert l'existence d'un Ukrainien qui, en secret, arrangeait des échanges de ce genre entre juifs et locaux. Nous avons organisé une rencontre avec lui pour lui montrer la fourrure, et il dit qu'il était presque sûr qu'il avait un acheteur. Le dimanche suivant, l'homme vint avec ses hommes. Quand ils arrivèrent devant chez nous et que la porte s'ouvrit, le visage de Tusia se mêla de surprise et d'horreur. Elle avait reconnu les deux hommes que l'Ukrainien avait amenés pour acheter le manteau. Elle se tourna vers ma mère et murmura : "Mon dieu, c'est Timush !"

Personne d'autre ne l'avait vu auparavant, mais Tusia n'avait jamais oublié ce visage qu'elle avait vu à la villa il y a quelques mois de cela. Sans perdre de temps, ils prirent à part l'Ukrainien, qui avait arrangé cette rencontre. Avec effroi et inquiétude, ils s'écrièrent : "Vous nous avez tués ! C'est Timush ! Il va prendre la fourrure et nous dénoncer à la Gestapo !" Mais l'homme posa sa main sur l'épaule de mon père et lui dit : "Non. Ne vous inquiétez pas. Il ne fera rien de tel." Cela ne parvint pas à convaincre mes parents, qui s'éloignèrent sans tarder pour s'entretenir. Ils discutèrent des options qui s'offraient à eux, rapidement et dans le calme. Forts du souvenir des histoires de cet homme et de l'horreur qu'il pouvait commettre, ils savaient ce qui leur restait à faire. Tout à coup, Timush s'enquit du prix de la fourrure. Ma mère lui répondit brièvement : "S'il-vous-plaît. Prenez-la. Elle est à vous."

Étonné, mais ravi, Timush s'empara du manteau, le retourna pour le contempler avant d'aider sa femme à l'enfiler. Il lui allait à merveille, et la femme de Timush s'exclama : "Je l'adore. Il est si beau et si confortable." Timush se retourna vers nous et dit : "Vous devez très certainement vouloir quelque chose contre ce manteau. Je vous en prie, dites-moi combien il vous faut." Ma mère lui répondit : "Vous pouvez le prendre, mais si vous avez envie de nous donner quelque chose, donnez-nous ce que vous souhaitez."

Timush et sa femme restaient sans voix. Ma mère rompit le silence une nouvelle fois : "Nous sommes des citadins, cela fait peu de temps que nous habitons ici. Il nous est difficile de trouver de la nourriture."

Cela intrigua Timush de savoir que nous venions d'une ville plus grande. Il se mit à nous poser un tout un tas de questions au sujet de la ville d'où nous venions, et de ce que nous y faisions avant notre arrivée à Tluste. Lui et sa femme s'étaient assis avec mes parents autour de leur table, et c'est alors que débuta une longue conversation. Nous pouvions percevoir son intérêt pour le récit que lui livrait ma mère et mon père, et de la vie d'antan, prospère et cultivée, qu'ils menaient.

Timush avait vécu toute sa vie à Tluste. Il était un homme simple, mais très intelligent. Il était mécanicien de métier et travaillait à l'usine locale. Il n'avait jamais été à l'université, mais il adorait la philosophie, la culture et les arts. Il avait vu, en la personne de mon père, l'image d'un homme qui pouvait lui en apprendre plus sur tous ces savoirs qui lui avaient échappé depuis sa petite ville, où il n'avait pu connaître l'université.

Ils avaient parlé tous les quatre pendant des heures, jusque très tard. Timush et sa femme remercièrent mes parents pour le manteau et la conversation. Ils se levèrent alors de la table et se dirent mutuellement au revoir. Ils se dirigèrent ensuite vers la porte, qu'ils refermèrent derrière eux. Cette nuit-là, pas un mot n'avait été ajouté au sujet du paiement pour la fourrure. Nous étions déçus de ne rien avoir reçu en échange, puisque nous avions si faim. Mais nous étions tous soulagés de nous être débarrassés de la fourrure et du poids des conséquences de ne pas l'avoir retournée.

Une semaine plus tard, nous étions tranquillement chez nous quand, tout à coup, quelqu'un frappa inopinément à notre porte. En regardant par la fenêtre, on y vit Timush, attendant là, devant chez nous. Il transportait avec lui des sacs, qui pesaient lourdement sur ses épaules courbées. Que voulait-il ? Nous étions tout aussi surpris qu'inquiets. Qu'apportait-il ? Tant de questions traversaient notre esprit, entre confusion et méfiance. Nous lui ouvrîmes donc doucement la porte et Timush nous salua d'un ton enthousiaste, arborant un large sourire sur son visage. Il passa la porte, traînant derrière lui ses gros sacs, jusqu'à atteindre la table au centre de la pièce sur laquelle il renversa bruyamment le contenu. L'un des sacs s'entrouvrit, et trois ou quatre pommes de terre dégringolèrent sur le sol. Un autre sac percuta la table, laissant s'échapper un nuage de poussière blanche.

Timsuh s'écria joyeusement : "Voici quelques petites choses que j'ai achetées pour vous aider à nourrir votre famille." Il nous fit voir l'intérieur d'un des sacs, dévoilant les pommes de terre ainsi qu'un sac entier de farine.

Alors que Timush ne nous avait rien offert contre le manteau de fourrure, il avait décidé de revenir nous voir aujourd'hui pour nous apporter ce dont nous avions besoin, bien plus que d'argent ou d'or. Nous étions si heureux de voir ces provisions, et soulagés de savoir qu'il était venu nous aider, et non nous persécuter. Nous n'en croyions pas nos yeux. Cet homme avait-il vraiment changé ? Ne détestait-il vraiment plus les juifs ? Cet homme, auparavant si craint parmi les juifs, avait-il à présent décidé de leur apporter son aide ? Il y avait trop de nouvelles choses à assimiler, surtout au vu de la réalité oppressante que nous faisaient vivre les nazis, traquant chacun d'entre nous.

Après que Timush nous eut apporté la farine et les pommes de terre, il fit signe à mon père et à mère pour qu'ils viennent s'asseoir à table, une nouvelle fois, pour échanger avec eux. Nous commencions à croire qu'il avait véritablement changé et que son désir d'en apprendre plus sur mes parents et sur ce monde plus grand d'où ils venaient était authentique. Il voulait leur avis sur tout, de la politique à la religion, aux arts et à la culture. Cette conversation, comme la précédente quand il était venu chercher le manteau de fourrure, perdura jusque tard dans la soirée. Leurs échanges, toujours plus poussés, étaient passionnés et intenses. Ils appréciaient tous beaucoup ce moment, qui devint bientôt un rituel hebdomadaire. Timush nous apportait de quoi nous maintenir en vie, et en échange, ma mère et mon père offraient leur savoir et leur sagesse à ce nouvel ami inattendu.

10

TUSIA FRÔLE LA MORT AVEC UN OFFICIER SS

La fin de l'année arrivait à grands pas et les habitants de la ville avaient tout juste terminé leurs fêtes de Noël. Une nouvelle était parvenue jusqu'au ghetto, selon laquelle les officiers SS locaux planifiaient de faire le réveillon de la Saint-Sylvestre dans une villa des alentours. Un des membres du Judenrat nous avait informés du fait qu'ils étaient à la recherche de trois ou quatre jeunes filles juives pour faire le service lors de la fête. Il devait notamment s'assurer que les filles étaient travailleuses, efficaces et, surtout, très jolies. Il pensait que Tusia serait parfaite pour ce rôle, et demanda à ce qu'elle vienne travailler ce soir-là. La simple idée que mes parents se faisaient de cette requête leur glaça le sang, surtout après avoir entendu que les jeunes filles étaient notamment sélectionnées pour leur beauté. Ils avaient eu écho de nombreuses histoires de femmes juives qui avaient été enlevées pour travailler dans des bordels, et livrées à des Allemands et à des soldats nazis. Tusia serait-elle condamnée à un sort similaire si elle acceptait cette offre ?

Le représentant du Judenrat leur assura qu'il sera présent avec les filles lors de cette fête et qu'il fera tout ce qu'il pourra pour empêcher qu'une telle situation ne se produise. Il était certain que les officiers SS n'avaient nullement l'intention de forcer les femmes à se prostituer. Mes parents n'avaient que très peu de marge de manœuvre, et furent contraints de laisser leur fille se rendre à cet événement.

Quand le soir de la fête arriva, un aîné du Judenrat se présenta pour escorter Tusia jusqu'à la villa. Une fois là-bas, il lui proposa d'ôter son manteau, et elle obtempéra. Une fois retiré, Tusia se rendit compte que le brassard qui l'identifiait comme juive était resté sur la manche du manteau. Elle s'adressa à l'homme : "Oh, je dois récupérer ce brassard et le mettre sur la manche de ma chemise." Mais l'homme lui répondit : "Ne t'inquiète pas. Tu n'en auras pas besoin ici." Tusia ne chercha pas à en savoir plus, acceptant telle quelle la réponse de cet homme.

Quelques heures après le début de la fête, un jeune officier SS vit Tusia et s'approcha d'elle pour l'inviter à danser. Elle était choquée, et ne savait quoi lui répondre. Ressentant son hésitation, l'officier lui tendit la main, attrapa la sienne, et l'attira jusque sur la piste de danse.

Ils dansèrent une valse entraînante, un moment que le jeune homme semblait avoir énormément apprécié. Quand la chanson prit fin, il lui fit une révérence, embrassa tendrement sa main avant de la remercier pour cette danse. Toujours sous le choc de qui aurait pu advenir de cet événement inattendu, Tusia se dirigea précipitamment en direction de la cuisine, hors de la vue des autres invités.

Inconnue de Tusia ou du jeune officier SS, une jeune fille polonaise qui avait le soldat dans sa ligne de mire, les avait jalousement regardés danser ensemble. Quelques minutes plus tard, elle s'approcha du SS et lui murmura quelque chose à l'oreille. Soudain, il se leva d'un coup sec, son expression était défigurée par la colère. La fille savait qui était Tusia et venait de révéler au soldat qu'elle était juive.

Le SS marcha d'un pas lourd vers la cuisine pour y retrouver Tusia et, en l'espace de quelques secondes, il se tenait devant elle, le visage rouge de colère. Il se mit à hurler, le doigt pointé vers elle : "Es-tu juive ?" Tusia acquiesça honteusement. Tout à coup, il s'avança brusquement vers elle pour l'attraper, juste au moment où un autre homme présent lors de la fête, qui l'avait suivi dans la cuisine, s'interposa entre eux pour le calmer.

Tusia avait reconnu cet homme qui était un habitant de la ville pour lequel elle avait déjà travaillé. L'homme lui fit signe de sortir. Sans aucune hésitation, Tusia sortit de la cuisine et retrouva le représentant de la Judenrat qui l'avait amenée ici. Puis ils s'enfuirent tous les deux de la pièce et coururent se cacher dans le grenier. Ils attendirent dans le silence, derrière quelques meubles, tandis que le jeune officier SS continuait de vociférer encore et toujours : "Elle ne m'avait pas dit qu'elle était juive ! Je vais retrouver cette juive et je vais la tuer !" Quelques minutes passèrent avant que des coups de feu ne se fassent entendre. L'officier avait sorti son arme et tirait sans discernement dans sa rage croissante.

Un petit moment a passé avant que l'agitation ne finisse par se calmer. Mais de temps en temps, on entendait l'officier lever la voix, jurant qu'il allait tuer Tusia. Ils restèrent dans le grenier pendant plusieurs heures avant de se décider à descendre voir si la voie était libre pour quitter la villa. Sans bruit, ils se faufilèrent dans les escaliers, avant d'apercevoir une sortie de secours. Alors qu'ils s'apprêtaient à fuir à travers la nuit, deux gardes à l'extérieur de la maison les repérèrent. "Halt ! Halt !" criaient-ils. L'un des gardes reconnut l'aîné du Judenrat, et savait qu'il en était le représentant et qu'il travaillait pour la réception. Rassuré de l'avoir identifié, il baissa son fusil, avant de les interpeller : "Apporte-nous du whisky quand tu en trouveras !" L'aîné acquiesça, et lui et Tusia s'enfuirent aussi vite qu'ils le purent.

Le membre du Judenrat ne pouvait pas amener Tusia plus loin, puisqu'il devait retourner à la fête pour finir son service. Elle était toute seule, à présent, et sans son brassard, ayant oublié son manteau à la réception. Elle savait qu'elle devait rentrer chez elle le plus vite possible. L'endroit le plus proche auquel elle pouvait se rendre était la maison de Mendel, son petit-ami, alors elle s'exécuta. Heureusement, elle arriva jusque chez lui sans que personne ne la remarque, et resta jusqu'au lendemain matin.

Le nom de famille de Mendel était Weinstock, il avait grandi à Tluste. Je ne sais pas comment lui et ma soeur se sont rencontrés, mais il était bien plus âgé qu'elle. Il travaillait au cinéma du coin en tant qu'éclairagiste. Mendel était un homme très beau, élégant et toujours remarquablement bien habillé. Il était très apprécié et respecté par la plupart des habitants de Tluste. Tusia se cacha chez lui toute la nuit, s'attendant nerveusement à ce que l'officier SS la retrouve d'un instant à l'autre. Mais le jour suivant, elle ne trouva aucun signe de lui et retourna à la maison. Heureusement pour elle, elle n'entendra plus jamais parler de cet homme.

11

IL EST TEMPS DE SE CACHER

Timush continuait de venir semaine après semaine, et l'amitié qui le liait à mes parents s'était consolidée. La nourriture qu'il nous avait apportée nous avait sauvé la vie, mais son aide ne s'arrêtait pas à cela : il s'était mis en tête de garder une oreille attentive, à l'affût de toute nouvelle concernant l'un des mots que nous redoutions le plus : *akcia*.

Nous avions entendu des rumeurs à ce sujet peu après l'invasion de la Pologne par les nazis, des rumeurs qui se sont poursuivies pendant leur marche vers l'est. Timush nous avait avertis qu'ils allaient également venir à Tluste. Il était temps pour nous de construire un endroit dans notre appartement où nous pourrions nous cacher. À ce moment-là, les juifs de toute l'Europe occupée construisaient de telles cachettes afin d'échapper à ces attaques. Mais les Allemands, ainsi que leurs sympathisants locaux, étaient devenus de plus en plus habiles à les débusquer.

Timush était féru de mécanique, et nous avait proposé son aide. La plupart des juifs que nous connaissions n'étaient pas très doués de leurs mains. En réalité, c'est à peine s'ils savaient comment se servir d'une pelle - et c'était également le cas pour ma famille. Reconnaissants et enthousiastes, nous avons accepté la proposition de Timush. Avec son aide, nous avons choisi de bâtir l'entrée de cette pièce à un endroit bien spécifique. Nous étions certains que les nazis ne pourraient jamais la trouver : elle se situait sur le sol de la cuisine, sous la cuisinière. Personne n'allait suspecter qu'une cachette pouvait se trouver en dessous de ce gros four en fonte. Le stratagème exigeait que quelqu'un à l'extérieur remette la cuisinière en place une fois que tout le monde était à l'intérieur, tout en s'assurant que des charbons chauds se consumaient à l'intérieur. Cette touche finale achèverait de balayer les doutes de quiconque soupçonnerait que quelque chose se trouve en dessous de ce four. Timush se portait volontaire pour jouer ce rôle, à chaque fois qu'une akcia se produirait. Rassurés par l'ingéniosité du plan, nos travaux commencèrent immédiatement.

Grâce à son aide experte, il ne nous fallut que quelques jours pour creuser notre antre. La cachette n'était pas très grande, et avait été conçue pour que nous puissions y rester quelques heures, voire quelques jours, mais pas plus. Elle était un peu plus petite qu'un tunnel, il nous était donc impossible de rester debout, mais suffisamment large pour accueillir deux rangs de six à sept personnes. Douze à quatorze personnes pouvaient alors y tenir.

Quelque temps après cela, Timush était venu nous voir pour nous avertir qu'une akcia était sur le point de se produire. Sans perdre un instant, nous nous sommes réfugiés dans la cuisine pour déplacer la cuisinière. Timush attendait patiemment que nous soyons tous descendus dans notre antre secrète. Il remit ensuite la cuisinière à sa place pour couvrir l'entrée. À l'intérieur de celle-ci continuaient de se consumer les charbons ardents du dîner de la veille, afin de convaincre tout traqueur de juifs que rien ni personne ne se trouvait à cet endroit précis de la maison. Nous avons attendu ici, dans la peur et l'appréhension, alors que le bruit de l'akcia se faisait de plus en plus intense.

Cela semble difficile à croire, étant donné l'horreur de ces expériences, mais je ne peux m'empêcher de voir certaines situations, dramatiques à l'origine, autrement que comme comiques. En regardant en arrière, je peux à présent rire de ces moments, même si à l'époque nous en connaissions la gravité extrême. Je fais référence à cette occasion au cours de laquelle notre famille proche se cachait dans un bunker, avec certains de nos voisins que nous avions autorisés à nous rejoindre. L'un d'eux était obèse et avait apporté un pot de haricots avec lui. Devinant la surprise sur nos visages, il dit : "Je ne sais pas combien de temps je vais devoir rester ici. Et si j'avais faim ?" Aussitôt assis, il ne perdit pas une seconde pour entamer le pot de haricots.

L'un de nos autres voisins, assis avec nous, était un artiste et un danseur venu de Hongrie. Il était mince, svelte, et avait un air très sérieux. Peu de temps après avoir été scellés à l'intérieur, nous attendions tranquillement, à l'affût du moindre indice de ce qui se passait au-dessus de nos têtes. L'ambiance était électrique, la peur nous paralysait tous. Mais l'effet des haricots sur notre ami obèse n'allait pas tarder à se faire sentir.

Soudain, sans crier gare, le grondement des lourdes flatulences de notre ami brisèrent le silence. Dans d'autres circonstances, ces bruits auraient provoqué un rire immédiat de notre part. Mais notre situation désespérée n'avait rien de drôle - un silence de plomb régnait tandis que dans l'air se propageait l'odeur putride. L'artiste hongrois finit par s'approcher calmement de l'homme corpulent et, pendant un instant, le regarda droit dans les yeux. "Merci beaucoup !", lui lâcha-t-il, l'air indigné. Puis il retourna s'asseoir, le regard fixé vers le sol.

Surpris, le coupable lui rétorqua : "Pourquoi me remercies-tu ?" L'artiste leva les yeux au ciel, avant de répondre avec une pointe de colère dans la voix. "Merci de ne pas avoir chié !" Personne ne riait à ce moment-là, mais cette scène est restée gravée dans ma mémoire et, en dehors de la noirceur de la période où nous vivions, je peux aujourd'hui regarder en arrière et rire de la vive répartie de cet homme.

L'akcia se poursuivit ce jour-là, mais ne dura pas trop longtemps, heureusement. L'ampleur de ces événements pouvait varier - des grands ratissages rassemblant des centaines de juifs, jusqu'aux petits événements ne ciblant que quelques malheureux. Souvent, c'était les membres de la Gestapo de la ville voisine de Czortkow, où se trouvaient les locaux de la Gestapo, qui les démarraient. Parfois, il ne s'agissait que de quelques officiers en quête d'action : ils survolaient notre village pour attraper un ou deux juifs et les tuer sur place - et c'était terminé. D'autres fois, ils s'organisaient davantage, avec la ferme intention de se débarrasser de tous les juifs d'un périmètre ciblé, d'en faire un *Judenrein*, une "chasse aux juifs." Cette nuit-là, nous avions été épargnés de cette dernière.

Je peux rire des soucis digestifs de mon voisin obèse, mais je me souviens avoir vécu un moment tout aussi embarrassant au cours d'une autre akcia. Peu de temps après l'événement que je viens de relater, je rendais visite à un ami dont la famille possédait elle aussi un bunker. Mon ami s'appelait Wilo Schechner, et son père était un membre du Judenrat local. Sa mère était morte quelques années avant la guerre. Pendant que nous jouions ensemble, on apprit soudainement que des agents de la Gestapo de Czortkow arrivaient dans notre direction.

On entendait l'agitation depuis une autre pièce de la maison de mon ami. Son père venait d'annoncer nerveusement qu'il fallait se préparer à se cacher. Nous nous sommes précipités pour voir la raison de tout ce bruit. Le père de mon ami me regarda dans les yeux et me dit : "Akcia ! Akcia ! Va-t'en ! Rentre chez toi, cours !" tout en me faisant signe de prendre la porte. Il craignait de révéler l'endroit où leur bunker se trouvait, comme un grand nombre de juifs qui en possédaient un. Moins il y avait de personnes qui savaient où se trouvaient ces cachettes, plus il y avait de chances qu'elles ne soient pas découvertes. Mais mon ami me rattrapa par le bras, et, tout en m'attirant vers lui, cria : "Non ! Il doit rester ici. Sinon, il n'y arrivera pas. Il ne part pas. Où que j'aille, il viendra avec moi !"

Son père céda assez rapidement, et nous nous précipitâmes pour descendre dans le bunker aussi vite que possible. Une fois scellé, il ne nous restait plus qu'à attendre. Longtemps, un long silence régna. Puis on entendit frapper à la porte, et de grosses voix s'exprimer en criant. Le plafond au-dessus de nos têtes grinçait sous le poids des pas lourds. Nous ne pouvions pas les voir, bien entendu, mais nous savions qu'il s'agissait de membres de la *Sonderdienst*, des forces spéciales créées pour éliminer les juifs partout en Europe. Avec leurs complices ukrainiens, ils piétinaient dans toute la maison à la recherche de juifs. Tout au long de l'après-midi, et jusque tard dans la soirée, nous les avions entendus parcourir chaque recoin de la maison, ouvrir grand les portes, retirer les affiches accrochées aux murs. Nous écoutions le bruit ainsi que les cris provenant de la rue juste en face de la maison.

Après un long moment, le bruit se dissipa, sans que nous ne soyons sûrs que la voie était libre pour que nous sortions. Alors, nous sommes restés assis, sans bouger et silencieux, toute la nuit durant. Au petit matin, j'ai commencé à me sentir malade. J'avais l'estomac retourné par la peur et la terreur que nous venions de vivre. J'ai rapidement ressenti le besoin de me soulager, mais j'ai senti que quelque chose clochait. J'ai alors compris que j'avais la diarrhée.

J'essayais autant que je pouvais de me retenir, mais malgré mes efforts, cela commençait à sortir. Puis, soudainement, je perdis tout contrôle de mon corps, incapable de retenir quoi que ce soit. Je n'arrêtais pas de me dire : "Oh mon dieu ! J'ai chié dans mon pantalon !" L'air se gorgea d'une odeur nauséabonde, si intense que les autres se mirent à tousser et à éructer. Ils ne disaient rien, mais leurs regards me suffisaient pour comprendre qu'ils voulaient ma peau.

Cette fois-ci, ce n'était pas une partie de plaisir, surtout pour moi. Et, au-delà du fait que j'étais terriblement embarrassé, j'avais aussi terriblement peur. J'avais été "invité" à contre-coeur dans la cachette de mon ami, et voilà que j'ajoutais à leur désespoir à cause de mon incontinence.

Quelques heures plus tard, à la mi-journée suivante, le bruit s'était finalement tu. Nous nous sentions alors suffisamment en sécurité pour sortir. Comme vous pouvez vous le figurer, mes parents s'étaient fait un sang d'encre pour moi quand je ne suis pas rentré à la maison pendant l'akcia. Une fois terminée, ma mère et ma sœur s'étaient mises à me chercher dans les rues de Tluste, scrutant chaque mort, terrifiées que ce puisse être moi. Elles avaient gardé espoir, pensant que je n'avais pas été tué, et ces espoirs se renforcèrent quand elles ne m'y virent pas.

Quand je suis rentré à la maison, au moment même où je passai l'entrebâillement de la porte, des cris de soulagement et des larmes de joie remplirent la maison. Ils me serraient contre eux, comme s'ils ne voulaient plus jamais me laisser partir. Plus tard, on apprit qu'une quarantaine de personnes avaient été tuées durant cette akcia.

12

TROUVER DE LA NOURRITURE

Trouver suffisamment de nourriture pour rester en vie était une lutte de tous les instants, nous étions donc constamment à la recherche de pistes possibles pour manger un peu plus, ne serait-ce que quelques miettes. Parfois, ces tentatives nous exposaient dangereusement à des risques de punition ou de mort.

En fait, les nazis faisaient en sorte de nous affamer pour nous garder confinés dans le ghetto, en ne nous apportant que le minimum vital. Comme je l'ai noté plus tôt, il nous était interdit de pénétrer dans les magasins en ville, et la seule manière pour nous de trouver de la nourriture résidait dans l'inventivité de nos techniques pour nous en procurer en douce.

Mon père avait été envoyé pour travailler dans le grenier à pain de la ville, un métier dans lequel il lui arrivait de porter sur son dos des sacs de farine et d'autres graines de 50 à 100 pounds. Papa était un homme d'affaires, et n'avait jamais fait de travaux manuels dans sa vie, ayant passé la plupart de son temps de travail derrière un bureau. Aujourd'hui passée la quarantaine, on lui demandait soudainement de faire un travail très physique et laborieux. Et, pour couronner le tout, la faim l'avait déjà rendu faible, et les rations distribuées ne suffisaient pas à combler ses besoins. Nous avions très peur qu'il ne fasse pas long feu. Un jour, ma sœur passa devant l'endroit où il travaillait, multipliant ses tentatives de l'apercevoir à l'intérieur. Il s'avère qu'il était bien là, à la vue de tous, mais il était si maigre, si faible, le corps couvert de boue et de poussière, qu'elle n'avait pas pu le reconnaître.

Il y vécut une période très difficile, mais sa période de travail lui avait permis de penser à une nouvelle manière de nous ramener un peu plus de nourriture. Un jour, avant de s'habiller pour partir au travail, il fit des trous dans les poches de son pantalon. Il mit le pantalon sur lui, et s'assit avec quelques ficelles attachées au pied de chacune des deux jambes. Ensuite, il prit un second pantalon, auquel il fit également des trous dans les poches avant. Il enfila le second pantalon par-dessus le premier, et mit ses chaussures.

Ce soir-là, quand il revint du travail, il demanda à ma mère de lui apporter la grande bassine pour laver notre linge. Elle partit la chercher, et la lui tendit. Il s'assit sur le sol et ôta le dernier pantalon dont il s'était vêtu. Il se déplaça ensuite dans la bassine et se pencha pour détacher la ficelle qui entourait ses chevilles. Une fois détachées, un flot de graines s'écoula dans la bassine. Pendant sa journée de travail, Papa avait saisi toutes les occasions de ramasser les grains qui tombaient des sacs pour les glisser dans les trous de ses pantalons. On lui demandait souvent de passer le balai dans le grenier à grains, ce qui lui donna plus d'opportunités de glisser quelques grains en douce dans sa poche tout au long de la journée.

Cela me semble incroyable de me remémorer cette histoire et de me rappeler comment quelques grammes de farine pouvaient nous apporter tant de soulagement et de joie. Mais cela ne manquait jamais de nous procurer crainte et effroi, parce que nous savions qu'en faisant cela, notre père prenait d'énormes risques. S'il s'était fait prendre, il aurait probablement été tué sur le champ. Ces dirigeants assassins et leur cohorte ukrainienne pouvaient trouver n'importe quel prétexte pour éliminer un autre juif, la moindre infraction leur suffisait. Peu de temps après cela, au cours d'une de mes tentatives pour amener plus de nourriture à ma famille, je pensai que c'était à mon tour, à présent, de devenir l'une de ces excuses.

Quand la nourriture venait véritablement à manquer et que nous nous sentions désespérés, nous savions que subsistaient quelques restes de nourriture dans les poubelles des villes environnantes. Je passais donc au peigne fin chaque poubelle que je trouvais, mettant parfois la main sur de petits morceaux de légumes qui me semblaient toujours comestibles, des petits morceaux qui permettaient de combattre la famine.

Un après-midi, ma mère vint me trouver pour me demander de faire l'une de ces rondes. Ce jour-là, j'avais été chanceux, et avais pu trouver plusieurs morceaux de légumes ainsi que d'autres restes de nourriture. Fier et content de ma récolte, je marchais en direction de chez moi, et il ne me restait plus que quelques mètres à parcourir. Tout à coup, je sentis une main se poser avec rapidité et force sur mon épaule. Ma chemise remonta jusqu'au niveau de ma nuque, je ne pouvais plus bouger. En levant les yeux, j'aperçus alors un policier ukrainien, un homme qui s'appelait Schap. Il était connu pour son mauvais caractère et pour sa violence envers les juifs. Tout comme de nombreux antisémites, il tirait un plaisir sadique de tels assauts contre les juifs.

D'un ton menaçant, il aboya dans ma direction : "Que fais-tu ici ?" "Je rentre chez moi !", lui rétorquai-je, la voix tremblante. Sa colère et sa haine montèrent, et c'est alors qu'il leva la main pour me frapper. Sa paume fit une chute tout aussi rapide que furieuse sur ma joue, sur laquelle elle vint se heurter brutalement. La douleur m'avait choqué. Je n'avais jamais été battu de la sorte, ni même frappé, par le passé. La peur parcourut mes veines, j'essayais de me dégager, en vain - sa poigne me maintenait fermement. Qu'allait-il m'arriver ? Allait-il m'emporter loin de ma famille ?

Je vis soudain ma mère courir vers nous. Elle cria : "Viens ici Lonek ! Que fais-tu dehors ?" Puis elle s'adressa au policier. "Je vais l'amener à la maison et le punir pour être sorti. Ça lui apprendra. Pouvez-vous le lâcher ?" Il avait été tellement surpris de la voir apparaître si brusquement que cela l'avait désarmé et qu'il desserra sa prise. Il regarda ma mère quelques instants avant de me relâcher complètement. Ma mère ne perdit pas une seconde, et repartit aussi vite que possible en direction de notre maison. Une nouvelle échappée belle pour moi, mais cette fois-ci, la douleur infligée par la gifle avait rendu la peur bien plus intense. Je savais alors très peu, à l'époque, des multiples rencontres que j'allais faire avec ces meurtriers, et de leur brutalité sans cesse amplifiée.

13

MON AMI RISQUE SA VIE POUR LA MIENNE

Quelques semaines plus tard, j'allai rendre visite à mon bon ami Sam. J'adorais aller chez lui parce que son père y avait construit un atelier qui était, pour moi, comme un magasin de jouets ou un terrain de jeu. Le père de Sam était ferblantier et possédait un nombre incalculable d'outils de toutes formes et de toutes tailles - marteaux, cisailles géantes, un établi muni de serre-joints et d'enclumes. Et, bien sûr, de nombreux autres appareils, tous dotés d'une fonction qui leur était propre. Pour les enfants d'aujourd'hui, qui peuvent jouer avec tout un tas de jouets et de consoles électroniques, ces instruments ne seraient qu'une source d'ennui. Mais pour un enfant du début du 20ᵉ siècle, vivant dans un pays plus pauvre que la moyenne, ces outils avaient quelque chose de magique, et le fait de pouvoir les tenir dans nos mains et de jouer au constructeur avec, était un vrai régal.

Ce jour-là, juste après avoir retrouvé Sam, nous avions filé tout droit vers l'atelier, laissant libre cours à notre imagination. Son père était présent lui aussi, travaillant sur l'un de ses projets. Quelques minutes après, nous entendîmes tout à coup la police ukrainienne ainsi que le Sonderdienst sillonner la ville, frappant aux portes et criant aux juifs de sortir de chez eux. "Juden raus ! Juden raus !", un ordre qui résonnait dans toute la ville. Le père de Sam se précipita vers la porte et abaissa une planche de bois qu'il utilisait en guise de barricade. Sam et moi nous précipitâmes alors sous l'établi et je pris un tissu sur la table pour me couvrir. Je restai parfaitement immobile, sans toutefois pouvoir respirer correctement.

Soudain, quelqu'un frappa à notre porte. C'était l'un des policiers ukrainiens, exigeant que tout le monde sorte de la maison sans tarder. Le père de Sam savait que l'homme forcerait la porte, alors, plutôt que de le laisser entrer, il courut vers la porte pour l'ouvrir. L'homme leva sa matraque et se mit à le frapper jusqu'à ce qu'il tombe par terre. Il se baissa pour l'attraper et, après l'avoir saisi par le col, le traîna hors de chez lui, avant de le mettre au milieu d'un groupe de juifs venant d'être capturés. Puis il s'approcha de l'embrasure de la porte et cria : "Y a-t-il quelqu'un d'autre ici ? Sortez tout de suite !" Souvent, ces assassins craignaient de s'aventurer trop vite à l'intérieur des maisons qu'ils fouillaient, de peur que quelqu'un ne veuille leur tendre un piège. Il resta immobile un moment puis, prudemment, commença à avancer pour passer le seuil de la porte.

La lumière du soleil à l'extérieur était vive, et l'empêchait de voir l'intérieur de la pièce. Sa main placée en visière, il pencha sa tête en avant pour que ses yeux s'ajustent à l'obscurité. Il s'arrêta un instant et répéta l'ordre qu'il avait lancé : "Sortez tout de suite !"

À ce moment, Sam sortit de derrière le banc et courut vers lui. "Je suis là ! J'arrive ! Il n'y a personne d'autre ici !" L'Allemand l'attrapa par le tricot, le frappa au visage avant de le traîner hors de chez lui vers le groupe de juifs qui attendait sur la rue d'en face. Mon cœur fit un bond dans ma poitrine. Pourquoi Sam avait-il fait cela ? Il s'était rendu ! Et, ce faisant, il venait de détourner l'attention de notre traqueur. J'écoutais attentivement, attendant que le soldat ne revienne dans l'atelier pour le fouiller. Les minutes me semblaient être des heures. L'homme ne revint pas. J'attendis un peu plus, mais visiblement, le soldat avait cru Sam quand il lui avait dit qu'il ne restait plus personne. Néanmoins, je restais allongé sur le sol, immobile, sous le banc, le coeur battant à tout rompre.

À présent s'accumulait sur la rue en face de l'atelier un nombre croissant de personnes faites prisonnières, devant des soldats nazis qui leur ordonnèrent tout à coup de former une ligne, en rang par quatre. Ils les organisaient dans le but de les emmener à l'extérieur de la ville pour les déporter dans des camps de concentration et de travail. Sam avait rejoint leurs rangs à l'arrière de la ligne et s'était tenu tranquillement en attendant que son calvaire ne commence. Il regarda autour de lui et remarqua que les soldats s'étaient avancés, et qu'ils ne pouvaient plus le voir puisque les autres membres du groupe étaient des adultes qui le surplombaient par leur taille. Il regarda la rue - une rue qui lui était si familière et dont il connaissait chaque virage, chaque passage qui se ramifiait entre les maisons et les magasins qui la bordaient. Son regard se posa alors sur l'une de ces petites allées, quelques mètres en face de lui, et il se mit à évaluer la distance qui l'en séparait ainsi que ses chances d'y parvenir sans être vu. Pouvait-il s'élancer vers elle et se glisser dans l'étroite ouverture avant qu'un des soldats ne le remarque ou ne réagisse ? S'il échouait, il serait très certainement exécuté sur place. Mais rester dans le rang était aussi synonyme d'une mort certaine. La mort ne serait que retardée de quelques jours, de quelques semaines, voire de quelques heures. Le but de cette akcia en particulier pouvait être de se procurer de la main d'œuvre esclave pour l'effort de guerre. Mais Sam ne pouvait savoir cela. Elle pouvait tout aussi bien être conçue pour éliminer des juifs.

Sans plus attendre, Sam se baissa au sol pour se déplacer à quatre pattes entre les jambes des autres prisonniers. C'était une manœuvre brillante puisque, caché de telle sorte par les autres, les gardes ne pouvaient pas le voir. Il se cognait contre les jambes de ses voisins, et certains n'étaient pas en mesure de contenir leur surprise. Certains policiers ukrainiens avaient alors remarqué l'agitation, et se précipitèrent en direction de la foule, mais Sam avait déjà atteint la ruelle. Il s'y engouffra rapidement, avant de se redresser et d'entamer sa course folle jusqu'au bout de l'allée. Celle-ci n'était pas très longue, et se terminant par un mur haut de huit pieds. Mais Sam ne ralentit pas en l'apercevant. Les ukrainiens venaient eux-aussi de s'engager dans la ruelle, lui ordonnant de s'arrêter. Soudain, d'un seul mouvement rapide et sans perte de vitesse, Sam bondit en l'air et atterrit sur le mur. L'adrénaline qui courait dans ses veines et ses nerfs lui permettait de grimper avec une force surhumaine. Son pied droit le propulsa à la moitié des planches en bois du mur. Ses mains agrippèrent le sommet des planches, lui permettant de se hisser délicatement par-dessus le mur, comme l'aurait fait un athlète olympique de saut en hauteur. Il atterrit de l'autre côté dans un bruit sourd, fit une roulade sur son épaule et arrivant sur le dos. Ignorant tout ce qui était autour de lui, il s'élança aussi vite qu'il put dans la ruelle qui se trouvait derrière le mur, poursuivant sa course dans une venelle qui menait à l'embouchure de la ville.

Les soldats s'arrêtèrent soudainement au fond de l'allée lorsqu'ils rencontrèrent le mur. Où était-il passé ? Il est impossible que ce gamin ait pu escalader ce mur. Toutefois, il avait bel et bien disparu. Ils se mirent alors à la recherche de boîtes, de bidons ou de tout autre chose qui aurait pu lui permettre de se dissimuler.

Mais il n'était pas là. Pendant ce temps-là, Sam continuait sa course jusque dans une étable située non loin, vers laquelle il fonça quand il l'aperçut. Il se précipita à l'intérieur et se cacha sous la porte de l'une des stalles. L'endroit était vide, ne comptant qu'une grosse pile de foin. Il s'en couvrit entièrement tout en essayant de calmer sa respiration et son coeur affolé. Après un certain temps, il était sûr que l'atmosphère s'était apaisée et que personne n'avait découvert le chemin qu'il avait emprunté pour fuir. Néanmoins, il décida de ne pas sortir tout de suite et passa la nuit allongé là où il était, s'efforçant de rester immobile autant que possible jusqu'au petit matin.

Sam avait su se montrer plus malin que les soldats nazis et que la police armée. Il avait une nouvelle fois fait preuve d'intelligence pratique et de débrouillardise, deux qualités pour lesquelles je l'admirais tant. Plus encore, il avait risqué sa vie pour moi - un ami qu'il ne connaissait que depuis quelques mois. Il savait parfaitement ce qu'il faisait quand il s'était rendu aux policiers dans l'atelier. Il savait, de toute évidence, qu'en faisant cela, il renonçait à sa propre vie.

À ce moment-là, nous savions tous que, lorsqu'une akcia se produisait, choisir de s'enfuir plutôt que d'être capturé pouvait s'être synonyme de mort. Il y avait peu d'espoir de survie si quelqu'un était rattrapé après s'être enfui. S'ils m'avaient trouvé, je n'aurais pas su quoi faire. Je n'aurais pas su comment m'échapper, ni où. Je ne connaissais pas les rues comme Sam les connaissait, et j'aurais eu trop peur. Cela ne m'échappa point que Sam avait accompli un acte incroyable de bravoure et d'abnégation. Je n'avais jamais rien vu de tel, surtout de la part d'une personne si jeune. Je lui étais et lui serai éternellement redevable.

De retour dans l'atelier, j'ignorais tout de ce qu'il venait de se produire. J'étais resté là, silencieux et immobile des heures durant.

Je ne sais pour combien de temps, mais cela me parut une éternité. Le bruit de l'akcia avait disparu en l'espace de quelques heures, mais, trop apeuré pour sortir, ce n'est qu'après de longues heures que je quittai ma cachette.

Une fois de plus, mes parents s'étaient terriblement inquiétés pour moi, craignant que je n'aie été capturé ou peut-être même tué ou envoyé dans un camp. Une fois la nuit tombée, ma mère se couvrit d'un châle et s'éclipsa de la maison pour partir à ma recherche. Elle savait que j'étais allé chez Sam, donc elle se rendit directement chez lui. Le danger régnait toujours, tandis que les rues étaient silencieuses et vides puisque beaucoup de gens se cachaient encore. Heureusement, elle arriva jusqu'à l'atelier sans que personne ne la trouve. Elle entra et se mit à murmurer mon prénom. Je reconnus alors sa voix, et rampai d'en-dessous l'établi où je me cachais jusque vers elle pour l'enlacer. Sans perdre une minute de plus dans cette effusion de sentiments, nous avions regagné aussitôt notre maison tout en faisant attention à ne pas attirer l'attention.

Le jour suivant, je m'étais mis à la recherche de Sam, et fus ravi de le retrouver. Il me raconta qu'il s'était échappé de justesse, et que son père lui aussi avait réussi à s'en sortir. Une fois sorti de l'atelier, alors placé sous la garde du policier ukrainien, son père fabriqua rapidement à mains nues une montre en or qu'il lui offrit en échange de sa libération. Le policier regarda la montre quelques secondes, et la lui prit des mains. Il sortit son arme et la pointa vers le ciel. Il appuya sur la gâchette, et le bruit de l'explosion retentit à travers toute la ville. Regardant le père de Sam droit dans les yeux, il lui dit : "Maintenant va-t'en, dégage !"

Un peu plus tard, en octobre 1942, la nouvelle d'une akcia en cours de préparation nous parvint. Le petit-ami de ma sœur, Mendel, nous avait convaincus que nous pouvions l'éviter en nous rendant dans une ville voisine où quelques-uns de ses amis pouvaient nous héberger. Mes parents pensaient que c'était une bonne idée, mais avaient décidé de rester à Tluste, Timush leur ayant promis de les protéger. Mais l'idée de nous envoyer là-bas, Tusia, Mendel, Edek et moi-même, leur paraissait bonne, et c'est ainsi que nous partîmes précipitamment de la ville. Ma mère et mon père y demeurèrent, comme prévu.

Timush vint plus tard cette nuit-là chercher mes parents. Il avait prévu de les emmener dans une église où il remplaçait des fenêtres et effectuait d'autres réparations. Mais il s'avéra qu'il ne put y aller ce soir-là, et c'est alors qu'il décida de les faire venir chez lui, dans sa maison, pour la nuit avant de les conduire à l'église le lendemain matin. Au petit matin, Tinush fut réveillé par le vacarme à l'extérieur. Il se précipita vers la porte d'entrée et l'ouvrit. Les Allemands arpentaient déjà la zone à la recherche de juifs, et il était tard pour emmener mes parents se cacher dans l'église. Il fit demi-tour rapidement pour aller réveiller ma mère et mon père. Il les guida jusque dans sa chambre et leur demanda de se mettre sur son lit. Il les recouvrit de diverses couvertures, d'oreillers et de quelques manteaux, arrangeant soigneusement le tout pour faire croire qu'il n'y avait rien d'autre que des draps et des vêtements. Il leur donna ensuite l'ordre de rester allongés aussi immobiles que possible et de ne pas faire de bruit.

Espérant avoir paré à toute éventualité, Timush quitta sa chambre pour regagner tranquillement la porte d'entrée, qu'il avait laissée grande ouverte. Appuyé nonchalamment contre le chambranle de la porte, il sortit une cigarette de sa poche. Il la glissa très calmement entre ses lèvres et craqua une allumette. Tout en tirant sur sa cigarette, il regardait la route comme s'il n'était qu'un spectateur resté bouche bée devant toute cette excitation. Il attendait tranquillement, tandis que des soldats passaient devant chez lui et le regardaient avec curiosité. Les habitants locaux qui aidaient les Allemands savaient que Timush était un Nationaliste Ukrainien, et avaient réussi à convaincre les soldats de continuer leur route, pensant qu'il était impossible que Timush cache des juifs. Pour faire monter sa ruse d'un cran, Timush leur sourit, avant de faire légèrement demi-tour pour regagner l'intérieur de son domicile, hors de la vue de tous, laissant sa porte grande ouverte. Au moins pour le moment, ce geste permit d'atténuer les soupçons qui pouvaient subsister au sujet de Timush. En passant devant chez lui, les autres soldats virent la porte de sa maison grande ouverte et supposèrent que celle-ci avait déjà été fouillée. Ils continuèrent alors leur chemin, sans s'arrêter, à la recherche d'autres maisons à fouiller.

14

TUSIA CHEZ LES GENTILS

Un mois plus tard, mon père eut l'idée d'éloigner ma sœur de Tluste pour sa sécurité. Il pensait qu'il lui serait possible de la déguiser en Gentil. Une telle ruse était envisageable pour une femme juive, mais pas pour les jeunes garçons et les hommes, à cause de notre tradition de circoncision. Si l'un d'entre nous était capturé, ou simplement interrogé, il suffirait que l'on nous baisse le pantalon pour que la vérité de notre appartenance ethnique éclate au grand jour. Mon père savait que cette ruse pouvait s'avérer dangereuse, mais cela l'inquiétait aussi qu'elle reste, puisque ses jours ici étaient comptés. Il lui semblait plus raisonnable qu'elle survive ainsi et, même s'il ne voulait se séparer d'elle pour rien au monde, il était convaincu de l'importance que l'un d'entre nous survive pour raconter les crimes terribles commis à l'encontre de notre famille. Et peut-être même que, si elle réussissait, cela lui permettrait de trouver un moyen de sauver le reste de la famille.

Il partagea sa réflexion avec Timush, et notre ami ukrainien dit à mon père qu'il nous aiderait. Timush avait quelques amis proches vivant à Cracovie qu'il se proposait de contacter pour voir s'ils accepteraient éventuellement de l'accueillir. Ils prirent la décision de la faire voyager avec Timush jusqu'à Cracovie, prétendant qu'ils étaient tous les deux mariés. Tout au long du trajet, elle pourrait utiliser les documents de voyage de la femme de Timush ainsi que son identité. Une fois arrivés à Cracovie, ses amis l'aideraient pour obtenir un titre de séjour permanent sous une nouvelle identité.

Au début, Tusia n'était pas très sûre de vouloir s'engager dans ce nouveau plan. Celui-ci était très dangereux, et elle ne souhaitait pas être séparée de nous. Mais finalement, elle prit la courageuse décision d'accepter, motivée par l'idée qu'elle pouvait peut-être nous aider.

Notre mère avait travaillé dur pour trouver des vêtements propres et frais pour ma soeur, pour qu'elle ne ressemble pas a une pauvre juive du ghetto. Tusia se teignit les cheveux en blond, et étudia auprès de Timush quelques rituels chrétiens - notamment certains vers du Nouveau Testament, ainsi que les prières les plus connues. Quand le jour de leur départ arriva, ma mère mit Tusia sur son trente-et-un, lui vint en aide pour lui mettre un peu de maquillage, et arrangea ses cheveux d'une manière très élégante. Avec ses nouveaux habits et sa nouvelle couleur de cheveux, ma soeur ressemblait vraiment à une Polonaise. Comme convenu, Timush arriva pour l'emmener. Ma soeur nous serra tour à tour fort contre elle, les yeux baignés de larmes. Ma mère et mon père, emplis de tristesse, pleuraient des larmes amères, tout en nous serrant, mon frère et moi, à leurs côtés. Nous ne savions pas si nous allions la revoir, et après les horreurs que nous avions déjà subies, nos espoirs n'étaient pas très élevés.

Timush arrangea le voyage à Cracovie, sachant qu'ils ne pourraient pas partir depuis la station de train de Tluste - un nombre trop important de personnes présentes là-bas pourraient les reconnaître. Au lieu de cela, ils marchèrent plus de 20 kilomètres jusqu'à la ville de Zalishchyky, où ils seraient en mesure de prendre le train sans que l'on ne les reconnaisse. Cette longue marche était loin d'être aisée, puisque le froid de l'hiver avait déjà commencé à s'abattre sur eux. Il était également dangereux pour eux deux d'être seuls sur la route. En marchant, il leur semblait être passés près de véhicules militaires allemands, éveillant peut-être les doutes de certains soldats. Les locaux qui habitaient les fermes, villes et villages entre Tluste et Zalishchyky pourraient aussi leur mettre des bâtons dans les roues. La pensée que quelque chose de mal leur arrive au cours de ce périple avait sans doute gardé mes parents éveillés toute la nuit.

Finalement, Tusia et Timush arrivèrent à la station de train sans aucune difficulté, et y achetèrent leurs tickets avant de monter à bord. Leur premier arrêt était à Stanisławow, qui était la ville natale de mon grand-père paternel. C'est ici qu'ils eurent leur première correspondance. En se déplaçant le long des quais puis dans la station de train, ils remarquèrent la présence de deux détectives polonais qui vérifiaient les papiers des passagers tout en leur posant quelques questions. Tusia sentit que l'un deux la regardait avec insistance. Quelques minutes plus tard, les deux détectives commencèrent à s'approcher d'elle et de Timush. Ils leur demandèrent leurs papiers, et Timush leur présenta leur certificat de mariage. L'un des détectives inspecta les documents, pendant que l'autre posait quelques questions de routine aux deux voyageurs. D'où venaient-ils ? Où allaient-ils ? Combien de temps avaient-ils été mariés ? Timush répondit à toutes les questions, pendant que Tusia les observait en silence. "Nous allons à Cracovie pour les vacances afin de rendre visite à quelques amis que nous avons là-bas." Les détectives semblaient dubitatifs, sans toutefois leur poser de nouvelles questions. Calmement, ils leur rendirent les documents et s'en allèrent.

Timush n'était pas entièrement sûr qu'ils étaient tirés d'affaire. Il remarqua que les détectives continuaient de les observer tout en marchant dans la gare. Timush se pencha doucement vers Tusia et lui murmura : "As-tu des photographies de ta famille sur toi ?" "Oui", répondit Tusia, avant que Timush ne lui rétorque : "Va dans les toilettes et déchire les. Je suis désolé, mais s'ils les trouvent sur toi, ils sauront que tu es déguisée." Tusia trouva les toilettes sans plus tarder, entra et s'enferma dans l'une des cabines. Elle ferma la porte derrière elle et ouvrit son sac. Elle en sortit délicatement les photos, les regardant longuement. Les visages de sa chère famille devinrent presque flous tandis que des larmes commençaient à remplir ses yeux. Accablée par la tristesse, elle comprit qu'elle ne reverrait peut-être plus jamais sa famille et que, maintenant, elle n'aurait même plus de photos pour se souvenir d'elle. Contre tout ce que lui criait son instinct, elle prit les photos dans ses mains et commença à les déchirer une par une. Les morceaux de papier tombèrent dans les toilettes, accompagnés de ses larmes amères. Sa tristesse se changea soudain en colère et en désespoir quand sa main s'empara de la chasse d'eau et la tira d'un coup sec.

Tusia rejoignit Timush dans le terminal et il la serra contre lui pour la réconforter. Il dissimula soigneusement ses pleurs pour que les détectives, qui continuaient de les épier, ne les remarquent pas. Ils étaient censés partir en vacances, et de ce fait, toute marque de tristesse était susceptible de trahir leur ruse. Après quelques instants, Tusia retrouva la force de prendre sur elle, alors que les détectives reprirent leurs interrogatoires auprès d'autres voyageurs. Cet instant semblait avoir duré des heures, mais après quelques minutes, il était déjà temps pour eux d'embarquer dans le train suivant.

Une fois assise dans le train, ma sœur éprouva un grand soulagement. Elle avait échappé aux doutes des deux détectives et pouvait à présent se reposer quelques instants. Le train s'engouffra dans la brume et sans plus tarder, le paysage extérieur se changea en une nuit noire. Quand il fut l'heure pour la plupart des passagers d'aller dormir, les conducteurs éteignirent toutes les lumières du train. Cette obscurité leur apparaissait comme étant confortable et apaisante. Timush tenait Tusia tout contre lui, tous deux allaient à présent essayer de dormir un peu malgré l'angoisse et la peur.

Mais soudain, le soulagement que cette obscurité leur apportait jusque-là leur fut dérobé. Personne ne pouvait se méprendre quant à la tonalité des pas approchant des agents de la Gestapo, brisant le calme. Ils ouvraient les portes de chaque compartiment, pointant la lumière de leurs lampes de poche sur les passagers, comme s'ils étaient à la recherche d'un fugitif. Ils finirent par arriver dans le compartiment de ma sœur et y firent une entrée fracassante. Tusia enfonça sa tête dans la poitrine de Timush, faisant semblant de dormir. Un des hommes de la Gestapo s'approcha d'elle et braqua la lumière de sa lampe droit dans ses yeux. Tusia leva calmement sa tête engourdie par le sommeil, ouvrant un œil après l'autre, marmonnant quelque chose d'inintelligible avant de laisser retomber sa tête contre le torse de Timush. L'officier garda la lumière braquée sur elle quelques secondes de plus, avant de l'abaisser et de se diriger vers la sortie. En l'espace de quelques secondes, il était parti vers un autre wagon.

Tusia avait été une actrice incroyable, elle-même surprise de sa performance. Son cœur cognait toujours contre sa poitrine, comme s'il allait exploser. Mais elle garda sa tête baissée, se calmant progressivement. Inutile de dire qu'ils ne dormirent pas beaucoup cette nuit-là, puisqu'ils n'avaient de cesse d'anticiper le potentiel retour des agents dans leur compartiment. Le train continuait sa route à travers la nuit avant de se diriger vers l'ouest, mais pour le reste du voyage, les fugitifs ne se firent pas remarquer, évitant d'éveiller tout soupçon.

Il leur fallut deux jours entiers pour arriver à la station suivante, une petite ville appelée Zegocina, où ils devaient changer de train à nouveau. Quand ils arrivèrent, le jour venait de se lever. Zegocina se situait à une cinquantaine de kilomètres de Cracovie et, la plus grosse partie du trajet étant à présent derrière eux, ils avaient bon espoir de pouvoir continuer le reste de leur voyage sains et saufs. Malgré sa petite taille, Zegocina était dotée d'une jonction ferroviaire majeure, servant la ville de Cracovie et d'autres gares plus éloignées. En conséquence, celle-ci était un endroit animé qui comptait un grand nombre de mesures de sécurité mises en place par les Allemands pour empêcher une quelconque menace ou activité illégale.

Une fois descendus du train, Timush et Tusia jetèrent un rapide coup d'œil autour d'eux depuis la plateforme pour évaluer l'état de cette nouvelle situation. Il leur sembla clair, afin de pouvoir monter dans le train suivant, qu'un contrôle de sécurité leur serait imposé. De part et d'autre du portail de sécurité à travers lequel ils devaient passer se trouvaient plusieurs agents de la Gestapo, à la recherche de toute personne suspecte. Ils étaient à l'affût de tout et de rien, de vendeurs au noir, d'espions, trafiquants en tout genre et, bien entendu, de juifs en fuite.

Juste au moment où Tusia posa son regard en direction du portail, l'un des officiers se retourna et regarda droit dans sa direction. Un frisson parcourut alors sa colonne vertébrale de bas en haut. Elle se retourna vers Timush et lui glissa : "Nous sommes faits ! Je peux le voir dans ses yeux. Il sait que je suis juive !" Timush passa son bras autour d'elle et, l'attirant vers lui, répondit : "Reste calme, essaye de sourire et d'avoir l'air heureuse." Tusia obtempéra et faisait de son mieux, quand elle se rendit soudainement compte que l'officier qui l'avait démasquée venait de se tourner vers un autre agent pour lui murmurer quelque chose à l'oreille. Tous deux se retournèrent alors vers Tusia. Elle sentit son cœur s'enfoncer dans sa poitrine et baissa les yeux au sol, comme si cela pouvait empêcher ce qui allait advenir d'arriver.

Ils se dirigeaient tout juste vers le contrôle de sécurité quand, en s'en rapprochant, Tusia rassembla suffisamment de courage pour regarder une nouvelle fois en direction du portail. Dans la mesure où les officiers bloquaient le passage, un groupe de personnes commençait à se former. Les officiers interrogeaient vigoureusement deux femmes voilées, habillées tout en noir, comme si elles se rendaient à un enterrement. Tusia n'arrivait pas à savoir ce que les soldats disaient, mais les mots étaient courts, percutants et emplis de colère. Très clairement, ces deux femmes avaient éveillé leurs soupçons, et les officiers semblaient prêts à les arrêter.

Tout d'un coup, l'une des femmes se retourna et commença à courir en direction des trains. Les officiers sortirent leurs armes avant de hurler : "Stop ! Arrêtez-vous sur le champ !" La femme ne s'arrêtera pas, et au contraire, accéléra sa course, fonçant en direction de l'une des voies de chemin de fer. Un coup de feu résonna alors, retentissant sur toutes les plateformes. La femme tomba à plat, son visage de l'autre côté de la voie ferrée. L'autre femme se mit à crier de manière incontrolable et se précipita depuis le portail en direction de la femme sans vie qui gisait au sol. La femme n'eut le temps de parcourir que quelques mètres, un second coup de feu bruyant ayant mit fin à sa course. Elle s'effondra immédiatement sous le regard de centaines de passagers sous le choc.

Tusia fit tout ce qui était en son pouvoir pour ne pas céder à la panique. Ces femmes étaient des femmes juives qui avaient espéré que leurs voiles de deuil cacheraient leur appartenance ethnique. Mais les hommes de la Gestapo n'étaient pas dupes et n'eurent aucune pitié pour elles. Qu'allait-il advenir à présent pour Tusia ? Elle était déjà convaincue qu'ils avaient compris qu'elle était juive et qu'ils seraient tout aussi impitoyables avec elle. La terreur montait en elle tandis qu'un sentiment de malheur la saisissait. Si elle avait su ce qui allait se passer, ce sentiment aurait été encore plus atroce.

Tusia et Timush n'avaient plus le choix à présent. Les officiers les avaient déjà repérés, ils étaient donc forcés de continuer d'avancer en direction du portail de sécurité. Une fois arrivés, l'un des hommes leur ordonna de se mettre sur le côté pour qu'il puisse les interroger. Il leur posa quelques questions habituelles : "D'où venez-vous ? Où allez-vous ?" Mécontent des réponses qu'ils avaient données, l'officier quitta son poste de travail et les emmena dans une autre salle d'interrogation où un autre officier les attendait. Ils commencèrent à poser des questions à Timush et à Tusia en allemand. Même si Tusia connaissait quelques mots d'allemand, elle leur rétorqua qu'elle ne comprenait pas les questions qu'ils lui posaient. Timush déclara ne pas connaître la langue lui non plus. À ce moment-là, les officiers passèrent au polonais et, en en apprenant plus au sujet de l'origine de Timush, un peu à l'ukrainien. Le polonais de Tusia était parfait, mais elle parlait ukrainien avec un accent. Ce n'était pas commun, mais des mariages entre Polonais et Ukrainiens existaient bel et bien. Ils gardèrent alors l'espoir que sa manière de parler ne soit pas retenue comme une preuve contre eux.

Timush et Tusia réussissaient courageusement à poursuivre leur ruse, indiquant aux officiers qu'ils étaient mariés et qu'ils se rendaient à Cracovie pour des vacances. Timush présenta leur certificat de mariage une nouvelle fois, ainsi que leurs papiers d'identité, mais aucun de ces documents ne contenait de photographies d'eux, ce qui ne permit pas de dissiper les soupçons des officiers. L'un des hommes attrapa le sac à main de Tusia pour le fouiller de fond en comble. Il en renversa entièrement le contenu sur une table voisine, et éparpilla les affaires pour les passer à la loupe. Ma sœur se sentit grandement soulagée d'avoir détruit les photos de famille - sinon, ils auraient très certainement été arrêtés.

Toutefois, toujours insatisfait et visiblement perturbé, l'un des officiers s'en alla se munir d'une caisse en bois, la retourna et ordonna à ma sœur de monter dessus. Puis il lui demanda de se déshabiller. Au départ, elle refusa d'obéir, mais il se mit à lui crier violemment dessus tout en pointant son arme sur elle. Tusia commença à enlever un à un ses vêtements. Elle retira sa robe, puis son caraco, et enfin, sa combinaison. Elle n'avait plus sur elle que ses sous-vêtements quand Timush s'écria, énervé : "Non ! Ne faites pas cela ! Vous ne déshabillerez pas ma femme !" Les soldats le regardèrent incrédules. Mais la sincérité et la colère qui émanaient de sa voix convainquirent les officiers de renoncer à leur tactique.

Tandis que Tusia descendait de son piédestal pour se rhabiller, l'un des agents décrocha le téléphone et demanda à ce qu'un autre officier les rejoigne. Il posa le téléphone avant de sortir délicatement son arme de son étui. Il avança vers elle et brandit brutalement l'arme face à son visage, criant question après question sans relâche jusqu'à ce qu'un troisième officier n'arrive.

Le troisième homme avait apporté un mètre de couturière. Il ordonna à Tusia de s'asseoir sur la chaise qui trônait à côté d'elle, et mesurait pendant ce temps la taille de sa tête, de son nez, la longueur de ses jambes, la largeur de son front, et quasiment toutes les parties de son corps. Tout en s'exécutant, il lui arrivait de hocher la tête, assurant aux autres officiers que ces mensurations prouvaient qu'elle était bien juive. "Oui, ce sont exactement les mensurations d'une femme juive," confirma-t-il en allemand. Il regarda attentivement Tusia, pour voir si ses propos suscitaient de la peur en elle et s'ils allaient la forcer à se dénoncer. Elle comprenait ce qu'ils disaient, mais prétendit le contraire, continuant à prétendre être Polonaise.

Heureusement pour elle, quand elle ressentait de la crainte ou de l'effroi, Tusia ne pâlissait pas comme la plupart des gens. Au contraire, son visage rougissait. Assurément, elle était terrifiée, mais la colère monta en elle. Elle était déterminée à cacher sa peur. Tusia se dit alors que, puisqu'elle allait probablement mourir, elle ne leur donnerait pas la satisfaction de croire que leurs techniques d'interrogation pouvaient la forcer à révéler qu'elle était juive.

L'interrogatoire que ces hommes menaient s'intensifiait, mais Tusia ne céda pas à la pression. De temps en temps, les officiers se retiraient dans une autre pièce pour discuter entre eux. Puis ils revenaient pour déverser un nouveau flot intense d'interrogations. À la suite de l'un de leurs entretiens privés, l'un des officiers revint dans la pièce et sortit à nouveau son arme. Il marcha jusqu'à Tusia et plaça le canon de son arme au niveau de sa tempe, avant de s'écrier : "On en a marre que tu retardes notre travail ! Admets que tu es juive, parce que de toutes manières, nous sommes prêts à tirer !" Mais Tusia, avec tout le courage dont elle disposait alors, répliqua : "Je suis sa femme ! Je ne suis pas juive !"

Surpris, mais pas entièrement convaincu, l'officier remit doucement l'arme dans son étui. Puis il se tourna vers Timush et commença à lui poser des questions. Jusqu'à présent, l'interrogatoire s'était concentré sur Tusia, et rien n'avait été adressé à Timush. Mis à part sa complainte à leur encontre au moment où ils avaient donné l'ordre à Tusia de se déshabiller, il était resté silencieux dans un coin de la pièce. Mais leur supplice n'était pas encore terminé. Ils n'avaient pas réussi à faire craquer ma sœur, alors ils pensaient peut-être qu'ils allaient faire peur à Timush jusqu'à ce qu'il les dénonce tous les deux. Ils savaient qu'il était ukrainien, et qu'il n'était pas juif. Pourquoi un tel homme risquerait-il sa vie pour sauver une pauvre juive ? Ils semblaient sûrs de pouvoir le faire craquer.

Les officiers se mirent à interroger Timush, avec la même intensité avec laquelle ils avaient interrogé Tusia. Ils lui balançaient une question après l'autre en hurlant, les mêmes que celles qu'ils avaient déjà posées, espérant qu'il ne se contredise. Timush continuait d'affirmer avec véhémence que Tusia et lui étaient mari et femme. Enfin, quand il leur sembla clair que leurs questions ne réussiraient pas à leur faire obtenir une quelconque confession de sa part, les agents changèrent de stratégie. L'un des officiers prit une matraque dans ses mains et commença à la tapoter contre la paume de sa main. Il dit à Timush : "Il existe d'autres façons de vous faire admettre qu'elle est juive." Il s'avança jusqu'à lui et asséna un premier coup de matraque dans la tête. Un autre officier arriva et lui donna un coup de poing dans l'estomac. Ils se mirent à le frapper et à le rouer de coups, tout en n'ayant de cesse de demander qu'il admette qu'il protégeait une juive. Mais Timush, le visage ensanglanté et souffrant terriblement des coups qui lui étaient portés, trouva la force de continuer à dire que Tusia était sa femme et non une juive.

Ma soeur regardait cette scène avec horreur. Elle était terrifiée que Timush ne meure ou bien qu'il cède sous le poids de toute cette violence, révélant ainsi leur secret. Mais malgré le passage à tabac violent qu'il subissait, il ne capitulait pas. Au contraire, la sincérité de ses déclarations semblait croître à chaque coup porté. Et il ne craignait pas de répondre à ses agresseurs. À un moment, il leur cria : "Comment osez-vous me frapper ? Je pensais que les Allemands et les Ukrainiens étaient comme des frères !"

Les officiers avaient fini par se résoudre au fait que Timush ne changerait pas sa version de l'histoire, et abandonnèrent leur tactique. Une nouvelle fois, ils quittèrent la pièce pour s'entretenir en privé sur ce qu'il convenait de faire ensuite. Quand ils remirent un pied dans la pièce, la lumière tamisée du petit matin commençait à se diffuser dans la pièce. L'interrogatoire avait duré toute la nuit. Tusia était épuisée, et Timush se tordait de douleur. Les officiers semblaient fatigués eux aussi, mais ils n'avaient toujours pas obtenu la confession qu'ils recherchaient. L'un d'eux annonça alors : "Tu dis que c'est ta femme, mais nous, nous pensons que c'est une juive et que tu essaies de l'aider à s'enfuir. Nous allons donc l'arrêter. Mais toi, tu vas rentrer chez toi et revenir nous apporter plus de documents et de photos pour nous prouver qu'elle est bien ta femme." Tusia fut saisie par la peur et se dit à elle-même : "Combien de temps cela va-t-il durer ? Une semaine, peut-être deux ? Mon dieu, si je ne meurs pas aujourd'hui, je mourrai très certainement la semaine prochaine !" Il serait peut-être mieux que j'avoue tout maintenant pour que mes souffrances soient abrégées.

Mais Timush n'était pas prêt à se rendre. Il lui répondit en criant : "Non ! Vous n'arrêterez pas ma femme, ni ne la garderez toute seule en prison. Si vous l'arrêtez, arrêtez-moi aussi !" L'un des officiers riposta : "Non ! Nous ALLONS l'arrêter, mais pas toi.

Sors d'ici maintenant !" Ce à quoi Timush répondit : "En tout cas, je vais rester assis sur les marches en face de la prison et attendre que vous la laissiez sortir. Vous disposez d'un téléphone ainsi que d'un télégraphe. Vous pouvez les utiliser pour obtenir des informations sur nous." La force avec laquelle il fit cette déclaration désarma les agents qui se retirèrent alors pour parler ensemble une nouvelle fois.

Quand elle l'entendit dire cela, Tusia pensa : "À quoi joue-t-il ?" Les officiers venaient de donner à Timush l'opportunité de s'enfuir sans être arrêté et fusillé en même temps qu'elle. Sans doute étaient-ils convaincus que si Timush partait sans revenir, alors ce serait une preuve suffisante que ma sœur était juive et qu'ils n'étaient pas mariés. Tusia n'en revenait pas : Timush était prêt à donner sa vie pour sauver la sienne. Plus que jamais, elle était à présent convaincue du fait que cet homme, autrefois craint pour son antisémitisme, s'était aujourd'hui repenti sincèrement de son intolérance et de sa haine. Il commettait là le sacrifice ultime pour expier toute la peur et toute la violence qu'il avait infligées aux juifs de Tluste.

Quelques instants après, les agents réapparurent et s'adressèrent à eux en criant : "Raus ! Raus !" Le terme allemand signifiant : "Partez !" Tusia rassembla rapidement ses affaires éparpillées sur la table, et tous les deux filèrent de la pièce où l'interrogatoire avait eu lieu pour retourner vers les voies de chemins de fer, où ils espéraient pouvoir se poser un peu du traumatisme vécu la nuit passée. Sur leur chemin, ils remarquèrent qu'un homme les suivait. Les agents de la Gestapo avaient envoyé un employé des chemins de fer à leur trousse pour les suivre de près et écouter leurs conversations. Ayant reconnu que cet homme était un espion, Timush commença à jouer le rôle du mari en colère pour poursuivre leur ruse. Il s'adressait à Tusia avec sévérité, s'assurant que l'espion puisse l'entendre : "Espèce d'idiote ! Tu as teint tes cheveux en blond pour avoir l'air allemande. Mais tout le monde peut voir que ce n'est pas ta couleur naturelle. Ils ont pensé que tu étais juive, et que tu essayais de t'enfuir. Tu nous as mis dans de sacrés ennuis ! Quand nous serons à la maison, je te mettrai une raclée pour que tu comprennes !" Après cela, ils se posèrent dans un café pour commander à manger. Quand la nourriture arriva, Tusia ne pouvait imaginer avaler quoi que ce soit, l'estomac encore noué par leur long calvaire. Mais Timush insistait, même si elle ne pouvait presque rien avaler. Il voulait convaincre celui qui les épiait que les choses étaient rentrées dans l'ordre pour eux.

Timush et Tusia étaient si désorientés par ces heures interminables d'interrogatoire qu'il leur fallut quelque temps pour reprendre leurs esprits et savoir ce qui leur restait à faire. Timush trouva une salle de bain et nettoya ses blessures. Il savait qu'il lui faudrait un moment avant que les bleus énormes qu'on lui avait infligés ne guérissent.

À cause du retard accumulé tout au long de la journée, ils avaient manqué le train qui devait les emmener jusqu'à Cracovie, mais heureusement, la toute dernière étape du voyage était relativement courte. Ils arrivèrent à Cracovie à la fin de la journée, dans l'appartement des amis de Timush.

Timush avait trimé pour façonner les documents de Tusia qui l'assimilaient à la communauté polonaise, mais la tâche était difficile et dangereuse, et cela prenait plus de temps que prévu. Après plusieurs jours sans aucun progrès, Tusia devint de plus en plus nerveuse. À chaque heure qui passait, sa paranoïa et son désir de solitude augmentaient. Elle ne supportait plus d'être dehors en public. Elle pensait que chaque regard qu'elle croisait était celui d'un espion nazi, prêt à la démasquer. L'inquiétude la rendait tellement malade qu'elle ne mangeait plus que très peu, ce qui l'affaiblissait et la fragilisait.

Une nuit à l'appartement, alors qu'elle était dans sa chambre à Cracovie et que Timush et ses amis jouaient aux cartes dans la cuisine, elle se rendit soudainement compte que les hommes avaient commencé à parler à voix basse. Alarmée par la pensée qu'ils devaient parler d'elle et qu'ils ne voulaient pas qu'elle les entende, elle fit de son mieux pour écouter leur conversation. C'est tout juste si elle pouvait comprendre ce qu'il se disait. Les mots qui lui parvenaient firent grimper la peur en elle.

"Tu sais que tu mets ta vie en danger," dit un homme à Timush d'un ton alarmiste. "Et pour qui ? Une juive, voilà pour qui ! Ce sera la première à te mettre en prison une fois que les Soviétiques auront débarqué." Si ses amis essayaient de convaincre Timush d'abandonner sa mission miséricordieuse, c'est surtout parce que l'idée de se voir impliqués dans ses plans les inquiétait énormément. Que pouvait-il leur arriver si leur stratagème était découvert ? Il semblait alors que les seuls alliés que Timush et Tusia avaient à Cracovie étaient en train de leur faire faux bond. La peur pousserait-elle ces hommes à la dénoncer aux autorités ? La dangereuse incertitude de la situation convainquit Tusia qu'ils devaient rentrer à Tluste. Ces gens ne leur viendraient pas en aide si un retournement de situation advenait. Plus tard cette nuit, elle communiqua ses inquiétudes à Timush qui reconnut que la meilleure des choses qu'ils puissent faire, était de rentrer chez eux.

Sur le chemin du retour, ils empruntèrent la même gare ferroviaire que celle par laquelle ils étaient passés pour rejoindre Cracovie. Cela signifiait qu'ils allaient peut-être rencontrer à nouveau les agents de la Gestapo de Zegocina. Le jour de leur départ arriva, et la première étape de leur voyage les amènerait directement là où ils avaient subi cet interrogatoire terrifiant. Lorsque le train entra en gare et s'arrêta au quai du terminal, ils descendirent et jetèrent immédiatement un coup d'œil au portail de sécurité. Comme ils pouvaient s'y attendre, les deux mêmes officiers qui les avaient soumis à cet examen violent et éreintant étaient là. Timush et Tusia arrivaient doucement au niveau du portail avec beaucoup d'appréhension. Les agents étaient occupés à inspecter et à interroger les autres passagers, sans les remarquer au premier abord. Mais c'est alors qu'ils s'approchèrent un peu plus du portail que les deux hommes levèrent les yeux vers eux avec étonnement, avant de leur lancer bouche-bée : "Oh, alors comme ça vous êtes revenus !", s'écrièrent-ils. "Nous sommes heureux de vous revoir. Comment étaient vos vacances ?" Cet accueil sympathique prit par surprise Timush et Tusia, qui leur répondirent en souriant : "C'était très agréable, merci." Les officiers les firent passer sans la moindre résistance. Le fait que Tusia et Timush reviennent semblait avoir convaincu les officiers qu'ils étaient bel et bien un couple marié et que ma sœur n'était pas une fugitive.

Une fois le poste de contrôle passé, ils trouvèrent un endroit où patienter pendant les deux heures d'attente pour leur prochain train, le plus loin possible des officiers. Mais le simple fait d'avoir revu ces hommes les emplit de peur. Ils décidèrent alors qu'il n'était pas si judicieux de leur donner l'occasion d'une surveillance rapprochée de par la longue attente qu'ils s'apprêtaient à endurer dans ce terminal. L'idée même d'attendre que leur heure vienne sous le poids de cette menace leur semblait insupportable, notamment pour Tusia. De ce fait, ils quittèrent la gare pour se rendre dans le village et trouver une autre façon de rentrer chez eux.

Depuis Zegocina, ils prirent la route vers le sud-est, choisissant de se déplacer à pied, ou par tout autre moyen de locomotion, y compris ceux d'un autre temps, sauf en train. Timush avait des amis dans certaines de ces petites villes et villages qui pavaient leur route, et s'arrangea pour qu'ils acceptent de les héberger une nuit durant. La plupart de ses amis connaissaient Timush, mais n'avaient jamais rencontré sa femme - l'identité de Tusia ne fut alors pas remise en question. L'un de ces amis avait été fait prisonnier avec lui dans la prison soviétique de Berdachiv. En arrivant chez l'un d'entre eux, Tusia feignait toujours d'être malade et de souhaiter se retirer dans sa chambre, afin de diminuer ses chances d'éveiller un quelconque soupçon. Plus d'une fois lors de tels arrêts, alors qu'elle était allongée sur son lit essayant de trouver suffisamment de tranquillité d'esprit pour pouvoir s'assoupir, elle parvenait toujours à entendre les conversations. Leurs hôtes étaient, pour la plupart, de fervents nationalistes ukrainiens et, comme Timush dans sa vie passée, des antisémites enragés. Tusia écoutait tandis qu'ils parlaient à Timush du mal qu'incarnaient les juifs. Un peu plus tard, elle nous confia qu'elle n'avait jamais entendu pareilles calomnies et insultes au sujet de n'importe quel autre être vivant. Le plus vil des animaux - même le cafard - ne pouvait pas être plus méprisé que les amis de Timush ne méprisaient les juifs. Timush écoutait, sans prendre part à la discussion. Il restait calmement assis sur son siège, sans rien révéler de sa nouvelle manière de penser.

Nos retrouvailles avec Tusia et Timush, une fois rentrés à la maison, furent larmoyantes mais heureuses. Nous ne nous attendions pas à revoir Tusia un jour, et même si nous avions espéré qu'elle s'en sorte et qu'elle s'affranchisse de l'horreur que nous subissions, nous nous réjouissions de la voir passer le seuil de notre maison à nouveau. Ma mère et mon père fondirent en larmes, avant de s'asseoir aux côtés de Timush et de Tusia pour écouter le récit dramatique qu'ils venaient de traverser. La sympathie et l'endettement qu'ils ressentirent alors pour Timush prirent des proportions ahurissantes à mesure qu'ils comprirent qu'il avait risqué sa vie pour celle de leur fille.

Notre amitié n'en fut que plus forte, et nous ressentions une gratitude profonde envers lui, mais les moyens nous manquaient pour le gratifier pour son héroïsme. Toutefois, Timush ne nous demanda jamais rien. Son vœu au prêtre lui coûtait probablement beaucoup plus que ce qu'il avait prévu, mais il ne dévia jamais de son engagement à réparer les torts qu'il avait commis au cours des nombreuses années avant la guerre.

15

TYPHUS

Les conditions de vie se détérioraient rapidement dans le ghetto de Tluste. La population était affamée, et il devenait de plus en plus compliqué de mettre la main sur le minimum nécessaire à leur survie. Si trouver de la nourriture était difficile, trouver de quoi se laver, nettoyer nos vêtements et notre maison l'était deux fois plus. De ce fait, en très peu de temps, les poux infestèrent une grande partie de la communauté. Ce fléau s'était propagé dans tous les ghettos juifs du pays, entraînant avec lui une vaste épidémie de typhus dans toute la Pologne. À présent, en plus des horreurs que nous subissions, nous devions nous battre contre une nouvelle menace à notre survie.

Un jour, mon père tomba malade et, à cause de la fièvre extrêmement haute qui le prit, fut contraint de rester au lit. Il ne nous fallut pas beaucoup de temps pour comprendre qu'il avait contracté le typhus. Les jours qui suivirent, tristesse et dépression s'abattirent sur lui. La décision qu'il avait prise de rester en Pologne plutôt que de partir avant la guerre le hantait. S'il avait accepté la proposition de ma tante de les rejoindre en Amérique, il aurait pu sauver sa famille. La culpabilité et la douleur affective qui découlèrent de ce choix l'accablaient. Je suis certain que cette souffrance morale ne l'aidait pas à se remettre de sa maladie.

L'état de santé de papa se détériorait rapidement, et après l'apparition de la fièvre, il commença ensuite à délirer. En l'espace de quelques jours, il tomba dans le coma, tandis que sa température grimpait, atteignant des pics quasi mortels. Je le revois encore dans sa chambre, allongé et immobile, respirant à peine à travers la mince ouverture de sa bouche. Je pouvais voir, derrière ses lèvres entrouvertes, que sa langue était devenue noire comme du charbon à cause d'un certain champignon qui se développait souvent dans la bouche des victimes du typhus.

Je n'étais qu'un jeune garçon et ne comprenais pas ce qui causait ces symptômes épouvantables. Je me souviens que je pensais avec effroi que la fièvre avait été si forte qu'elle avait brûlé sa langue et l'avait rendue complètement noire. Voir mon père, lui qui avait été si fort tout au long de sa vie, allongé là, faible et sans défense, m'emplissait de peur et d'inquiétude. Pourquoi un tel sort s'abattait-il sur lui ? Qu'avait-il fait pour mériter cela ? Allait-il mourir ? Comment allions-nous survivre sans lui ? J'ignore combien de temps il resta en vie après être tombé dans le coma, mais je pense qu'il succomba rapidement à la terrible maladie. Ce jour-là, nos pleurs coulaient de manière incontrôlable, alors que notre chagrin nous envahissait.

À cette époque, il était pratiquement impossible d'organiser un véritable enterrement. Quand une personne mourait dans le ghetto, on enveloppait son corps dans un tissu, on le déposait dans une brouette ou dans une charette, avant de l'emmener au cimètière juif qui se trouvait en dehors de la ville. Le corps était enterré aussi vite que possible dans une fosse peu profonde, sans cercueil. Mais la simple pensée qu'un tel traitement s'applique à notre défunt père nous était insupportable. Nous avions alors cherché avec détermination de quoi lui construire un simple cercueil en bois. Tour à tour, nous lui fîmes nos adieux. Ensuite, son corps fut enveloppé dans un drap, puis déposé à l'intérieur du cercueil que l'on finit par clouer.

Le jour de son enterrement fut particulièrement morne. Le temps était nuageux, froid, et une couche de neige recouvrait les alentours. Quatre hommes, qui étaient chargés des enterrements au cimetière juif, arrivèrent pour porter le cercueil. Ils soulevèrent le caisson et se mirent à marcher en direction du lieu de sépulture. Ma mère et mon grand-père ouvraient la marche, suivis de près par Edek, Tusia et moi-même. Mes tantes Bela et Fryma étaient avec nous également. Ainsi que mon cher ami Sam.

La route jusqu'au cimetière me semblait interminable, mais on atteignit finalement la banlieue de la ville et la périphérie du cimetière. Le chemin qui menait à l'intérieur de celui-ci était légèrement plus en hauteur que ne l'était le cimetière, il nous fallut alors descendre un petit talus pour atteindre la tombe. Nous étions en février et la neige recouvrait toujours le sol. Les porteurs entamèrent leur descente vers le cimetière depuis le bord de la route, mais la neige glissante et éparse les firent chanceler, tandis que le poids du cercueil commença à se déplacer. Soudain, l'un des hommes perdit le contrôle et ses pieds se dérobèrent sous son poids. Il tomba à la renverse, lâchant sa prise sur la boite. L'autre homme fit de son mieux pour tenir bon, en vain : le cercueil vacilla d'un côté et s'effondra lourdement au sol. Le couvercle s'ouvrit en grand et le corps de mon père fut projeté dehors dans la neige.

Les yeux baissés sur le corps de mon père, je m'aperçus que le linceul qui le couvrait était imprégné de sang. Nous étions tous restés là à découvrir la scène avec horreur. Traumatisés, nous nous mîmes à crier de désespoir. Tandis que les quatre hommes se lancèrent en direction du corps pour le remettre dans le cercueil, nous cherchâmes à nous consoler les uns les autres.

Une fois d'accord sur le lieu où ils allaient l'enterrer, les quatre hommes se mirent à creuser le trou aussi vite qu'ils purent. Pendant ce temps, nous prîmes le temps de nous calmer avant de nous placer autour de la bordure de la tombe pour rendre notre dernier hommage. Nous pleurions tous, même mon grand-père, qui peinait à contenir ses larmes pendant qu'il récitait les prières traditionnelles juives. Quand il eut terminé, les quatre hommes commencèrent à pelleter la terre, jusqu'à ce que le trou soit couvert à nouveau. Nous regardions la scène, sanglotant en silence la perte de notre père, jusqu'à ce que la dernière pelletée de terre recouvre la tombe. Une lourde tristesse s'abattit sur moi quand je réalisai qu'aucun d'entre nous n'avait amené quoi que ce soit pour graver la tombe ou faire une stèle. L'idée que la tombe de mon père allait rester anonyme, et son occupant, inconnu, me dévora tout au long du chemin retour.

J'avais repensé toute la nuit à cette terrible journée. Je n'arrivais pas à effacer de ma vue l'image du corps de mon père, expulsé sur le sol glacé, contrastant avec le rouge profond du sang et la blancheur lumineuse de la neige. Je repensais à la grossièreté du matériau que nous avions utilisé pour lui constituer un cercueil, et à combien cela me semblait inadéquat pour un homme qui avait autant réussi dans la vie. Puis je me remémorai la tombe anonyme, commençant à craindre qu'avec les années il n'en reste plus aucune trace. J'avais l'impression que ces meurtriers, ces monstres, avaient dépossédé mon père de tout, non seulement de sa vie mais aussi de sa mort.

Le jour suivant, je me rendis chez mon ami Sam, qui essayait de me parler et de me consoler. Au cours de la discussion, nous décidâmes de nous assurer que le lieu du repos final de mon père ne demeure pas anonyme. Sur quelques morceaux de bois que nous venions de trouver, nous sculptâmes son nom ainsi que ses dates de naissance et de décès. Comme nous pouvions nous y attendre, une stèle de bois ne durerait pas éternellement. Malheureusement, quand je fus capable de retourner à Tluste quelques décennies après la guerre, je ne retrouvai pas sa tombe.

16

AUX CAMPS DE TRAVAIL

Quelques mois après la mort de mon père, Mendel vint nous dire qu'il s'était arrangé pour nous trouver un travail à tous dans un campement agricole voisin. Ces campements cultivaient une plante nommée *kok-saghyz* ou le *Pissenlit kazakh*, utilisée pour fabriquer du caoutchouc synthétique pour l'effort de guerre. Même si le travail dans les camps était ardu, ceux qui y travaillaient étaient, dans bien des sens, mieux lotis que ceux qui tentaient de survivre dans le ghetto. À Tluste, les conditions de vie pour les juifs étaient épouvantables, nos besoins vitaux devenant de plus en plus difficiles à satisfaire. Au moins, dans les camps, il nous était offert un peu de nourriture, de meilleure facture que les quelques miettes que nous nous arrachions en ville. Par ailleurs, quelques rumeurs persistantes nous parvinrent, selon lesquelles les nazis se préparaient à exterminer les juifs des ghettos de toute la Pologne, et que Tluste n'y échapperait pas. Du fait de l'absolue nécessité de sauvegarder les apports en caoutchouc pour l'armée, les travailleurs de ces camps seraient moins concernés par cette traque, et risquaient moins d'être tués - au moins, dans l'immédiat.

Nous étions tous tombés d'accord sur le fait que le campement agricole était l'option la plus viable pour nous tous, et Mendel s'occupa de passer les accords nécessaires à notre embauche. Notre mère décida de ne pas se joindre à nous, parce qu'elle ne voulait pas laisser nos grands-parents seuls. Les horreurs auxquelles nous venions de faire face les avaient profondément affectés, et chaque jour qui passait les rendait de plus en plus faibles. Il y avait aussi d'autres juifs en ville qui nécessitaient une aide spéciale, et notre mère se sentit obligée de la leur prodiguer - surtout aux jeunes enfants devenus orphelins. De ce fait, nos efforts pour la convaincre de nous rejoindre échouèrent, puisqu'elle prit la décision de rester à Tluste. Percevant l'inquiétude que nous ressentions pour elle, maman fit de son mieux pour nous rassurer et nous conforter dans nos choix de nous en aller. Elle fit également la promesse de nous retrouver au camp dès qu'elle le pourrait.

Mon frère et moi furent emmenés dans un camp voisin, dans un petit village connu sous le nom de Lisowce, tandis que ma soeur et son petit-ami furent envoyés dans un autre camp, près du village de Szypowce. Quelques kilomètres à peine séparaient les deux camps. J'étais encore très jeune, donc on m'attribua la fonction de porteur d'eau. Cela impliquait de conduire une mule chargée de barils d'eau le long des rangées de plantes. Quand quelqu'un avait besoin d'eau, j'en versais quelques louches dans un récipient, que je leur donnais. Ce n'était pas un travail fatigant, mais le fait de rester debout sous le soleil de plomb, tirant la mule pendant de longues heures, m'épuisait à chaque fin de journée.

Edek faisait différents travaux, mais aucun d'entre eux n'était aussi pénible que celui qu'il avait été forcé de faire à Kamionki, où il avait presque péri. Des divers travaux que ma sœur avait exercés, elle aussi, de son côté, celui dont elle se souvenait avec le plus de vivacité est la traite des vaches. L'un dans l'autre, le travail était dur, mais nos patrons ne nous traitaient pas avec trop de cruauté, puisqu'ils voulaient que les fermes soient aussi productives que possible.

Nous étions, sans aucun doute, des prisonniers de ces camps, mais aussi étrange que cela puisse paraître, ceux-ci n'avaient ni clôtures ni fils barbelés qui en délimitaient le périmètre. Cependant, ils se situaient en dehors de la ville, dans une région faiblement peuplée, où les habitants locaux qui vivaient dans les quelques maisons des alentours s'avéreraient ravis de dénoncer quiconque tentait de s'enfuir. Malgré cela, nous nous servions à notre avantage de cette absence de barrières physiques. Il nous arrivait parfois de rendre visite à Tusia, dans le camp où elle travaillait, sans que personne ne nous repère. Mais cela demeurait très dangereux, et nos tentatives restèrent limitées.

17

TLUSTE DEVIENT UN BAIN DE SANG

Cela faisait quelques mois que nos travaux dans les camps avaient débuté quand une rumeur d'une large akcia à venir dans Tluste commença à circuler. Il nous semblait clair, à présent, que les Allemands commençaient à perdre la guerre sur le front Est et que, de ce fait, ils faisaient en sorte que toute la région devienne *Judenrein*. Nous savions que toute nouvelle akcia s'avérerait bien plus vaste et violente que les plus petites qui avaient eu lieu ces dernières années. Cela nous causa alors du souci pour notre mère et nos proches qui résidaient toujours à Tluste.

Une nuit, Tusia s'échappa de son camp pour aller prévenir ma mère du raid anticipé. Elle voulait la convaincre de nous rejoindre dans les campements agricoles, lui assurant qu'elle y serait plus en sécurité là-bas. Mais celle-ci refusait de laisser ses parents seuls face au massacre à venir. De plus, l'une de ses cousines venait tout juste d'arriver pour rester avec elle, accompagnée de ses deux jeunes enfants qui avaient été déportés d'une autre ville quelques jours auparavant. Ma mère se sentait obligée vis-à-vis d'eux, et était toujours déterminée à ne pas partir. Elle dit à Tusia que l'un des membres du Judenrat local lui avait garanti qu'aucune akcia imminente n'était prévue, et que dans le cas contraire, il la préviendrait immédiatement pour qu'elle puisse fuir ou se cacher. Inquiète, mais comprenant qu'il était inutile de continuer cette discussion, Tusia retourna au camp.

Mais certains membres du Judenrat étaient au courant qu'une akcia se tramait, et qu'elle aurait bientôt lieu. Toutefois, ils en ignoraient la date précise. Le père de mon ami, Wilo Schechner, révéla dans un entretien accordé après la guerre, que certains d'entre eux en avaient entendu parler le 23 mai 1943. Depuis cette date, la nouvelle se répandit dans quelques familles juives de la région. La plupart d'entre elles s'en allèrent se cacher le jour même dans les campagnes et les forêts environnantes. Mais le lendemain, puisque rien ne s'était passé, ils retournèrent tous dans leurs foyers respectifs.

Quelques jours plus tard, dans les heures sombres de l'aube du 27 mai, l'akcia supposée devint une horrible réalité. Les survivants de ce carnage nommèrent ensuite ce jour celui du *Jeudi noir*. Les *Sonderdienst*, accompagnés de leurs sbires ukrainiens, arpentèrent les rues à la recherche de juifs à assassiner. Les témoins qui avaient assisté à ce qui constitua le plus violent assaut fait à notre petite ville indiquèrent que les auteurs de ce massacre étaient, pour la plupart, ivres de la longue nuit passée dans les bars, et qu'ils continuaient de boire tout en commençant leur attaque. Ils marchaient le long des rues et les allées du ghetto, frappant tout d'abord aux portes, avant de les enfoncer. Des coups de feu se firent alors entendre à travers la ville. Les cris de colère des attaquants se mélangeaient aux hurlements et aux pleurs des victimes juives. L'agitation avait débuté progressivement, mais avait très rapidement dégénérée en anarchie totale. Les gens étaient tirés de leurs lits, à moitié nus et déchaussés. Leur âge ou leur état de santé n'importait guère. Jeunes enfants, nourrissons, hommes et femmes âgées - dont la plupart étaient sur leurs lits de mort - tous étaient tirés de force de chez eux et alignés pour entamer leur marche vers la mort. L'émeute meurtrière se poursuivit bien après que l'aube ne succède à la nuit. Le soleil levant n'assoupit en rien la haine de ces bêtes. En fait, portés par cette lumière toujours plus vive, le bruit et le chaos s'intensifièrent pour se prolonger jusqu'aux premières heures de l'après-midi.

Soudain, une accalmie inespérée vit le jour au beau milieu de la violence. Ce silence était un bref instant de soulagement pour ceux qui se cachaient toujours dans la ville. L'akcia était peut-être terminée. Mais l'horreur ne s'apaiserait pas de sitôt. Des nuages orageux s'avançaient dangereusement au-dessus de la campagne, tandis que l'on entendait l'orage grondant à quelques lieues d'ici. Une heure ou deux passèrent avant que le vacarme ne reprenne. Nos bouchers venaient de terminer leur pause déjeuner. Que quiconque puisse penser à manger après avoir perpétré de telles violences dépassait l'entendement. Leurs consciences étaient si endormies que toute trace de bonté humaine ou de pitié avait été éradiquée de leur esprit depuis longtemps. Parmi eux, les Allemands étaient mûs par leur vision difforme d'une race supérieure et de la gloire du Troisième Reich. Les Polonais et Ukrainiens locaux, eux, étaient à l'affut du butin le plus maigre - bijoux, bibelot, même des manteaux ou des chaussures - laissé par ou volé aux juifs.

Au milieu de l'après-midi, la fusillade reprit avec la même intensité. Les meurtriers retournèrent en ville dans certaines maisons qu'ils avaient déjà pillées. Armés de haches et de carabines, ils fracassaient portes d'entrée et fenêtres, tirant sans distinction à l'intérieur de ces maisons presque entièrement vidées. Ils y jetaient parfois des grenades, juste afin de s'assurer de tuer toute personne qu'ils auraient involontairement épargnée.

Au fil des heures, le ciel s'assombrit et devint presque noir tandis que l'orage se rapprochait. Tout à coup, une forte pluie commença à s'abattre du ciel en torrents. La foudre faisait trembler les bâtisses et la terre, alors que les éclairs fusaient dans le ciel. Mais le déluge ne ralentit pas les bouchers. C'était comme s'ils avaient perdu toute sensibilité, tout sentiment. La pluie torrentielle, les détonations à fendre les oreilles et les éclairs aveuglants ne les perturbèrent pas le moins du monde.

Le crépuscule descendait sur la ville, faisant place à la nuit, mais le bruit violent ne s'atténuait pas. Finalement, une trompette retentit au loin. C'était le signal de fin de la purge. Les tirs se calmèrent alors peu à peu jusqu'à s'arrêter à contre-coeur. L'orage était maintenant au loin, mais on pouvait encore l'entendre gronder doucement, tout comme les sanglots de ceux qui avaient survécu. Dehors, des centaines de personnes gisaient, mortes, dans les rues. Les Ukrainiens de la ville, auxquels avait été confiée la tâche de nettoyer ce carnage, tiraient des charrettes remplies de corps ensanglantés, mutilés, et sans vie.

Au cours des longues heures qui avaient précédé le coup de trompette, plus de 3 000 juifs avaient été massacrés. Nombreux avaient été abattus à vue alors qu'ils se faisaient tirer de chez eux. Mais ceux qui avaient été amenés en ville et alignés, attendant d'être emmenés au cimetière pour une exécution de masse, étaient bien plus nombreux. Alors qu'ils rassemblaient les centaines de victimes en place publique, les Allemands firent appel aux hommes les plus grands et les plus forts figurant parmi les prisonniers. Ils leur ordonnèrent de se rendre au cimetière tout en les munissant de pelles pour qu'ils commencent à creuser une énorme fosse. Une fois que les hommes eurent fini de creuser, les

Allemands les alignèrent, avant de les abattre et de pousser leurs corps dans le trou.

De retour en place publique, les officiers et les policiers commencèrent à envoyer le reste des prisonniers vers le cimetière. Ils prenaient cent personnes par trajet, qu'ils forçaient à avancer tout au long du chemin. Une fois arrivés à destination, ils ordonnaient aux prisonniers de se déshabiller et de mettre leurs vêtements à l'arrière d'un camion situé non loin. Ensuite, ils étaient envoyés par petits groupes successifs sur une planche de bois qui s'étendait au-dessus du trou. Sur la terre ferme se trouvait un soldat, assis derrière une mitraillette. Une fois que l'ensemble des victimes se tenaient au-dessus du charnier, il ouvrit le feu sur elles et, les unes après les autres, chaque personne tomba dans le trou béant. Pas tout le monde ne succomba immédiatement, mais, en s'amoncelant, les cadavres empilés formaient un tas de chair qui se tordait de douleur, tandis que des gémissements de mort émanaient de la fosse. Quand le carnage prit fin, le trou fut recouvert de terre, créant une butte énorme en plein milieu du cimetière.

À Tluste, la chaleur de l'été était déjà intense pour une fin de mois de mai. Au fil des jours, avec la montée des températures, les gaz et liquides qui émanaient des corps en décomposition s'accumulaient sous le sol et remontaient à la surface. Une odeur absolument nauséabonde se propagea alors dans la zone. À cause de la pression que dégageait le pourrissement des cadavres, la butte de terre se soulevait et s'abaissait très légèrement, semblant même émettre des sons fantomatiques tandis que la masse putréfiée, tour à tour, gonflait et s'enfonçait.

Aux premières heures du soir, l'air se refroidissant, une brume étrange se forma au-dessus des tombes avant de s'étendre sur l'ensemble du cimetière. Ce spectacle macabre hantait les habitants qui passaient par là. Après l'avoir vue, certains racontaient que c'était un signe que le dieu des juifs était en colère, et qu'il les hanterait pour les horreurs qui prirent place ici.

Pendant ce temps, aux camps, nous étions trop loin pour que le bruit des violences qui se produisirent à Tluste en ce jour terrible ne nous parvienne. Les fusillades, les pleurs, les cris, et le son des mitraillettes qui ouvraient le feu encore et encore avaient résonné jusque dans les campagnes. Nous n'avions aucune idée du massacre qui se passait là-bas. Pourtant, il ne fallut pas attendre trop longtemps pour que la nouvelle nous parvienne.

Tusia en avait eu vent, et deux jours plus tard - quand elle sentit que la voie était libre - elle s'échappa de son campement pour rejoindre Tluste et découvrir ce qu'il s'y était passé. Quand elle arriva, elle voulut entrer dans notre maison en vain, car la porte était verrouillée et barricadée avec des planches que la Gestapo avait apposées. Il n'y avait pas le moindre signe de vie à l'intérieur. Un peu plus tard, elle trouva notre grand-père, ainsi que ma tante, mon oncle, notre cousine et les deux jeunes enfants. Ils avaient survécu, tant bien que mal. Des larmes coulaient à flot le long du visage de notre grand-père tandis qu'il annonça à Tusia la terrible nouvelle. Notre mère, notre grand-mère et notre tante Bela avaient été capturées et assassinées dans la tuerie de masse qui avait eue lieu au cimetière.

On apprit plus tard que ma mère était descendue dans le bunker sous la cuisinière au moment où le raid commença. Mais, à cause de toute l'agitation, Timush fut incapable d'arriver jusqu'à la maison pour remettre la cuisinière au-dessus de l'ouverture du bunker.

En dépit de son souhait de venir en aide à ma mère ce jour-là, Timush s'était trouvé impuissant face à la dernière akcia. La tuerie qui s'était produite à la fosse commune avait duré des heures. Tout le long de la route, les Ukrainiens et les Polonais de la région s'étaient rassemblés pour regarder la procession des captifs juifs qui étaient conduits au cimetière pour y être exécutés. La plupart regardait avec délectation, comme s'ils regardaient une parade estivale. Timush s'était faufilé dans la foule qui suivait la parade morbide. Il aperçut avec horreur notre mère marcher avec eux. Ma mère leva les yeux et le vit en face d'elle. Elle leva la main en signe de désespoir et lui cria: "Mes enfants ! S'il-vous-plaît, sauvez mes enfants !"

Timush n'avait pas pu lui répondre par peur des représailles. Silencieusement, il la regarda donc se diriger vers le cimetière.

18

L'AVANCÉE DU JUDENREIN

La violence qui secoua Tluste en mai 1943 n'était que le début d'une ère de terreur frénétique perpétrée par les nazis. Des documents retrouvés après la guerre firent la lumière sur cette période et sur les plans des nazis pour les juifs de Galicie, dont Tluste faisait partie. L'un d'entre eux, envoyé par le plus haut gradé SS de Galicie à l'ensemble des chefs SS d'Europe de l'Est, montre leur effort prononcé de faire "évacuer" tous les juifs dès 1942. "Évacuer" signifiait, pour bon nombre de ces juifs, être envoyé aux camps de la mort. Ces "évacuations" étaient mises en œuvre par le biais des akcia, comme celle qui avait eu lieu lors de cet horrible jour à Tluste. De ce fait, beaucoup n'étaient pas "évacués", comme le stipulent les documents, mais bien tués sur place, puisque les gens tentaient de se cacher ou de résister à ces captures. Toutefois, le résultat final était le même. À ce moment-là, les Allemands avaient plutôt l'intention d'exécuter que d'évacuer, afin que l'ensemble de la région soit Judenrein.

Le jour suivant le massacre de masse à Tluste, Timush vint nous rendre visite à mon frère et à moi au campement pour nous annoncer la terrible nouvelle au sujet de notre mère. Il nous prit sur le côté et, d'une voix emplie d'un regret sincère, nous dit : "Je suis désolé de vous annoncer, Edek et Lonek, que vous êtes à présent orphelins." Des larmes coulaient sur son visage à mesure qu'il nous racontait qu'il avait été incapable d'arriver jusqu'à la maison pour les aider. Edek et moi étions dévastés et sous le choc, mais Timush faisait en sorte de nous garder en alerte. Il dit : "Écoutez, des rumeurs racontent que les Allemands s'apprêtent à liquider tous les camps de travail d'un jour à l'autre. Je suis en train d'élaborer un plan pour vous sortir d'ici et vous cacher quelque part."

Nous avions également entendu ces rumeurs dans le camp. Les prisonniers qui s'y trouvaient étaient effrayés, mais ne savaient quoi faire. Beaucoup parlaient de fuir les camps, mais en réalité, nous ne pouvions aller nulle part. Les habitants des alentours s'assuraient de révéler l'identité, voire de tuer, tout juif qui essaierait de s'enfuir. Certains pensaient rejoindre les partisans juifs qui se cachaient dans les forêts environnantes afin de mener une guérilla armée contre les nazis. Mais cela les conduirait certainement à la peine capitale, puisque les Allemands faisaient tout ce qui était en leur pouvoir pour les dénicher.

Lors de sa visite, Timush nous fit part de l'idée qu'il avait eue afin de nous sauver. "À présent, nous allons devoir nous organiser et planifier minutieusement comment nous en sortir," dit-il avec sérieux. "Je loue une grande maison à trois étages en périphérie de la ville. Elle est dotée d'une cave spacieuse et d'un grenier muni d'une tourelle. À l'angle de la propriété se trouve une grosse pierre carrée de deux mètres sur deux et de douze pouces d'épaisseur." Nous écoutions attentivement le détail de la description. Timush poursuivit : "Je pense que nous pouvons construire un bunker dans cette maison, sans que les nazis ne le découvrent." Ses mots nous redonnaient espoir. Puis il nous expliqua que, lorsque l'occasion se présentera, il nous indiquera comment sortir d'ici sans nous faire repérer.

Nous ne savions pas pourquoi il avait décidé de nous décrire dans les moindres détails ce à quoi ressemblait sa maison. Cependant, quand il s'agit de la retrouver par nous-mêmes, ces mêmes détails nous furent essentiels. Jusque-là, bien entendu, nous pensions que Timush viendrait nous chercher pour nous emmener avec lui au moment qu'il aurait estimé être le plus opportun - et, bien entendu, tel était son plan original. Néanmoins, en ces temps tout aussi épouvantables qu'incertains, planifier s'avérait souvent un effort vain.

Quelques jours supplémentaires étaient passés, tandis que se propageait la rumeur d'une extermination à venir dans les campements agricoles. Nous l'ignorions à l'époque, mais cet effort pour exterminer enfin l'ensemble des juifs restant à Tluste était déjà en cours.

La majorité des membres de notre famille qui avaient survécu jusqu'alors furent assassinés lors de cette dernière purge. Quelques Ukrainiens locaux avaient attaqué mon grand-père, le tabassant brutalement avant de le charcuter à la hache jusqu'à ce qu'il meure. Nous n'avons jamais vraiment su comment, mais mes oncles et notre cousine, ainsi que les deux jeunes enfants dont elle s'occupait, avaient été tués le même jour. Le 6 juin 1943, Tluste fut officiellement déclarée Judenrein.

Le désespoir s'était installé dans les camps parmi les prisonniers. Nous n'avions aucun moyen d'écouter les informations, mais Himmler, le chef des SS, venait tout juste d'ordonner la liquidation de tous les ghettos de l'Est. Tluste été déjà décimée, ce qui nous amenait à la conclusion selon laquelle il ne nous restait que peu de temps avant que n'arrive l'ordre d'exterminer les campements agricoles. Sans que cela ne nous soit communiqué à l'époque, la consigne avait été donnée d'exterminer tous les Juifs des camps locaux dans les jours à venir.

Tandis que des rumeurs terrifiantes grandissaient, nous attendions que Timush vienne pour nous aider à nous enfuir. Plusieurs jours passèrent sans que nous ne reçûmes de ses nouvelles. Puis, un jour, ma sœur et Mendel entendirent résonner des coups de feu ainsi que des explosions. Quelques heures plus tard, ils virent un homme nu courir jusqu'à eux en provenance des champs environnants. Il venait d'un campement où la tuerie venait d'avoir lieu. Il avait fait semblant d'être abattu puis s'était couché sur un tas de cadavres pour échapper à l'assaut. Une fois la voie libre, il s'enfuit en direction du campement dans lequel se trouvait ma sœur afin de leur dire qu'ils étaient les prochains. Tous les campements allaient être liquidés le même jour, mais, à cause d'une erreur étrange, le chef du sien avait exécuté l'ordre un jour avant la date prévue. C'était une tragédie pour les juifs qui s'y trouvaient, mais un retournement de situation qui permit à ma sœur et à Mendel de recevoir un avertissement précoce de ce qui allait advenir.

Timush avait promis de venir et de les sortir du campement, mais était-ce trop tard ? Désespérés, ils attendaient, tout en s'interrogeant avec crainte sur la connaissance qu'il avait du destin tragique qui les attendait. Il avait certainement eu vent de ces rumeurs puisque, plus tard cette nuit-là, il arriva jusqu'à nous sur une motocyclette munie d'un side-car. Tusia et Mendel montèrent dans l'engin qui les emmena loin du campement, sans être vus.

Dès qu'ils furent en route, Tusia demanda : "Et mes frères ? Il faut aller les chercher aussi !" Ce à quoi Timush répondit : "Pas maintenant. Je ne peux vous prendre que par deux, sinon le bruit éveillera les soupçons de mes voisins. Je retournerai les chercher dans un ou deux jours, quand ce sera plus sûr." Tout comme nous autres, Timush ne savait pas qu'attendre ne serait-ce qu'un jour de plus serait trop tard.

Edek et moi n'étions pas au courant de cela non plus. Tout comme Tusia et Mendel, nous avions entendu le bruit que la tuerie de l'autre campement avait fait, même si nous en étions encore plus éloignés qu'eux ne l'étaient. La peur que notre heure arrive plus tôt que prévue grandissait en nous, et générait la sensation d'un désastre imminent. Pensant qu'il était à présent l'heure pour nous de partir, nous avions attendu toute la journée jusque tard le soir, la peur au ventre, que Timush vienne. Mais aucun mot ni signe de sa part ne nous parvint.

Pendant ce temps, tous trois se dirigeaient vers la maison de Timush sous le couvert de la nuit. Ils empruntaient les routes secondaires, coupaient à travers les champs et roulaient sur des sentiers à travers les bois pour éviter d'être vus par les habitants. Tandis qu'ils circulaient sur l'une de ces routes de campagnes, ils firent soudainement irruption de derrière les arbres, voyant apparaître devant eux une large prairie où un groupe d'adolescents faisait paître des chevaux. Timush mit rapidement sa motocyclette à l'arrêt et éteignit le moteur. Mais c'était trop tard. Les garçons les avaient repérés, et les lorgnaient d'un œil suspect. Timush dit à ma sœur et à Mendel de retourner dans les bois et de se cacher. Puis il ramassa une épaisse branche tombée au sol. Alors qu'il s'approchait d'eux, ils se mirent à crier tout en l'encerclant.

Timush ne pipait mot, mais leva la branche qu'il tenait et se claqua la paume de la main avec pour signaler qu'il était prêt à se battre. L'un des garçons se jeta sur lui, essayant d'attraper son bras. Timush sauta sur le côté, leva le bâton derrière sa tête et assomma le garçon. Les autres, qui encerclaient Timush, s'approchèrent alors de lui à l'unisson. Il commença à agiter la branche dans tous les sens, se tordant et se tournant pour se défendre de tous les côtés. Il les fit reculer l'un après l'autre et parvint à les repousser. Même s'ils étaient plus nombreux, ils ne pouvaient pas rivaliser avec sa force et sa vitesse.

Soudain, l'un des garçons ramassa une grosse pierre qu'il jeta avec force sur Timush. La pierre frappa son nez de plein fouet, brisant l'os et ouvrant une entaille sur l'arête. Du sang commença à s'écouler de ses narines, le long de son visage. Malgré cela, Timush ne cria pas de douleur : il s'élança vers eux une dernière fois, ce qui, d'un commun accord, les convainc de prendre la fuite. Timush se mit à les poursuivre avec colère, et après quelques pas seulement, il se redressa, secoua le bâton dans leur direction et retourna vers la forêt. Il y rejoignit ma sœur et Mendel, et ils se remirent en route vers sa maison.

Le groupe arriva rapidement près d'une rivière et Timush s'agenouilla pour nettoyer le sang dont était recouvert son visage. Tusia arracha un morceau de sa blouse pour confectionner un bandage à appliquer sur la plaie pour arrêter l'hémorragie. Ils reprirent ensuite leur trajet. Il faisait presque jour quand, alors arrivés à l'embranchement d'un grand axe, ils aperçurent au loin un spectacle inquiétant. Un convoi de camions et de soldats se déplaçait le long de la route vers notre camp.

Tusia était submergée par l'inquiétude pour mon frère et moi. Était-il trop tard pour pouvoir s'échapper, se demandait-elle. Sauront-ils pourquoi le convoi arrivait et comprendront-ils qu'ils devaient s'enfuir ? Il n'y avait rien d'autre à faire que d'espérer et de faire en sorte de nous réfugier dans la maison de Timush aussi vite que possible.

Un peu plus tôt ce même matin, nous entendîmes le convoi de camions descendre avec fracas la route qui menait vers notre campement. Si Tusia avait su, elle aurait été grandement soulagée de l'unique signification que cela avait pour nous. Edek et moi avions fait le rapprochement entre tous les indices - les semaines de rumeurs à propos de la liquidation, la tuerie de la veille, et maintenant, le bruit des troupes qui se dirigeaient vers notre campement. Tout cela ne pouvait signifier qu'une seule chose : la liquidation de notre campement était sur le point de se produire. Nous avions alors décidé d'agir. Nous ne pouvions plus attendre Timush parce que, bientôt, lui n'aurait plus de raison valable de venir ici.

Procéder à une évaluation de notre environnement - afin de déterminer où nous pouvions aller et comment nous échapper - fut rapide. Le paysage qui entourait le campement nous était familier, puisque nous l'avions souvent parcouru lors de nos escapades vers le camp de notre sœur. D'un côté se trouvait une prairie, qui se finissait dans une petite pente. C'était un ravin formé par un étroit ruisseau qui coulait à travers la plaine. De l'autre côté, il y avait un champ de blé. C'était la mi-juin, le blé était donc haut et vigoureux. S'il nous était possible de nous faufiler inaperçus à travers la prairie et jusque dans le cours d'eau, nous réussirions à atteindre les champs de blé sans trop de problèmes. Nous pourrions nous y cacher jusqu'à la tombée de la nuit - moment où il sera plus sûr d'entamer notre longue marche jusqu'à la maison de Timush.

Les camions avançaient au loin, mais leur bruit se rapprochait de plus en plus. Nous savions qu'il n'y avait pas de temps à perdre maintenant. C'était encore tôt le matin et peu de gens se déplaçaient dans le camp. Il n'y avait pas de meilleur moment pour agir. Nous nous dirigeâmes nonchalamment vers le bord de la ferme pour ne pas attirer l'attention.

Une fois arrivés, nous prîmes un instant pour regarder autour de nous et nous assurer que nous n'avions pas été vus. Tout juste rassurés que personne ne nous ait remarqués, Edek me glissa doucement : "Maintenant, cours." Nous traversâmes la prairie avant de descendre la colline en titubant jusqu'au ruisseau. Nous descendîmes en trombe dans l'eau, sans nous arrêter, jusqu'au milieu du cours d'eau. Le ruisseau était étroit mais plus profond que nous ne l'avions pensé. L'eau nous arrivait aux aisselles, rendant nos pas lents et gauches, mais malgré tout, nous parvînmes rapidement à rejoindre l'autre rive. Nous détalâmes la côte, avant de plonger sous les tiges de blé. Après un arrêt brusque, nous restâmes quelques instants allongés sur le ventre en attendant de reprendre notre souffle. Une fois que nos coeurs et nos halètements furent suffisamment calmés pour que nous puissions entendre à nouveau, nous tendîmes l'oreille afin de savoir si quelqu'un nous avait vus en train de nous enfuir. Il n'y avait ni cri de gardes, ni aboiement de chiens qui auraient été à nos trousses. Pour le moment, nous étions sains et saufs.

Assis prudemment, nous jetâmes un coup d'œil par-dessus les grains plumeux pour voir ce qui se passait au camp. En l'espace de quelques minutes, les camions étaient arrivés à la ferme. Les soldats SS armés sautèrent du véhicule, entourant rapidement le complexe. Ils criaient à tout le monde de sortir des baraquements et de s'aligner dans la cour. Tandis qu'ils sortaient, les travailleurs comprirent ce qu'il se passait, et la panique commença à s'installer. Certains essayèrent de s'enfuir. Mais tout à coup, des coups de feu se firent entendre et nous vîmes des gens s'effondrer par terre de toutes parts. D'autres étaient rassemblés et poussés dans les camions. Espacées de quelques minutes, des explosions perpétrées par les jets de grenades des nazis vers les baraques où des juifs se cachaient ponctuaient le chaos. Des pleurs et des cris flottaient au-dessus du bruit assourdissant. La scène était des plus épouvantables, nous n'avions jamais rien vu de tel.

Edek et moi attendions immobiles que le chaos prenne fin. Nous entendions les pleurs de ceux qui avaient été capturés et les râles de ceux qui agonisaient au sol. Finalement, la violence prit fin, et nous entendîmes les camions se mettre en route. Ils quittèrent rapidement le campement et le bruit de leurs moteurs s'étiolait peu à peu. Une fois le bruit totalement dissipé, nous nous déplaçâmes prudemment à travers les tiges vers le bord de la route. Il était presque midi maintenant, rendant beaucoup plus facile pour quiconque serait resté au campement de nous repérer en train de traverser le champ. Nous nous déplacions donc en rampant des heures durant, la fraîcheur du matin cédant la place aux chaleurs de l'après-midi. Soudain, nous entendîmes un bruissement dans les blés près de nous, puis des pas qui avançaient dans notre direction. Nous nous figeâmes aussitôt, aussi silencieux et immobiles que possible. Nous espérions ne pas avoir été repérés. Mais il était trop tard. Les brins de blé au-dessus de nous s'écartèrent et nous vîmes un homme grand et costaud muni d'une ceinture d'outils autour de la taille. C'était un Ukrainien qui vivait à proximité, qui sut immédiatement que nous étions des juifs fuyant le camp.

Il baissa la tête vers nous, et grogna : "Vous voulez vivre ou mourir ?" Nous ne savions pas s'il attendait une vraie réponse de notre part, nous le fixâmes nerveusement. "Donnez-moi vos chaussures !", aboya-t-il ensuite. La peur nous paralysait, et nous étions si surpris qu'il nous était impossible de bouger ou de lui répondre. Il répéta : "Donnez-moi vos chaussures!" Quand ses mots eurent enfin pénétré nos esprits, nous nous assîmes rapidement par terre pour défaire nos souliers. Sans plus d'hésitation, nous les ôtâmes avant de les lui tendre. Il les attrapa avidement puis les tourna dans tous les sens afin de les inspecter entièrement. Il les glissa ensuite sous son bras, avant de s'adresser à nous : "Maintenant, courez ! Fichez le camp d'ici !", s'écria-t-il.

Nous nous relevâmes à toute allure et prîmes nos jambes à notre cou à travers les blés. La sensation de courir sur le sol rugueux, les pieds complètement nus, était nouvelle et surprenante, mais cela ne m'empêcha pas d'avancer aussi vite que possible pour m'éloigner. Une fois arrivés à l'orée du champ de blé, nous nous effondrâmes au sol, épuisés et essoufflés.

La chaleur moite de l'été s'élevait tout autour de nous dans le champ de blé. La douceur de la journée fut alors exacerbée par la forte humidité de la terre qui portait les tiges de blé, et la touffeur qui en résulta faisait dégouliner la transpiration dans mon dos. Cette chaleur, rapidement devenue étouffante, était insupportable, mais nous devions rester immobiles, de crainte d'être remarqués. Je pris une grande inspiration, la retins quelques secondes, et finis par expirer avec un soupir. Nous restâmes ainsi allongés dans les hautes tiges, attendant la tombée de la nuit, quand il serait plus sûr de bouger à nouveau.

Timush, Tusia et Mendel étaient arrivés en toute sécurité chez lui, bien avant que la lumière du jour ne se lève. Il les escorta calmement jusqu'à l'intérieur de la maison. Puis il les conduisit dans le grenier, les installant dans la tourelle pour qu'ils puissent s'y cacher. La femme de Timush, Hania, leur apporta coussins et couvertures pour qu'ils se constituent un lit de fortune, puis leur offrit un bol de soupe avec du pain. Ils essayaient de se reposer, mais l'inquiétude qu'ils éprouvaient pour notre frère et pour moi-même les submergeait. Leurs espoirs quant à la possibilité que nous ayons pris la fuite n'étaient guère très élevés, le raid sur les campements ayant été si rapide. Les chances de s'en sortir vivants étaient presque nulles en raison de la nature impitoyable et cruelle des assassins et de leurs complices très engagés venant du village voisin. Timush essayait de réconforter Tusia et Mendel en leur disant : "Il serait trop dangereux d'aller les chercher maintenant, les voisins auraient des soupçons s'ils me voyaient emmener quelqu'un ici au milieu de la nuit. Mais demain matin à la première heure, j'irai les chercher. Il n'est peut-être pas trop tard."

À la nuit tombée, notre voyage jusque chez Timush reprit son cours. Cette nuit-là, le clair de lune était tel qu'il nous fallut rester loin des routes principales. Nous nous déplacions à travers les fermes et les champs, et nous nous frayions un chemin dans les bois et les forêts. Nous avons monté et descendu des ravins et des fossés, et avons pataugé dans les ruisseaux et les rivières. Nous avions une petite idée de l'endroit où se trouvait sa nouvelle maison, mais nous en ignorions la localisation exacte. Mais nous savions que la longue marche prendrait presque toute la nuit.

Aux premières heures du matin, nous arrivâmes enfin dans le secteur de Tluste où nous pensions que sa maison se situait. En descendant la route, nous aperçûmes une grande maison juste devant nous. Nous nous en approchâmes lentement, essayant de repérer certaines de ses caractéristiques. Notre regard se porta alors au sol, où se trouvait une pierre carrée qui ressemblait à celle que Timush avait décrite. Avec l'espoir de l'avoir peut-être trouvée, nous nous dirigeâmes lentement vers la maison afin de pouvoir mieux la voir. Nos cœurs firent un bond de joie lorsque nos yeux se levèrent, constatant la présence des trois étages et de la tourelle. Comment cela ne pouvait-il pas être sa maison ? Pourrait-il y avoir plus d'une maison dans la région qui pouvait correspondre à la description de Timush ? Nous étions confiants dans nos chances, mais au vu des conséquences qui nous attendaient si nous nous trompions, nous ne voulions pas nous précipiter.

Nous marchâmes lentement et avec assurance vers la porte d'entrée, en prenant soin de ne pas faire de bruit. Il faisait complètement noir à l'intérieur de la maison. Frapper à la porte aurait pu réveiller les voisins et nous faire repérer, alors nous nous déplaçâmes prudemment sur le côté de la maison pour jeter un coup d'œil aux fenêtres. S'il s'agissait bel et bien de sa maison, nous espérions trouver où Timush dormait. Il y avait une fenêtre qui semblait donner sur l'une des chambres. Nous toquâmes doucement sur la vitre. Quelques minutes étaient passées sans que personne ne réagisse, ce qui nous conforta dans l'idée que nous devions toquer à nouveau.

Soudain, un homme s'approcha de la fenêtre. La silhouette se pencha et ouvrit doucement la fenêtre. C'était Timush ! Il nous était difficile de contenir notre joie en le revoyant, mais il nous fit taire immédiatement. "Chuuuut ! Restez très silencieux. Il ne faut pas réveiller les voisins," murmura-t-il, tout en désignant du doigt l'arrière de la maison. "Il y a une grange juste derrière la maison. Allez-y sans faire le moindre bruit et restez cachés jusqu'au matin. Je ne peux pas vous faire entrer ce soir, les voisins nous verraient."

Sans perdre une seconde, nous nous sommes faufilés jusque dans la grange. Tout à coup, l'obscurité fut transpercée par les aboiements du chien de la maison d'à côté. Notre cadence s'accéléra encore, jusqu'à ce que nous atteignîmes les portes de notre abri. D'un coup sec, nous les ouvrîmes avant de les refermer prudemment derrière nous, et de nous cacher. Après quelques minutes, le chien se tut, et nous expirâmes de soulagement.

Nous nous frayâmes un chemin dans la grange, aidés seulement par quelques rayons de lune passant à travers le toit et les murs branlant. Il y avait un grenier à foin, et après la brève recherche d'une échelle, nous y grimpâmes. Après avoir empilé de la paille pour en faire un matelas moelleux, nous nous recouvrîmes entièrement de foin pour nous dissimuler.

J'étais allongé, immobile, essayant de vider ma tête de ces visions de personnes se faisant exécuter. Mais elles persistaient, se rejouant encore et encore. Je ne pouvais m'empêcher de repenser à notre fuite miraculeuse. Nous pensions, et en reçûmes plus tard la confirmation, que n'avions été que très peu nombreux à avoir réussi à s'échapper. Une fois que les SS eurent encerclé la ferme et qu'ils commencèrent à tirer, il était trop tard pour que quiconque ne puisse s'échapper. À cet instant-là, il n'y avait nulle part où aller. Un incroyable coup du sort nous avait permis d'être au bon endroit au bon moment - près de la périphérie du camp et au petit matin - lorsque nous avons entendu les camions des escadrons de la mort arriver. Notre décision de nous enfuir avant leur arrivée était un pari, et aurait pu nous faire tuer. Mais ce fut celle qui nous sauva la vie. Si nous avions retardé cette décision de quelques minutes seulement, nous aurions été tués. Et le paysan dans le blé qui avait prit nos chaussures aurait très bien pu s'en emparer puis nous dénoncer aux autorités.

Mon corps commença à trembler à mesure que je comprenais à quel point nous étions passés près de la mort. J'essayais de reprendre mon calme, mais les tremblements ne cessaient pas. Je me rendis compte alors qu'ils n'étaient pas uniquement dûs au traumatisme engendré par la journée harassante : mes vêtements, mouillés par la sueur et la traversée de ruisseaux, me glaçaient jusqu'aux os tandis que l'air frais de la nuit les séchait. J'amassais un peu plus de foin sur moi, et la chaleur revint dans mon corps. Je commençais à me détendre, et pour la première fois depuis des jours, je me sentis en sécurité. Mes nerfs à vif et ravagés commencèrent à se calmer, et j'entrai peu à peu dans un sommeil profond.

Cette nuit-là fut la meilleure nuit de sommeil que j'avais connue depuis des semaines. Je ne me souviens pas si j'ai rêvé ou non, et si oui, si les rêves étaient agréables ou cauchemardesques. De toute manière, aucun rêve n'aurait pu être aussi effrayant que la réalité que nous avions connue. En l'espace de quelques jours, notre monde, qui était déjà devenu un cauchemar sans queue ni tête, avait été retourné sans dessus-dessous. Nos parents, ainsi que les membres de notre famille, étaient tous morts. Notre maison et tout ce que nous possédions nous avait été arraché, et de plus, nous étions toujours traqués.

Cette nuit, dans le grenier à foin, je m'étais senti en sécurité et en paix. Mais que me réservait le lendemain ? Les monstres allaient revenir. Tant qu'ils ne nous auront pas retrouvés, ils continueront leurs recherches. Ils défonceraient les portes, ravageraient les maisons, mettant tout sans dessus dessous pour trouver jusqu'au dernier juif. Ils amèneraient leurs chiens pour nous traquer jusque dans nos cachettes - des chiens assoiffés de l'odeur de toute vie juive qui pourrait survivre et raconter le sort cruel et terrible que nous avions vécu. Pouvions-nous échapper à un déterminisme si vicieux ? Heureusement, nous avions trouvé un ami engagé en la personne de Timush, qui avait un plan génial pour nous aider.

Les rayons de soleil traversant les espaces étroits entre les planches de la grange nous reveillèrent. L'atmosphère était calme et paisible. Les poules caquettaient dans le jardin, et le coq lâcha un petit cri. Soudain, nos nez humèrent le doux parfum du pain frais. La porte de la grange s'ouvrit. Nous restâmes alertes et silencieux, ignorant qui s'apprêtait à entrer. La femme de Timush, Hania, apparut dans l'entrebaillement de la porte, appelant les poules. Elle éparpilla de la nourriture pour eux puis se tourna vers l'échelle. Elle grimpa et dans sa main se trouvait un seau. Le parfum du pain frais s'intensifiait lorsqu'elle déposa le seau au bord de la mezzanine. Toujours debout en haut de l'échelle, elle plongea sa main à l'intérieur et en sortit plusieurs pains ronds et plats. Ils luisaient du beurre crémeux qui les enrobait, tandis que de la vapeur s'en échappait encore. Nous sortîmes du foin avant de nous jeter dessus. Nous étions si affamés que nous les dévorâmes presque instantanément. Elle remit sa main dans le seau et en sortit une carafe de café chaud dont elle versa le contenu dans deux tasses, qu'elle nous tendit. Nous la remerciâmes avec effusion, et commençâmes à boire ce café réconfortant.

Ce pain du matin fait maison fut l'un des repas les plus mémorables que je n'ai jamais connu. On l'appelait le *flam pletzel*, un des pains les plus simples à préparer. Un pain plat uniquement composé de farine, d'eau et d'un peu d'huile végétale - pas si savoureux pour les papilles du plus grand nombre. Mais à cet instant-là, pour moi, ce pain était un délice, une nourriture des dieux. Jusqu'à ce jour, si j'en sens le parfum ou que j'en goûte un morceau, je me revois en train de revivre ce moment précis, ressentant toute l'émotion de ce beau souvenir. C'est un trait ironique de notre nature humaine qui veut qu'au milieu de temps aussi terrifiants, le plus petit moment de soulagement s'ancre dans nos esprits avec une telle profondeur et devienne un souvenir si plaisant. Je n'oublierai jamais la gentillesse de ces deux personnes, ni les sacrifices et les risques qu'ils encoururent pour sauver ma famille.

Ce pain, pour moi, devint une marque, un symbole, de cet incroyable sacrifice que Timush et Hania firent pour ma famille et pour moi-même.

19

À L'INTÉRIEUR DU BUNKER

Le jour suivant fut rempli d'émotions diverses. Il y avait la peur envahissante de savoir que nous n'étions pas encore tirés d'affaire. Mais celle-ci était contrebalancée par notre joie de retrouver Tusia et Mendel, et l'exaltation que nous ressentions en racontant notre échappée belle. Nous avions déjoué tous les pronostics. Pourtant, nous savions que le temps était compté. Nous ne pouvions pas nous permettre d'attendre; il nous fallait déterminer quelles allaient être les prochaines étapes nécessaires à notre survie.

Timush travaillait déjà à l'élaboration d'un plan. Après que nous nous fûmes lavés et que nous eûmes mangé un peu pour reprendre des forces, il s'assit avec nous et, l'excitation illuminant son visage, commença à nous révéler son idée pour nous cacher. Nous connaissions son exubérance naturelle chaque fois qu'il résolvait un problème ou que son esprit parvenait à tracer les contours d'une solution.

Bien entendu, une question majeure se pose quand on considère la gentillesse et l'aide que cet homme nous a apportées, ainsi que les risques considérables qu'il a encourus pour nous sauver. Pourquoi ? Quelle était sa motivation ? Était-ce purement le résultat de ses confessions en prison et de sa délivrance miraculeuse de la mort ? Était-ce parce qu'il tenait sincèrement à tenir sa promesse à son ami, le prêtre ? Cette expérience était-elle suffisante pour changer un cœur embourbé dans des décennies de haine ? Sans aucun doute, son expérience de la prison avait joué un rôle dans ses actes. C'était un homme honorable et sa parole avait un sens pour lui. Ses promesses aux autres et à lui-même créaient un engagement, et une fois faites, elles devaient être tenues à tout prix.

Mais, dans mon esprit, j'ai toujours soupçonné qu'il y avait autre chose en jeu. Je me demandais ce qui pouvait bien faire avancer cet homme, l'amenant jusqu'à risquer sa propre vie pour nous sauver. Timush, il me semble, avait un goût pour l'aventure. Il abordait presque toutes les tâches avec une vigueur joyeuse. Il aimait affronter les obstacles et élaborer des stratégies pour les surmonter. Il n'était jamais allé à l'université, et ses premières années à l'école n'avaient probablement pas été des meilleures. Mais il était doté d'une abondante intelligence naturelle et était débrouillard. Et il avait une soif insatiable d'apprendre. Peut-être était-ce le talent de mécanicien qui sommeillait en lui, mais il semblait s'épanouir dans les défis logistiques qui ponctuaient sa venue en aide, et dans le danger qui l'entourait. Rien d'autre ne permettait de comprendre son exaltation et sa joie pure et simple de nous venir en aide. Un homme qui subissait le poids de sa promesse face à la mort pouvait tout à fait avoir la force de s'acharner pour remplir ses obligations. Mais d'accomplir une telle tâche avec le même état d'esprit que quelqu'un qui prendrait part à une compétition sportive… cela impliquait quelque chose de plus.

C'est avec ce degré de ferveur que Timush nous présenta son plan. Ses mouvements étaient énergiques, et il parlait plus rapidement que d'accoutumée. Sa bouche et son expression faciale paraissaient combattre un irrépressible sourire afin de ne pas dévoiler son enthousiasme pour ce qu'il se passait. Et il rebondissait un peu sur sa chaise tout en esquissant sur un bout de papier le plan d'une cachette ingénieusement construite.

Un projet tout aussi puissant qu'audacieux se révélait un peu plus à chaque coup de stylo qu'il donnait. Il commença par expliquer que, pour avoir une chance de réussir à ce stade, la cachette devait être totalement indétectable. Les nazis étaient absolument déterminés à exterminer tous les juifs sans exception, et pour ce faire, ils comptaient bien y mettre tous les moyens nécessaires.

Les Polonais et Ukrainiens locaux étaient on ne peut plus d'accord pour leur venir en aide, sachant qu'il y aurait pléthore de ressources appartenant aux victimes à se partager entre eux. Et la simple pensée que cela leur permettrait de se débarrasser de la race de personnes qu'ils avaient haïes durant des siècles, ajoutait de la détermination à leurs velléités assassines. Les traques et les akcia seraient plus fréquentes, et plus virulentes que jamais. Les cachettes qui avaient jusque-là aidé les juifs ne seraient plus d'aucune utilité. Les Allemands et les habitants locaux les avaient toutes repérées et étaient à présent très forts pour les dénicher.

Cependant, Timush avait l'idée d'un bunker dont il était presque certain qu'il ne pourrait être découvert : le construire ne serait pas simple, cela demanderait beaucoup de travail acharné et d'ingéniosité. Le croquis de Timush indiquait une pièce avec ses dimensions. Elle faisait six pieds et demi de haut, six pieds de large et sept pieds de long. Il nous expliqua que cela serait notre cachette. Ce n'est pas la taille de la pièce qui nous choqua, mais plutôt son positionnement dans le croquis. Le côté droit du dessin désignait sa maison. Nous pouvions en reconnaître chaque étage. Le bunker n'était pas situé directement en dessous de la maison. Au lieu de cela, il était sous la cave, un peu sur le côté.

Sur l'ébauche qu'il avait dessinée, il y avait une grosse pierre repositionnée à la base du mur de la cave, comme si elle avait été déplacée. Des flèches indiquant les différents mouvements confirmaient cette impression, et Timush nous expliqua qu'il s'agirait de l'entrée. Une fois à l'intérieur, la pierre serait remise à son emplacement d'origine et repeinte afin que sa couleur corresponde aux pierres de la cave. L'entrée serait complètement scellée, et nous serions littéralement enterrés.

Tant de questions nous venaient tandis que nous contemplions fixement le croquis. Comment pourrions-nous respirer ? Que se passerait-il si nous étions obligés de sortir à cause de bombardements ou pour toute autre urgence ? Cela ne nous ferait-il pas courir un risque tout aussi grand que si nous étions livrés à nous-mêmes en extérieur ?

Timush était bien plus en avance que nous. Il pointa du doigt l'endroit où se trouvait la cheminée. Ses doigts atterrirent à la base de la cheminée, dont les conduits descendaient jusque dans le bunker. Il avait pris soin d'en dessiner les détails sur le croquis, expliquant comment ils seraient laissés ouverts dans la pièce souterraine. Grâce à eux, nous aurions accès à l'air frais. Son idée pour l'apport en air était réellement novatrice. Le problème de tout bunker souterrain est l'ouverture nécessaire pour faire entrer l'air extérieur. La ventilation crée un point vulnérable qui pourrait être découvert par ceux qui traquent les juifs qui se cachent.

Ce n'est pas seulement de l'air qui passerait par ces conduits. Timush avait intelligemment calculé qu'ils pourraient permettre de descendre de la nourriture et de l'eau jusque dans le bunker. Il n'aurait qu'à trouver la bonne taille de boîte, susceptible de faire des allers-retours sans s'y coincer. Bien entendu, tout ce qui descend doit pouvoir remonter. Ce même système pourrait donc être utilisé pour évacuer nos déchets. Le point d'accès serait le regard de nettoyage situé dans le grenier.

Nous sommes restés bouche bée devant la conception brillante de ce bunker. Mais Timush avait plus à révéler. Il avait trouvé une solution ingénieuse pour nous permettre de communiquer, afin de pouvoir faire circuler des informations entre les fugitifs dans le bunker et les gardiens au-dessus. Une fine corde, à laquelle était attachée une cloche, était suspendue dans les conduits. Si Timush avait besoin de nous contacter, il pourrait tirer sur la corde et la cloche de notre côté nous alerterait. Mais, une fois alertés, comment pourrions-nous nous dire ce que nous avions besoin de communiquer ? La parole qui circulerait dans les longs conduits se déformerait et deviendrait difficile à comprendre. Et les voisins, ou toute personne passant par là, pourraient entendre les conversations. Timush avait pensé à cela lui aussi. Une autre petite corde serait descendue avec un hameçon dessus. À ce crochet, nous pourrions attacher des messages et des notes, permettant une communication claire mais silencieuse.

Nous regardâmes de nouveau la grande pierre qui servirait d'entrée. L'idée d'être enfermés derrière elle dans un petit espace était particulièrement déconcertante. S'il y avait un feu, ou si l'un de nous se retrouvait en situation d'urgence absolue, ou - de manière plus réaliste - si une bombe atterrissait sur la maison, comment nous échapperions-nous ? Serions-nous enterrés vivants ? Timush nous montra le dessin à nouveau. Sur le côté de la pierre qui donnait sur le bunker, il avait dessiné deux crochets solides. Si notre fuite se compliquait, nous pourrions nous y accrocher avec une corde ou une perche munie d'un autre crochet et, avec de la force, déloger la pierre et le plâtre qui la dissimule du côté de la cave. Les éléments de conception de ce projet nous apportèrent le réconfort dont nous avions besoin. À présent, nous nous sentions en contrôle de notre situation, en quelque sorte. Nous savions qu'il ne nous faudrait pas abuser de ce pouvoir. Nous allions devoir être disciplinés et résister au besoin de nous enfuir au moins bruit ou signe de danger.

Timush continuait de peaufiner son croquis. Nous l'étudiions avec une grande attention mêlée d'angoisse. C'est dans ce petit espace que, nous quatre, avions la meilleure protection que nous puissions espérer contre ces monstres qui cherchaient à nous tuer. Cependant, ce nouveau chez-nous pourrait également devenir notre tombe si les événements se retournaient contre nous. Nous étions de la même famille, et nous nous aimions beaucoup les uns les autres. Comment cet amour serait-il mis à l'épreuve dans une si petite pièce ? Comment allions-nous vivre cette expérience d'emprisonnement dans un espace étroit pour une durée indéterminée ? L'absence d'exposition à la lumière du jour, à l'air frais et aux espaces vastes nous rendraient-elles fous ? Nous savions qu'il n'y avait aucune alternative possible, mais ces questionnements continuaient d'occuper une place importante dans nos esprits.

Cette esquisse nous fascinait. Nous nous sommes d'abord concentrés sur l'intégrité de la structure. Deux épaisses poutres en bois soutiendraient la pièce en son sommet. Ces poutres seraient, à leur tour, soutenues par des poteaux qui serviraient de cadre aux lits superposés où nous dormirions. Ces lits couvraient la moitié de la largeur de la pièce, faisant un mètre de large et s'étendant sur toute la longueur d'un mur à l'autre. Nous devions nous mettre à quatre sur les deux lits superposés. Ma sœur et son petit ami prendraient la couche supérieure, tandis que mon frère et moi occuperions celle d'en-bas.

Une lampe portable, comme souvent utilisée par les mécaniciens, permettrait d'éclairer la pièce. Le long cordon de la lampe remonterait le long du conduit de la cheminée, où il serait branché dans une prise près de l'ouverture dans le grenier. La lampe serait suspendue à son crochet au milieu du plafond du bunker.

Sur le mur en face des lits superposés, Timush avait fait le croquis d'une petite table sur laquelle nous pourrions manger, écrire ou trouver de quoi nous amuser en utilisant les moyens du bord. Dans le coin près des conduits de la cheminée se trouvaient des toilettes de fortune. Il s'agissait d'une grande bassine en métal, sur laquelle était posée une planche dotée d'une petite ouverture, pour que nous puissions nous asseoir dessus. Cette section du bunker offrait à nos fonctions physiologiques une intimité réduite à son strict minimum. Mais Timush avait pensé à cela, et avait prévu une extension en forme de "L" afin que celle-ci soit séparée du reste de la pièce. Au moins, de cette façon, nous pourrions nous soulager hors de la vue des autres, même si le son et les odeurs ne pourraient être masqués. La proximité avec les conduits de la cheminée permettrait d'aérer les mauvaises odeurs de nos excréments, mais bien entendu, dans un si petit espace, il était impossible que ceux-ci soient inodores. Cependant, ce ne serait qu'un tout petit inconfort, au vu de ce que nous avions déjà traversé en fuyant les nazis.

Quand Timush eut terminé l'explication de son croquis de la pièce cachée, il se tourna vers nous, attendant notre réponse avec impatience. Nous pouvions voir qu'il était particulièrement fier de sa création, et avions senti l'inéluctable sensation de plaisir qu'il prenait à nous aider à traverser cette dure épreuve. Notre réaction fut, bien entendu, mitigée. Son plan était bien entendu ingénieux, mais l'idée même de devoir construire ce bunker sans être repérés nous accablait. Comment allions-nous nous y prendre, et combien de temps cela prendrait-il ? Y aurait-il suffisamment de temps avant que les nazis et leurs associés locaux ne nous trouvent ?

Le fait est que nous n'avions pas d'autre choix que de nous y mettre. C'était soit ce plan, soit la mort, et il n'y avait pas de temps à perdre. L'idée de Timush fut ainsi approuvée à l'unanimité. Mendel, qui avait miraculeusement réussi à sauver un peu d'argent, en fit don à Timush pour contribuer à l'achat du matériel et d'autres choses nécessaires au succès de son entreprise.

Le prochain défi que nous devions résoudre était de savoir comment il nous serait possible de travailler sans éveiller les soupçons des habitants locaux. Timush et Hania avaient un petit garçon de six ans, qui s'appelait Lubko. Étant donné que les jeunes enfants ne comprennent pas souvent la notion de discrétion, sa présence nous faisait encourir un gros risque à tous. Il suffirait d'un commentaire innocent de sa part à un visiteur ou à un voisin, et nous serions démasqués. C'est pour cette raison que ses parents décidèrent de lui cacher la vérité de la situation. Mais, au vu du travail colossal qui nous attendait, il serait impossible de l'en écarter trop longtemps. La meilleure des solutions pour nous tous, songeait Hania, était de trouver un autre endroit où il pourrait rester le temps de construire le bunker. Elle persuada sa mère de s'occuper de l'enfant le temps des travaux.

Les jours suivants, ma sœur et Mendel restaient cachés dans le grenier tandis que mon frère et moi restions dans la mezzanine de la grange. Même si une certaine distance séparait la maison de celles des voisins, il y avait tout de même quatre personnes supplémentaires sur la propriété, tout bruit ou toute preuve pouvait conduire à notre perte. Pendant la nuit, nous œuvrions aussi silencieusement et aussi rapidement que possible à la construction du bunker.

Pour commencer, Timush nous amena dans la cave où nous travaillions pour déplacer la grosse pierre. Celle-ci se trouvait à la base du mur, dans l'angle de la maison. La pierre faisait à peu près quinze pouces d'épaisseur, c'était juste assez large pour qu'une personne puisse passer à cet endroit du mur. Elle était lourde, mais nous avons progressivement réussi à ébrécher le mortier et, en le balançant d'avant en arrière, nous avions finalement pu l'enlever. La terre derrière la pierre était bien tassée, mais il s'agissait surtout d'argile et, à mesure que nous creusions, celle-ci se desserra relativement facilement. La procédure était longue. Nous avions tout d'abord creusé un tunnel en saillie le long du niveau de la pierre, avant de commencer à creuser vers le bas, conformément à l'idée selon laquelle le bunker devait être situé bien en dessous de la cave. Timush, mon frère et moi-même nous étions occupés en grande partie du creusage. Coup de pelle après coup de pelle, la terre avait été enlevée du trou, et ma sœur l'empaquetait dans des sacs de pommes de terre pour pouvoir ensuite les évacuer. De temps en temps, il nous fallait nous arrêter pour monter les sacs depuis la cave jusqu'à l'extérieur. Nous savions que la présence d'un amoncellement de terre visible par quiconque, voisins ou passants, pourrait être vu comme le signe que des juifs se cachent dans les environs. C'est pourquoi nous faisions en sorte de transporter les sacs discrètement et dans le plus grand des silences, uniquement la nuit, jusqu'à une petite rivière près de la maison dans laquelle nous déversions la terre.

Pendant des semaines, nous avions creusé aussi vite que possible, tout en restant attentifs aux contraintes qui s'imposaient à nous, puisque nous nous efforcions de passer inaperçus. L'effort était tout aussi long que laborieux, mais chaque jour qui passait faisait grandir en nous l'espoir que cette tâche pouvait, en fait, être menée à bien. Timush travaillait tout aussi dur que nous, témoignant d'une ferveur et d'une sollicitude qui transcendaient la plus profonde des amitiés.

La sincérité de son engagement dans la promesse, le vœu qu'il avait fait devant Dieu et ce prêtre, pour réparer le mal causé par ses péchés passés, nous apparurent alors comme une évidence. Toutefois, cette mission s'était transformée en quelque chose de plus grand encore, et de plus profond. Sa dévotion à nos parents, et à nous à présent, était devenue comme un amour aussi profond que celui d'un membre de la famille, d'un parent. Même sa femme, Hania, nous aidait dès qu'elle le pouvait, bien que limitée par l'obligation de s'occuper de leur jeune fils. Le frère d'Hania connaissait également notre plan, et avait décidé de se joindre à nous. C'était un charpentier doué, et Timush le recruta pour construire les lits superposés, la table et les chaises.

Timush supervisait le creusage et la construction du bunker, injectant une fierté passionnée dans chaque détail. Il observait le creusage de près, afin de s'assurer personnellement que les murs et le toit n'étaient pas défaillants, et qu'ils bénéficiaient de toute l'armature structurelle requise. Il amena des poutres en bois pour soutenir les murs aux endroits qui semblaient les plus faibles, afin de les renforcer encore plus. Il creusait à nos côtés chaque fois qu'il n'avait pas à s'occuper d'autres détails ou d'engagements dans sa routine quotidienne. Une fois que la pièce eût été entièrement creusée à la bonne taille, il apporta du plâtre et en enduit les murs complètement. Cela permettrait de faire barrage à l'humidité et de renforcer la solidité de la structure. Tout le bois et tout le matériel nécessaires pour le mobilier furent apportés à travers le trou étroit, et le frère d'Hania les assemblait à l'intérieur du bunker. Ses nombreuses années d'expérience lui permettaient de travailler très vite.

À présent, nous n'avions plus qu'à nous attaquer aux derniers détails - l'ultime étape qui précéderait notre entrée dans la clandestinité. Timush monta dans le grenier afin d'ouvrir les regards de nettoyage de la cheminée, permettant d'accéder aux tuyaux. Des cordes y avaient été placées, assurant le bon fonctionnement à la fois du signal d'alarme et de notre système d'échange de messages. Nous les avions tous testés. Nous avions prévu un plan pour parer toute découverte éventuelle des cordes dans le grenier susceptible de dénoncer notre présence. L'alarme constituerait en trois coups de cloche, à la suite desquels il nous faudrait nous précipiter pour tirer sur les cordes et les faire descendre dans le bunker, pour qu'elles ne soient plus visibles. Timush nous rassurait, expliquant qu'il pourrait toujours nous aider à les remplacer par de nouvelles une fois hors de danger. Après cela, une lampe électrique fut descendue dans l'un des conduits à l'aide d'une longue corde, et branchée à une prise située dans le grenier. Une fois allumée, elle éclairait intensément le bunker.

Le dévouement dont Timush avait fait preuve dans son plan et dans sa volonté de nous venir en aide devenait une obsession qui frisait le zèle religieux. À la fin de chaque journée de travail, il restait debout en face du trou, admirant solennellement le progrès qui avait été fait. Il parcourait chaque centimètre de la pièce et inspectait la structure avec soin, tout en songeant aux travaux qui suivraient.

Ensuite, une fois qu'il avait tout compris, il se mettait à genoux et commençait à prier. Il priait pour que Dieu nous aide à terminer cette tâche laborieuse. Il lui demandait une protection contre les nazis et contre tous ceux qui chassaient les juifs dans les différentes contrées. Enfin, il l'implorait de continuer à garder nos activités secrètes vis-à-vis de ses voisins. Parfois, Timush demandait à Tusia de se joindre à ses prières. Même à contrecoeur, elle acceptait de lui rendre ce service. Elle avait sans doute déjà rencontré ce genre de situation avec lui lors de leur voyage à Cracovie, afin que leur ruse semble crédible aux yeux des plus suspicieux. Durant cette période, il lui avait beaucoup appris au sujet des prières et des coutumes chrétiennes.

Les prières de Timush s'étaient peut-être avérées efficaces, parce que nos travaux arrivèrent à leur terme sans que personne ne nous remarque. Il était difficile de croire que plus d'un mois s'était écoulé depuis que nous nous étions échappés des camps et que nous étions arrivés chez Timush. Mais, maintenant que le travail était terminé, il était temps pour nous de disparaître définitivement dans le bunker. Cette nuit-là, nous nous sommes tous réunis dans la cuisine de Timush pour célébrer l'achèvement de notre tâche gigantesque. Hania avait concocté un repas succulent que nous mangions avec plus de frivolité et de joie que nous n'avions ressenties depuis des années.

Une fois le repas terminé, nous nous sommes soigneusement lavés, ainsi que nos vêtements. Une fois propres et habillés, nous fîmes nos "au revoir" à nos amis dévoués. Nos visages baignés de larmes, nous enlaçâmes Timush, Hania et son frère, avant de les remercier avec notre plus profonde gratitude. Puis nous descendîmes dans la cave, en direction du passage secret que nous avions construit dans un coin du mur.

L'un après l'autre, nous nous sommes agenouillés et nous nous sommes laissés glisser tout le long du trou, atterrissant dans la pièce. Mon frère se redressa et alluma la lumière. Tout autour de lui, notre caverne s'était illuminée, laissant apparaître les meubles, denrées et provisions. Nous avions emporté nos premières réserves de nourriture et d'eau. Sur la table se trouvait une petite lampe au carbure, pour les moments où nous ne voulions pas la pleine lumière de la lampe au-dessus de nous. Nous avions nos tasses, nos bols et nos assiettes et un peu de vaisselle - couteaux, fourchettes et cuillères. Il y avait des chiffons pour se nettoyer les mains et la vaisselle, des serviettes pour se sécher, et de l'alcool comme principal désinfectant. Sur les couchettes, la literie propre et douce qui avait été installée nous semblait tout aussi accueillante que chaleureuse. Nous avions également apporté quelques bricoles pour nous divertir, au moins pour un petit moment : des livres, des cartes à jouer, un jeu de domino et quelques journaux.

Nous déplacions quelques objets pour les repositionner, tout en nous installant et en essayant de nous sentir à l'aise dans notre nouvel espace. Timush cria à travers l'ouverture qu'il était prêt et demanda si nous l'étions aussi. Une fois le feu vert donné, nous le remerciâmes une dernière fois d'une voix commune, puis entendîmes le bruit grinçant de la pierre revenir progressivement à sa place initiale. Nous attendions pendant que Timush remuait le mortier et le plâtre avec sa truelle et le faisait pénétrer dans les interstices autour de la pierre et sur la face opposée. En l'espace de quelques minutes, il avait terminé, et nous pouvions entendre sa voix étouffée dire quelque chose d'indiscernable à Hania et à son frère. Puis le bruit de leurs pas s'éloigna, s'évanouissant à mesure qu'ils empruntaient les escaliers.

Un silence de mort s'abattit alors sur nous. Des semaines à imaginer ce à quoi ressemblerait un tel moment n'auraient pas suffi à nous préparer à sa survenue ultime. C'était une prise de conscience étrange et effrayante, qui nous frappait comme le poids de la pierre d'entrée : nous venions d'être enfermés dans une tombe potentielle... Paradoxalement, nous ressentions également un degré de liberté qui nous avait été refusé pendant plus de trois années. Soudain, avec ce dernier coup de plâtre sur la face du mur extérieur, nous nous étions sentis transportés dans un autre monde : un monde qui ne pouvait pas être touché ou pénétré par cette haine et ces meurtres que nous avions observés pendant si longtemps.

Nous étions à présent dans un espace chaleureux et sécurisé, qui, en dépit des contraintes et du manque de confort qu'il nous imposait, créait un merveilleux contraste avec le monde cruel et froid que nous venions de quitter. Ici et maintenant, nous étions prêts à attendre aussi longtemps qu'il le faudrait pour qu'un terme soit mis aux horreurs et à la folie du monde du dessus, et pour qu'un nouveau monde lui succède.

Dans à peine quelques semaines, ce serait mon quinzième anniversaire. Je n'en revenais pas. D'une certaine manière, les quatre années qui s'étaient écoulées depuis que nos vies avaient été chamboulées semblaient s'être envolées. Mais à d'autres égards, elles m'avaient semblé être une éternité. Les prochains mois dans le bunker allaient passer avec une lenteur extrême, puisque nous étions maintenant coupés des cycles naturels du jour et de la nuit et que nous avions très peu de nouvelles du monde extérieur.

20

TUER LE TEMPS

Combien de temps allions-nous devoir attendre avant que ce conflit ne se résolve ? Personne ne pouvait le prédire, ni même en donner une approximation. À ce moment-là, la guerre était sur le point de connaître un basculement qu'aucun d'entre nous n'aurait pu prévoir. Depuis le début de l'année 1942, les nazis s'étaient enfoncés de plus en plus profondément dans les territoires de l'Union soviétique. Leur but était de reprendre la main sur les principaux champs pétrolifères, leur permettant d'alimenter les ressources nécessaires à l'effort de guerre et de contrôler des villes majeures, telles que Stalingrad, pour forcer les Russes à se soumettre. Les victoires relativement aisées qu'ils avaient jusque-là accumulées contre les armées les moins disciplinées et les plus pauvres de Staline, les amenèrent à un niveau de confiance tel que ce dernier, bientôt, les conduirait à leur perte. À la fin de l'année, ils seraient débordés, sur le point d'être renversés par les effectifs de l'Armée rouge.

Timush avait travaillé dur pour construire notre cachette, mais pour lui, cela ne marquait pas la fin du devoir qu'il ressentait vis-à-vis de nous. Il faisait preuve de rigueur dans son effort pour nous garder informés et nous encourager depuis notre caveau familial. Il n'avait de cesse de nous démontrer son dévouement absolu, anticipant tout ce dont nous avions besoin pour mener la longue bataille psychologique à venir. Son empathie pour ce que nous aurions à affronter psychologiquement en étant isolés pendant des mois sous terre précéderait notre connaissance de la réalité.

Presque chaque jour, de l'eau et de la nourriture descendaient chez nous, tandis que nos déchets remontaient. Mais aussi, à travers les tuyaux, arrivaient également des journaux pour nous informer de l'actualité de la guerre. Il nous avait fourni une carte de l'Europe sur laquelle nous pouvions tracer la continuelle avancée du front de l'Est. Cette tâche quotidienne nous permettait d'échapper à la monotonie, nous apportant de l'espoir et des raisons de continuer de supporter l'agonie d'être confinés si profondément sous terre.

Pendant ce temps, Timush révélait un aspect de sa personnalité que je n'avais jamais vu avant de descendre dans le bunker. Peut-être que Tusia l'avait remarqué lors de leur long voyage à Cracovie, ou à d'autres occasions quand, par exemple, il lui témoignait des marques d'affection. Des lettres de sa part, envoyées à travers les conduits, nous parvenaient fréquemment. Il s'agissait de lettres d'encouragement, magnifiquement écrites, ayant pour but de remonter notre moral. Mais les poèmes qu'il composait de temps en temps étaient encore plus surprenants. Ils exprimaient son amour pour nous et nous rappelaient qu'il y avait encore de la beauté dans un monde si sombre, marqué par la guerre et la violence. Il écrivait souvent au sujet de nos parents, pour que nous nous souvenions d'eux, en nous disant combien il était reconnaissant pour les choses qu'ils lui avaient enseignées. Il leur vouait une admiration sans borne, et nous assurait qu'ils étaient au paradis et qu'ils veillaient sur nous. Il nous racontait fréquemment qu'ils seraient prêts à nous recevoir quand viendrait notre heure de mourir.

La sollicitude continue de Timush à notre égard, et tout le soin qu'il nous apportait, nous émouvaient beaucoup. Nous pleurions en lisant ses mots, nous rendant compte du risque qu'il avait pris et de tout ce qu'il avait sacrifié pour nous maintenir en vie. Comme si le but de son existence ne pouvait être accompli qu'à la condition que nous survivions tous.

Plus particulièrement, c'est Tusia qui avait dû être émue par le dévouement de cet homme envers nous. Elle savait qu'une grande partie de sa motivation était le fruit de son adoration pour elle. Tusia ne put jamais la lui retourner, puisqu'elle était amoureuse de Mendel. Mais cela ne faisait aucun doute qu'elle était flattée par les faveurs et l'attention qu'il lui accordait chaque fois qu'il était dans notre famille. Elle savait que son engouement pour elle était bénéfique pour la famille.

Même si elle ne pouvait partager les mêmes sentiments pour lui, elle répondait avec attention et délicatesse chaque fois qu'il lui faisait des avances. Elle ne voulait ni le mener en bateau, ni le blesser. J'ai toujours trouvé fascinante la relation, toute aussi gracieuse que respectueuse, qu'elle réussissait à entretenir avec cette situation délicate, sans jamais violer ses principes moraux. Elle faisait preuve d'une sagesse et d'une force bien supérieures à son âge.

Maintenant que nous étions dans le bunker, Tusia devait ressentir un grand soulagement à l'idée de savoir qu'elle n'avait plus à s'inquiéter autant de ses réactions vis-à-vis de Timush. Quand elle répondait à ses lettres, elle lui faisait des éloges tout en témoignant ses remerciements sincères pour tout ce qu'il avait fait pour nous.

Elle évitait toute formulation laissant croire que ses passions se détournaient de Mendel et se dirigeaient vers lui. Elle tenait à ce qu'il sache que nous ne considérions pas ce qu'il avait fait pour nous comme acquis. Il avait déjà énormément fait pour nous, et lui demander d'en faire encore plus nous était presque inconcevable. Cependant, il y avait une dernière faveur qu'elle souhaitait désespérément lui demander.

Nous avions gardé espoir que notre tante Fryma soit toujours en vie. Tous nos proches avaient été tués. Mais nous n'avions pas eu de nouvelles de sa part. Nous avions très envie de savoir ce qu'il était advenu d'elle, et si, jusqu'ici, elle était toujours vivante. Tusia écrivit à Timush, l'implorant de partir à sa recherche. Elle le supplia, s'il la trouvait, de l'amener dans le bunker.

Timush était plus qu'heureux de lui rendre ce service, mais sa femme s'y opposa. Elle se plaignait du travail harassant que ces quatre bouches supplémentaires dans le bunker représentait. Avec cinq personnes, ce fardeau deviendrait extrêmement difficile pour elle. Toute cette nourriture, ainsi que les déchets qui s'y ajouteraient, susciteraient la méfiance de la population locale. Le risque principal étant, peut-être, celui que Timush prendrait en essayant de la retrouver et de l'amener ici. Face à cette opposition, Timush jugea préférable de céder aux inquiétudes de sa femme. Nous comprenions l'inquiétude d'Hania, mais notre besoin de retrouver et de sauver notre tante était trop grand pour être ignoré, et Tusia était de plus en plus déterminée à trouver un moyen de la convaincre.

Malgré les efforts vaillants de Timush de préserver notre moral, toutes ces heures d'oisiveté passées à l'étroit dans un espace aussi minuscule commençaient à nous épuiser. Même si nous nous aimions beaucoup, une telle proximité amplifiait les petites irritations que nous pouvions ressentir de temps en temps les uns envers les autres. Le moindre bruit et les plus petits travers ou tressaillements qui, en temps normal, seraient passés inaperçus, nous énervaient. Les désaccords les plus triviaux et les plus insignifiants pouvaient rapidement dégénérer en violente dispute. Je me souviens d'un jour où je fredonnais un air issu d'une mélodie classique que je savais être de Tchaïkovsky. Alors que je faisais quelques commentaires à ce propos, ma sœur me contredit d'un ton sec : "Non ! Ce n'est pas Tchaïkovsky. C'est Schubert." Je lui répondis d'une voix confiante : "Je te dis que c'est Tchaïkovsky ! Tu ne sais pas de quoi tu parles !" Notre échange dégénéra rapidement, jusqu'à l'invective. Au bout d'un moment, je me suis senti fatigué de me disputer avec elle, et décidai d'arrêter de lui répondre. Ma colère partit aussi vite qu'elle n'était arrivée.

Mendel était bien plus âgé que nous, il avait environ douze ans de plus que Tusia. Avant d'aller vivre dans le bunker, mon frère et moi le tolérions mais ne l'apprécions pas plus que ça. Il me taquinait souvent, mais pas de manière affectueuse. Ses taquineries étaient plutôt des moqueries à mon égard, et étaient plus agaçantes qu'attendrissantes. Il aimait la confrontation, ce qui engendrait des désaccords avec mon frère et moi à de nombreuses reprises. Si nous disions "noir", il répondait "blanc". Et, maintenant que nous étions dans cet espace exigu avec lui du matin au soir, l'agacement que nous ressentions l'un pour l'autre grandissait. Pratiquement toutes les fois où nous discutions, Edek et moi soutenions un point de vue et Mendel le point de vue contraire. Ma pauvre sœur était prise en sandwich, et faisait de son mieux pour rester calme. Mon frère et moi roulions des yeux chaque fois qu'il nous ennuyait. Nous voulions nous plaindre de lui ensemble, mais cela nous était impossible de le faire sans qu'il ne nous entende.

Il y avait d'autres situations au cours desquelles mon frère et moi souhaitions plus d'intimité pour vider notre sac, ou bien pour parler de choses que nous ne voulions pas que ma sœur et Mendel entendent. Il s'avère que j'avais apporté dans le bunker, par hasard, l'un des quelques biens que j'avais gardés avec moi tout au long de ces temps atroces. C'était un livre sur l'apprentissage du morse. À la suite de l'un de ces incidents exaspérants, l'idée d'utiliser un code pour communiquer me vint. Mais il y avait un problème : comment faire pour garder nos tapotements silencieux ? La réponse à cette question m'apparut comme un flash. Si nous tapotions le code directement sur la main de l'autre avec nos doigts, nous pourrions discuter de tout en restant complètement silencieux.

Découvrir cette nouvelle façon secrète de communiquer eut sur moi un effet très thérapeutique. Le fait de pouvoir avoir une discussion en privé avec Edek m'apportait réconfort et soulagement. Nous avions tellement échangé sur nos expériences et sur nos échappées belles qu'il était plus qu'un frère pour moi. Il était devenu mon meilleur ami. À partir de là, je réagissais bien mieux aux tensions émotionnelles qui, de temps à autres, débordaient.

Notre vie trouva une allure routinière très peu de temps après notre installation dans le bunker. Puisqu'il n'y avait pas de lumière naturelle, notre rythme de vie n'était plus déterminé par le lever et le coucher du soleil. C'est pourquoi nous prîmes la décision de dormir le jour et de rester éveillés la nuit, afin de réduire le risque que le bruit ne soit entendu par les voisins ou par des visiteurs impromptus.

Nous avions un miroir que nous utilisions pour nous raser et faire notre toilette, mais le hasard nous en fit découvrir un usage tout autre. Si nous le positionnions en dessous du conduit de la cheminée, il reflétait le ciel en dessus de la maison. À travers ce dernier, nous pouvions savoir s'il faisait jour ou nuit à l'extérieur, voire parfois, discerner quel temps il faisait. Je passais des heures le miroir à la main, admirant les rayons de soleil.

Quand je contemplais ces halos de lumière, je repensais à ces sensations basiques dont j'étais privé, comme la caresse d'une brise estivale sur ma peau ou encore les gouttes de pluie tombant doucement sur mon visage. Il existe quelque chose dans la nature humaine qui désire ardemment les plaisirs les plus simples de la vie quand celle-ci les lui dénie, surtout quand on ignore si l'on pourra les apprécier un jour à nouveau. Après avoir été prisonnier sous terre pendant des mois, j'apprécie d'autant plus fortement la pluie, le soleil et les nuages aujourd'hui.

Repenser à ces plaisirs simples déclenchait en moi des souvenirs de la vie merveilleuse que nous avions laissée derrière nous à Tarnopol. Nous nous languissions de tous ces bons moments que nous avions vécus alors. Pour passer le temps, nous nous racontions des souvenirs de ces jours heureux, faisant de notre mieux pour nous les remémorer dans leurs moindres détails. Nous parlions souvent des plats que nous avions l'habitude de manger, décrivant avec le plus de précision possible leurs goûts, leurs parfums et la manière dont ils nous étaient présentés. Tusia récitait des recettes de gâteaux, de tartes et de repas qu'elle et ma mère préparaient ensemble dans la cuisine. Nous nous remémorions les chansons que nous avions l'habitude de chanter, et les entonnions en silence. Nous avions toujours apprécié faire des harmonies pour que nos voix s'accordent à la perfection. La musique nous soulageait grandement de l'ennui avec lequel nous vivions. Nous jouions aux dominos et aux cartes pendant des heures durant. Toutes ces choses ne balayaient pas entièrement l'ennui mais, sans eux, nos vies auraient été bien plus misérables.

Edek avait commencé à écrire l'histoire de nos vies. Il avait récolté toutes sortes d'informations sur les jours heureux de notre enfance, mais le souvenir de ces dernières années d'horreur semblait l'emporter sur le reste de l'histoire. Quand il s'installait pour écrire, la plupart du temps, ce sont ces atrocités que sa plume couchait sur le papier. Pour rééquilibrer ce passé terrible, nous essayions souvent d'imaginer ce à quoi ressembleraient nos vies après la guerre. Nous nous voyions parcourir le monde, repartir en vacances, nous marier, avoir des enfants et des petits-enfants. Sans cet espoir et sans cet optimisme, nous serions probablement tombés de plus en plus profondément dans le désespoir.

21

FRYMA EST RETROUVÉE

Jour après jour, Tusia écrivait des lettres à Hania, la suppliant de faire quelque chose pour retrouver Tante Fryma et la faire venir dans le bunker. Elle lui assurait que nous ferions tout ce qui était en notre pouvoir pour minimiser le travail et les risques, et lui promettait de payer tout ce qu'elle pourrait après la guerre pour réparer ses efforts. Tusia lui promit également de lui céder entièrement la propriété que nos parents et grands-parents possédaient à Tluste. Elle essayait de la convaincre des bénéfices spirituels qui l'attendaient pour sauver un autre être humain. Elle en appelait à ses principes religieux, lui rappelant la "récompense au ciel" qui l'attendait.

Enfin, après maintes lettres et promesses, Hania céda et accepta que Timush aille chercher notre tante. Nous étions tous fous de joie, l'arrosant de notre gratitude. Timush commença ses recherches, et nous restâmes à l'affût de l'arrivée d'une quelconque nouvelle.

Plusieurs jours passèrent, mais aucune nouvelle de l'emplacement où se trouvait Fryma ne nous parvint. Nous ignorions si elle avait survécu, mais faisions de notre mieux pour rester optimistes. Puis, un jour, un message heureux nous fut transmis à travers le conduit de cheminée : Fryma est retrouvée !

Nous étions ravis et prêts à l'accueillir. Hania décida d'envoyer Lubko vivre avec sa mère, maintenant que Fryma venait dans le bunker. Ils avaient fait très attention à ne pas lui faire savoir que nous nous cachions là et jusqu'à présent, ils avaient réussi à lui dissimuler la vérité. Mais, maintenant qu'une personne supplémentaire nous rejoignait, il lui sembla plus difficile de le protéger.

Timush avait identifié la présence de notre tante dans un camp voisin. Les prisonniers de ce camp avaient jusqu'alors survécu à l'extermination, en partie grâce aux efforts de l'officier Allemand qui était chargé du camp. Il s'appelait Vati, et avait réussi à faire valoir que le travail effectué là-bas était essentiel à l'effort de guerre allemand. Alors que la vie dans le camp était particulièrement difficile et que le travail était pénible, Vati fit tout ce qu'il put pour garder les prisonniers en vie. Il était bien plus humain dans son traitement des prisonniers que les Allemands des autres camps.

Quand Timush retrouva Fryma, elle était en très mauvaise santé. Elle n'avait plus que la peau sur les os, et le traumatisme de ce qui était arrivé à notre famille l'avait dévastée émotionnellement. Bien entendu, elle était très méfiante et craintive lorsque Timush se présenta au camp pour obtenir sa libération. Elle ne savait pas si elle pouvait le croire quand il lui racontait que nous étions toujours en vie. Quand il lui annonça qu'il allait l'emmener jusqu'à nous, elle hésita. La vie au camp lui était devenue familière et elle savait qu'elle y était relativement en sécurité, comparé à ce à quoi elle pourrait être confrontée à l'extérieur. Après tout ce qu'elle avait subi, elle pouvait difficilement supporter l'idée de risquer le déplacement vers une cachette où elle aurait à faire face à de nouveaux dangers. En plus de cela, Timush restait très secret sur l'endroit où il l'amenait et ne révéla que très peu d'informations au sujet du bunker. Sa prudence avait pour but de nous protéger de garder secret le lieu où nous nous trouvions. Même avec la plus grande discrétion et les meilleures intentions, l'information pouvait se répandre rapidement, et il était impossible de détecter la présence d'oreilles traîtresses dans les alentours. Finalement, Timush réussit à la persuader de quitter le camp avec lui.

Quelques jours plus tard, il retourna au camp à bicyclette. Timush expliqua à Fryma qu'il marcherait avec la bicyclette quelques mètres devant elle, et qu'elle devait le suivre à pied à une certaine distance derrière pour ne pas donner l'impression qu'ils voyageaient ensemble. Ce faisant, ils éviteraient d'éveiller les soupçons des passants et des villageois. Puis ils se mirent prudemment en route vers la maison, de la manière convenue. La marche fut plus longue que d'habitude, du fait de cette approche précautionneuse, mais ils arrivèrent bientôt à bon port.

Une fois à l'intérieur, Timush, peut-être un peu trop exalté à l'idée de nous venir en aide une nouvelle fois et anticipant notre joie à son arrivée, se sentit d'humeur un peu taquine. Il décida de faire une blague à Fryma. Je ne pense pas que son intention était d'être cruel envers elle, mais j'imagine qu'il voulait apporter un peu de légèreté à la situation et peut-être lui prouver à quel point nous étions bien cachés. Il n'y avait pas eu beaucoup d'occasions de rire ou de se divertir pendant ces jours sombres, mais Timush savait que ce serait une occasion heureuse pour nous tous, et une bonne opportunité de s'amuser.

Quand Fryma entra dans la cuisine, Timush sortit une énorme casserole, qu'il remplit d'eau avant de la mettre à bouillir sur la cuisinière. Il procédait en se déplaçant nonchalamment, tout en sifflant un air et échangeant sur la pluie et le beau temps avec elle. Pendant ce temps, la nervosité de Fryma montait. "Pourquoi fait-il cela?", se demandait-elle. "Est-ce qu'il va me tuer et utiliser l'eau chaude pour nettoyer les preuves ?" La panique commença à envahir Fryma qui sentait la terreur se propager dans ses veines. Soudain, incapable de se contenir plus longtemps, elle exigea de savoir où nous étions cachés. Timush lui sourit avant de lui répondre : "Regarder dans la maison. Si tu les trouves, tu pourras les rejoindre."

Les nerfs de Fryma étaient au bord de la crise. Mon dieu, pensa-t-elle. Qu'entendait-il par là ? Peut-être qu'ils étaient déjà morts, et qu'il m'a emmenée ici pour m'infliger le même sort. Timush voyait que sa blague avait un peu dérapé, et que Fryma était effrayée. Donc, pour apaiser la situation, il prit sa main et lui dit : "Viens avec moi." Il la conduisit avec douceur jusqu'au grenier et la positionna près de l'ouverture à côté de la cheminée. Il continuait toutefois d'apprécier le suspense des retrouvailles à venir. Il se tourna vers notre tante et lui dit avec un sourire malicieux : "Ta famille est à l'intérieur." Fryma regarda en direction de la toute petite ouverture faite dans les pierres de la cheminée et s'exclama : "Comment peuvent-ils être ici ?", demanda-t-elle. "L'ouverture ne fait que quelques centimètres." Mais Timush, qui savourait sa petite blague, n'était pas prêt à tout lui révéler maintenant. "Oui, je sais," dit-il, "mais ils sont bien là, et si tu veux les y rejoindre, tu vas devoir passer par là toi aussi !" Il riait presque en disant cela, mais pour Fryma, ce n'était toujours pas drôle. Rendue confuse et abasourdie, elle attendait désespérément d'entendre que nous étions tous sains et saufs, et qu'elle serait en sécurité à nos côtés.

Timush arrangea une dernière manigance pour poursuivre sa blague. "Eh bien, si tu ne me crois pas, appelle-les à travers le trou et ils te répondront." Fryma se sentait bizarre et idiote. Comment pouvait-il y avoir des gens au fond d'un conduit de cheminée ? Néanmoins, elle suivit les instructions de Timush. "Tusia !", lança-t-elle, "Tusia, es-tu là ?"

Tusia se leva brusquement du sol, où elle était restée à l'affût de toute nouvelle de notre tante bien-aimée. Sentant ses larmes qui commençaient à couler le long de ses joues, elle répondit à Fryma. "Oui, Fryma ! Nous sommes là, et nous sommes en sécurité !"

Fryma était sous le choc. Elle pouvait à peine parler tant l'émotion l'envahissait, ainsi que les souvenirs de tous les traumatismes qu'elle avait subis au cours des dernières années. Alors que sa voix commençait à se briser et à faiblir, elle se battit pour faire sortir les mots. Mais elle avait besoin de savoir. "Comment... comment... je peux entrer là-dedans ?" Au fur et à mesure qu'elle parlait, les larmes coulaient sur son visage, trempant sa blouse tachée et en lambeaux.

Timush la prit dans ses bras pour la consoler, avant de l'aider à descendre les escaliers jusque dans la cave. Il avait enlevé une partie du plâtre autour de l'entrée en pierre, permettant de l'enlever plus facilement. En le retirant du mur, il montra à Fryma comment nous sommes entrés dans le bunker. Elle était encore sous le choc. Elle resta sans voix en nous voyant sortir les uns après les autres. Quand elle était dans nos bras et que nous la serrions, nous n'entendions plus que le son de ses sanglots.

Timush nous fit tous monter à l'étage et désigna l'eau bouillante. "Maintenant, rapidement, vous allez tous prendre votre bain à tour de rôle pendant que vous êtes ici. Ensuite, nous aurons un bon dîner ensemble avant que vous ne retourniez tous vous cacher."

Sans perdre un instant, nous allâmes nous laver. L'eau chaude et propre était si bonne qu'il m'était très difficile de m'arrêter lorsque vint mon tour de laisser quelqu'un d'autre se laver. Nous étions restés si longtemps dans le bunker sans nous laver que notre peau, nos cheveux et nos visages étaient sales et couverts de saletés. Timush, en nous offrant le confort d'un bain chaud, avait montré une fois de plus la profonde empathie qu'il ressentait pour nous dans les moindres détails.

Pendant que nous nous lavions, Timush préparait le dîner. Une fois propres et habillés, nous passâmes à table. Notre repas était très simple, mais je le considère comme l'un des meilleurs que j'aie jamais mangés. Réunis, nourrissant nos corps avec un repas chaud, nous irradiions de joie. Cela nous avait apporté une petite respiration hors de notre confinement dans le bunker et, surtout, nous avions à présent notre tante avec nous. Nous nous sentions en sécurité, sachant que nous serions bientôt de retour dans notre parfaite cachette. C'était bon de revoir Timush face à face. Il était presque étourdi ce soir-là car il était ravi de partager notre chaleureuse amitié. Il ne fait aucun doute qu'il aimait vraiment converser et échanger avec nous. C'était comme s'il désirait ardemment faire partie de notre famille. Et à bien des égards, il était devenu aussi proche que n'importe quel parent de sang.

Il nous fallait bientôt retourner dans le bunker. Après avoir immensément remercié Timush pour son hospitalité, il nous enlaça à tour de rôle pour nous dire au revoir. Une tristesse palpable l'envahissait à mesure qu'il nous ramenait à la cave, pour que nous puissions regagner notre cachette. C'est ainsi que nous avons rampé dans l'étroit passage pour descendre dans la crypte, après quoi Timush remit la grande pierre en place. Une fois encore, nous entendions sa truelle gratter et étaler le mortier sur la face de la pierre. Puis il appliqua une fois de plus de la peinture sur les rustines, dissimulant toute trace de passage, avant de placer les sacs de pommes de terre devant. Une fois de plus, nous étions à l'abri des horreurs de ce monde sombre et turbulent.

22

SE PRÉPARER POUR UN HIVER TRÈS LONG

Cela faisait presque trois mois que nous vivions dans le bunker quand Fryma nous y rejoignit. Maintenant qu'elle était avec nous, il nous fallait faire quelques ajustements. Le lit dans lequel mon frère et moi dormions était déjà trop petit pour nous deux. Il fallait que nous nous serrions pour faire une petite place à ma tante, puisque tout le monde s'accordait à dire que c'était mieux qu'elle dorme dans notre couchette. C'était une question d'ordre pratique. Mettre ma sœur et Fryma dans un seul lit aurait été le choix de la modestie, mais il n'y aurait pas eu suffisamment de place pour Mendel, Edek et moi-même dans un seul lit. Rien qu'à eux seuls, Mendel et Edek dans un même lit auraient été trop à l'étroit. Et, bien entendu, il n'aurait pas été correct pour Fryma de dormir dans la même couchette que Mendel. De ce fait, procédant par élimination, la décision avait été prise. Je dormais contre le mur, Edek au centre et Fryma sur le bord extérieur. Il nous fallait coordonner chacun de nos mouvements au cours de la nuit. À plusieurs reprises, il m'était impossible de dormir la nuit parce que j'étais écrasé contre le mur.

Même si Fryma se réjouissait de nous avoir retrouvés, elle vivait toujours sous l'inextricable poids du traumatisme qu'elle avait subi. Une fois installée dans ces quartiers humides et exigus, la réalité des trois dernières années commença à s'imposer violemment à son esprit. De quel genre d'existence s'agissait-il ? Comment les gens pouvaient-ils être amenés à vivre comme des animaux, comme des lapins entassés dans un terrier, craignant la lumière du jour et condamnés à se cacher éternellement pour échapper à leurs prédateurs potentiels ? Qu'était devenu le monde ? Des questions restées sans réponses qui ricochaient dans sa tête, parmi un flot incessant de souvenirs de barbarie, de mutilation et de sang.

On pourrait penser que la sécurité de ce sanctuaire constituerait un soulagement cathartique pour ma tante, la libérant de la paralysie qui s'était abattue sur tant d'autres survivants. Mais la douleur et la souffrance de Fryma ne s'achevèrent pas ainsi. Elle avait perdu sa voix. Elle était incapable de prononcer le moindre mot, encore moins un soupir ou un grognement. Les jours passaient, et elle ne disait toujours rien. Chaque fois que nous essayions de lui parler, elle nous regardait avec des yeux tristes et mornes. Pas un son ne pouvait sortir de sa bouche.

Les quatre autres d'entre nous étions habitués à effectuer nos besoins corporels, à portée de voix et d'odorat, sur les toilettes rudimentaires que Timush avait conçues pour nous. Mais pour Fryma, il s'agissait tout simplement d'une humiliation supplémentaire, ajoutée à la longue liste d'expériences déshumanisantes qu'elle avait été forcée d'endurer. Ici, en compagnie de personnes qu'elle connaissait bien et qu'elle aimait, elle devait exposer ses besoins les plus intimes sans pudeur. Fryma ne pouvait pas réaliser une telle tâche. Donc, pendant plusieurs jours, elle retint tout. Peut-être espérait-elle que la guerre ne se termine rapidement pour qu'elle puisse aller faire ses besoins toute seule. Même si cette pensée était illogique, personne ne pouvait lui en vouloir, vu que cela faisait quelque temps que nous vivions dans un monde dépourvu de toute logique. Mais arriva, bien sûr, le jour où elle ne put plus se retenir - le soulagement qu'elle avait dû ressentir avait certainement dépassé la honte et la confusion qui l'accompagnaient.

Quand les gens vivent si proches les uns des autres pendant si longtemps, d'étranges dynamiques se mettent en place. Les émotions qui pouvaient s'emparer d'une personne et la conduire à s'emporter ne rimaient à rien. Ma mémoire n'est pas assez bonne pour me permettre de me souvenir de la plupart des épisodes qui se sont déroulés, ni des sentiments divers qui les ont engendrés. Mais imaginez combien il peut parfois être difficile de vivre près des personnes que vous aimez dans une grande maison, où vous avez toujours la possibilité de vous isoler et de formuler vos pensées avant de dire ou de faire quelque chose d'idiot ou d'étrange. Les émotions que nous ressentions étaient les mêmes, mais dans des quartiers aussi étroits que ceux que nous occupions, en plus du danger et de l'incertitude qui planaient en permanence au-dessus de nos têtes, les sensibilités étaient amplifiées au-delà de toute mesure.

Je suis presque reconnaissant de ne pas me souvenir des chamailleries et des échanges abrasifs que nous avons eus. Ils me semblent si superficiels à la lumière des vrais ennemis que nous devions affronter. Nous étions là, au point d'en venir aux mains les uns avec les autres à cause de détails triviaux et orgueilleux, tandis qu'à l'extérieur nos persécuteurs étaient prêts à tout pour nous retrouver jusqu'au dernier et nous abattre. C'est une honte que je continue de porter en moi, après toutes ces années.

Dans le monde au-dessus de nous, toutefois, il y avait des gens qui savaient que nous avions survécu - que nous nous cachions pour rester en vie - et qui ne pouvaient supporter cette pensée. Tous n'étaient pas des nazis, des soldats Allemands ou des habitants locaux qui nous haïssaient de génération en génération. Certains d'entre eux étaient des juifs, comme nous.

Quelques semaines après notre disparition, un homme arriva à l'improviste chez Timush. C'était l'un des policiers juifs du ghetto de Tluste. Il savait que nous étions les amis de Timush et qu'il nous était venu en aide par le passé. Il avait tant bien que mal survécu à l'élimination des juifs de la ville, mais compris que les nazis reviendraient et qu'une nouvelle chance de s'en sortir ne se représenterait peut-être pas pour lui. Il était prêt à tout pour trouver une manière quelconque de leur échapper.

Tapi dans la faible lumière de l'aube, cet homme frappa doucement à la porte de Timush. Timush, surpris d'être sollicité de si bonne heure le matin, lui ouvrit la porte avec réticence. L'homme parlait de manière nerveuse et rapide, comme s'il ne lui restait que quelques heures pour prendre la fuite. Timush gardait son calme en écoutant les questions que cet homme lui posait. "Je sais que tu as toujours protégé les Kleiner", lui dit-il. "Nous savons que certains d'entre eux ont survécu à l'akcia, ainsi qu'à la liquidation des camps. Est-ce que tu sais où ils pourraient se trouver?"

Timush réfléchit soigneusement, prenant le temps de formuler sa réponse. Mais son accueil froid de la question posée dissipa certains soupçons à son égard. Il lui rétorqua : "Je ne peux pas te dire où ils sont, parce que je l'ignore."

La colère de l'homme commença à monter. "Regarde, je pense que tu les caches ici, et si cela s'avère, les choses pourraient devenir très compliquées pour toi. Mais si tu me dis où tu les caches, et que tu m'autorises à les rejoindre, alors, je ne dirai rien à personne."

Un sourire subtile se propagea sur le visage de Timush. Il se redressa et regarda l'homme droit dans les yeux. "Je vais te dire un truc. Non seulement je vais te dire quelque chose, mais je vais aussi faire quelque chose pour toi."

Timush s'écarta du seuil de la porte avant d'ouvrir la porte en grand. Avec sa main libre, d'un geste généreusement accueillant, il fit signe à l'homme d'entrer dans la maison. "Entre, je t'en prie. Je t'ai dit que je ne savais pas où ils étaient. Mais, manifestement, tu ne me crois pas. Je t'autorise donc à chercher dans la maison pour que tu le constates de tes propres yeux. Regarde où bon te semble. Si tu les trouves, alors à ce moment-là, tu pourras les rejoindre !"

L'homme pâlit face à la confiance et à la sincérité que Timush affichait. Mais, mu par son désespoir, il ne put résister à l'offre qui lui était faite. Il suivit tranquillement Timush à travers le seuil de la porte. Timush s'éclipsa dans la cuisine, où il avait une casserole de café sur le feu. Calmement, il s'en servit une tasse et s'assit à la table pour beurrer la tranche de pain qui accompagnait son café.

Le policier observait Timush, attablé, prenant son petit-déjeuner. Il le rejoignit dans la cuisine, commençant à fouiller le sol, les murs et le plafond dans l'espoir de trouver un quelconque indice sur notre emplacement. Mais il ne trouva rien, passant rapidement aux autres pièces de la maison.

Il est important de rappeler ici qu'en tant que policier, cet homme avait été entraîné pour rechercher les cachettes de juifs. Parfois, ils étaient forcés de collaborer avec les nazis et les officiers Allemands pour mettre la main sur des juifs en clandestinité. Cet homme connaissait toutes les astuces, et pouvait reconnaître le plus petit indice de l'emplacement d'une cachette. Ses recherches s'intensifièrent au fur et à mesure que les heures passaient, et que l'après-midi succédait au matin. Sa détermination à trouver ce secret que Timush dissimulait grandissait.

Il mit chaque pièce sans dessus dessous, poussant les meubles des murs, jetant les couvertures au sol. Il frappait fort sur les espaces creux du sol et sur les murs qui semblaient céder un peu. Puis il se précipita vers le grenier, frappant sur toutes les planches qu'il pouvait voir, avant de descendre dans la cave. Il alluma la lumière et balaya des yeux toute la circonférence de la pièce. Cette fois, Timush le suivit. Tandis qu'il descendait les escaliers, il pouvait voir la confusion et la déception sur le visage du policier. Le mur de pierre de la cave semblait impénétrable, et rien ne semblait avoir été déplacé. Le sol en béton était absolument intact, comme s'il avait été laissé en l'état pendant de nombreuses années.

L'homme s'avança en direction du mur à l'opposé de la pièce et commença à déplacer sa main le long des pierres qui formaient les murs de la cave. Il parcourut chaque centimètre du sol de la cave, penché en avant, à l'affût du moindre signe d'une fissure ou d'une porte cachée. Heureusement, les sacs de pommes de terre qui cachaient la pierre d'entrée de notre bunker n'éveilla pas ses soupçons. Il passa devant eux sans réfléchir. Enfin, il s'arrêta et se tourna vers Timush : "Eh bien, tu disais la vérité", dit-il, admettant sa défaite. "Ils ne sont pas là."

Timush haussa les épaules et leva les mains, paumes vers le ciel, comme pour dire, "Je te l'avais bien dit." Fier que sa prouesse d'ingénierie ait résisté à son premier test, il fit tout son possible pour réprimer le sourire qui naissait en lui. Il se retourna et ramena l'homme à l'étage pour lui dire au revoir.

Après que cet homme eut quitté la maison, Timush nous écrivit pour nous raconter ce qu'il s'était passé. L'histoire nous fit ressentir un grand soulagement, ainsi que l'espoir que notre cachette ne soit jamais découverte. Cela faisait des années que nous ne nous étions pas sentis aussi en sécurité.

23

LA DÉCISION DE VIE OU DE MORT DE TIMUSH

Les risques que Timush avait pris pour nous au cours de ces dernières années allaient bien au-delà de la portée du sens du repentir de toute personne normale. Son dévouement nous déconcertait, mais dans notre désir éperdu de survivre, nous dépendions entièrement de lui. Il était notre seule et unique bouée de sauvetage pour échapper à la brutalité meurtrière du régime nazi. Nous étions immensément reconnaissants pour tout ce qu'il avait fait, ainsi que pour l'énergie et l'enthousiasme qui avaient été les siens. Comme je l'ai écrit auparavant, il était devenu un membre de notre famille, et on aurait dit qu'il devait sacrifier sa vie pour protéger la nôtre. Son amour était similaire à celui d'une mère pour son enfant, ou d'un frère envers sa sœur.

Bien que nous n'ayons jamais entièrement compris la raison pour laquelle il prenait ces risques, nous savions que son esprit curieux avait vu en nos parents des gens distingués et raffinés. Peut-être que leurs conversations lui avaient transmis une certaine vision, un sens plus général de l'accomplissement de quelque chose qui transcendait ses limites provinciales. Mais il y avait une autre explication possible. Même s'il ne l'avait jamais mentionné explicitement, tout le monde avait remarqué que Timush s'était amouraché de Tusia. Un tel amour peut conduire un homme à agir de manière irrationnelle, et à risquer le tout pour le tout.

Pourtant, il avait parfaitement compris à ce jour que les sentiments de Tusia à son égard ne seraient jamais réciproques. Elle était amoureuse de Mendel, et lui resterait fidèle. Sachant cela, les motivations de Timush nous semblaient d'autant plus mystérieuses. Était-ce, en réalité, son petit béguin qui le poussait à nous venir en aide ? Ou bien s'y sentait-il contraint à cause du respect et de l'amour qu'il éprouvait pour nos parents ? La vision tragique de notre mère marchant vers son exécution, le suppliant de sauver ses enfants, l'avait-elle bouleversé à ce point ? Ou bien ne faisait-il que respecter sa promesse au prêtre et à Dieu face à sa miraculeuse expérience de mort imminente ?

La réponse la plus probable était que l'ensemble de ces raisons combinées avait engendré une parfaite tempête dans son esprit. Et quand cette tempête s'est mélangée à son ardent désir d'aventure, le décor était planté pour que l'acte d'héroïsme le plus noble qu'il ait perpétré se produise.

Peu de temps après que Timush fut revenu de la prison soviétique, il avait rejoint une force ukrainienne auxiliaire pour assister les Allemands sur place. À l'époque, de telles recrues faisaient le travail de la police autour de Tluste. Timush savait que le fait d'être dans un un tel service lui donnerait accès à des informations concernant les possibles akcia et les autres plans des Allemands qui pourraient affecter les juifs de la région. Et il avait raison : sa décision de rejoindre ce groupe s'était avérée très précieuse pour notre protection ces deux dernières années. Mais, tôt ou tard, cette décision reviendrait pour le hanter.

J'ignore combien de temps nous sommes restés dans le bunker, mais de nombreux mois s'étaient écoulés quand nous parvint la terrible nouvelle indiquant que Timush devait quitter Tluste. Les hommes qui avaient été appelés à servir cette commune étaient à présent envoyés au front. Timush, comme beaucoup d'autres, avait reçu cette nouvelle et était dans l'obligation de se présenter d'ici quelques jours.

Il nous écrivit une longue lettre dans laquelle il expliquait le dilemme qui nous concernait tous. La guerre allait très mal pour les nazis, notamment sur le front russe. Leurs troupes, terriblement efficaces par le passé, s'étaient affaiblies et avaient été refoulées par une partie de l'Armée rouge. Depuis la défaite cuisante de Stalingrad il y a à peu près un an, les Allemands avaient dû céder du terrain aux Soviétiques, et attendaient désespérément que de nouveaux hommes viennent se battre à leur côté - ou, du moins, leur servent de chair à canon. Timush ne savait pas encore où il serait envoyé, mais il savait pertinemment qu'à ce stade de la guerre, tout emplacement serait probablement promesse d'une condamnation à mort.

D'autre part, si Timush ignorait l'ordre qui lui était donné, ses chances de survie seraient supérieures. Il pourrait essayer de s'enfuir pour rejoindre les Nationalistes Ukrainiens qui faisaient la guérilla dans les forêts. Ces résistants étaient plus connus sous le nom de Banderowcy, du nom de leur infâme leader, Stepan Bandera. Non seulement étaient-ils anti-soviétiques, mais aussi anti-sémites. L'autre option à laquelle il pensa était de nous rejoindre dans le bunker. Mais Hania y était radicalement opposée, et lui dit qu'elle le quitterait s'il choisissait cette voie. Donc, le seul choix qui nous permettait de rester en sécurité dans le bunker était qu'il suive l'ordre qui lui était donné. Autrement, les Allemands se tourneraient sans aucun doute vers la maison et la fouilleraient. Auquel cas, la présence du bunker continuerait-elle de passer inaperçu ? Et, même si c'était le cas, comment allions-nous subvenir à nos besoins ?

Timush finit sa lettre en disant que, pour la première fois de sa vie, il ne savait pas quoi faire. Prendre une telle décision l'accablait et le plongeait dans l'incertitude - il ne pouvait tout simplement pas la prendre tout seul. Il nous implorait de lui donner notre avis sur ce qu'il devait faire.

Nous relûmes la lettre une seconde fois, incrédules. Nous étions choqués par cette nouvelle, et nos coeurs suffoquaient, écrasés sous le poids du pouvoir que cette décision plaçait entre nos mains. Nos chances de survie, si Timush suivait les ordres, étaient plus élevées. Sa femme Hania resterait à la maison, prendrait soin de nous, et pourrait continuer d'approvisionner notre bunker. Quel que soit son destin sur le front, si Timush obéissait à la convocation, ses biens resteraient protégés contre les saisies, et il est probable que sa maison ne soit jamais fouillée. Mais nous ne pouvions pas prendre cette décision pour lui. Après tout ce qu'il avait risqué pour nous, comment pouvions-nous lui demander de commettre l'ultime sacrifice - celui de sa vie ?

Le coeur lourd, nous nous mîmes à la rédaction de notre réponse. Tout d'abord, nous le remerçiâmes abondamment pour tout ce qu'il avait fait pour nous tout au long de ces années. Sans ses grands sacrifices, nous serions certainement tous morts depuis longtemps. Tout en lui témoignant notre empathie et notre crainte vis-à-vis de cette décision capitale qu'il devait prendre, et du tourment dans lequel elle devait le mettre, nous exprimâmes notre peine infinie, ainsi que le regret que nous ressentions face à la tournure que prenaient les événements. Toutefois, nous lui écrivîmes que cette décision n'appartenait qu'à lui, et que nous ne pouvions pas nous permettre de l'influencer de quelle manière que ce fut. Nous l'encourageâmes à faire ce qu'il ressentait le besoin de faire, et qu'il pensait être le meilleur.

Le cœur lourd, nous regardâmes la lettre remonter doucement le conduit de la cheminée. Une fois de plus, il nous fallait attendre dans l'angoisse. Quelle serait la décision de Timush ? Quelle influence Hania aurait-elle sur sa décision ? Peut-être voyait-elle ce moment comme une occasion de nous faire sortir du bunker et de se débarrasser de l'inquiétude de cacher des juifs. Notre destin était en jeu, personne ne pouvait prédire les conséquences de son choix. Nous avions attendu pendant plusieurs jours sans aucune nouvelle. Nous voulions désespérément lui parler, non pas pour essayer d'influencer sa décision, mais simplement pour savoir ce qui lui passait par la tête et comment il se sentait.

Hania, elle, avait son idée sur la situation. Personne ne le savait à l'époque, mais elle trompait Timush avec un autre homme. Toutefois, il ne nous avait pas échappé que leur mariage battait de l'aile. Et si, nous, nous avions remarqué l'attention constante et l'affection que Timush témoignait à Tusia, quand était-il pour elle ? Tout ce que nous savions était qu'il avait avoué à Hania son attirance pour notre sœur. Si elle avait suspecté ses affects, cela aurait sans aucun doute pesé dans son avis sur ce que Timush devait choisir. Il était clair qu'elle pensait que la meilleure des choses à faire, était que Timush suive les ordres et se présente au front.

Le jour où la lettre arriva et qu'il nous fut possible de connaître son choix final, nous nous sentîmes submergés d'un flot d'émotions contraires. Sa réponse tenait en quelques mots : "Il vaut mieux pour tout le monde que je suive les ordres." Ses mots avaient tout d'abord suscité en nous une vague d'euphorie, puisqu'il s'agissait de la meilleure des décisions pour nous, au moins, à court terme. Mais la tristesse et le chagrin lui succédèrent rapidement, mêlés de brefs instants de soulagement. Nous étions inquiets pour lui, et avions le cœur serré en pensant aux horreurs et aux souffrances qu'il allait devoir affronter sur le champ de bataille. Ces mêmes émotions étaient recouvertes d'une immense gratitude et de respect pour ce héros improbable que nous avions rencontré.

L'ampleur de son choix commençait à se faire sentir, plus encore que lorsque nous y avions réfléchi quelques jours auparavant. S'il avait choisi de désobéir aux ordres en s'unissant avec les Nationalistes Ukrainiens, ses chances de survie auraient été bien plus importantes. Mais cela aurait certainement entraîné notre mort.

Cet homme était en train de commettre le plus grand des sacrifices. Et peu importe que sa décision ait été prise en pensant avant tout à lui et à sa famille, il était difficile de ne pas croire qu'il l'avait prise pour nous et seulement pour nous.

24

LA VIE SANS TIMUSH

Le jour où Timush eut à se présenter finit par arriver. Il nous envoya une nouvelle lettre, dans laquelle il nous disait combien nous allions lui manquer et qu'il nous souhaitait bonne chance pour les jours à venir. Une fois de plus, nous le remerciâmes pour tout ce qu'il avait fait pour nous, avant de lui dire que nous prierons pour qu'il soit en sécurité et en bonne santé. Nous écrivîmes également que nous attendions avec impatience son retour et le jour où nous pourrions tous partager un autre repas sans que les horreurs de la guerre et du génocide ne planent sur nous.

Les jours qui suivirent son départ nous semblaient tout aussi normaux que ceux des mois qui avaient précédé. La nourriture continuait régulièrement d'arriver, et nos déchets, d'être hissés hors du bunker, comme d'habitude. La sonnette retentissait comme à chaque fois pour nous alerter qu'Hania était disposée à effectuer ces tâches. S'il y avait quoi que ce soit dont nous devions être informés, elle s'assurait toujours de nous écrire. Une fois, elle nous avait écrit pour nous prévenir du fait que son frère lui venait souvent en aide pour s'occuper de nous. Étant donné qu'il avait participé à la construction du bunker et des meubles, nous ne nous faisions aucun souci. Nous étions reconnaissants qu'il puisse l'aider, pour qu'elle n'ait pas à s'occuper de tout cela toute seule. Et nous étions plus que disposés à accomplir une petite tâche qu'il nous demandait en retour. Par exemple, il nous envoyait son tabac afin que nous le coupions pour lui, une tâche sans doute fastidieuse qu'il n'appréciait pas.

Mais après quelques semaines, nous commençâmes à ressentir la lassitude d'Hania à l'idée de continuer à exécuter ses fonctions promises. Elle se mit alors à nous demander plus d'argent pour la nourriture et les approvisionnements divers. C'était bien plus que ce que Timush ne nous avait jamais demandé, ce qui nous fit craindre qu'elle ne soit peut-être épuisée. Il restait toujours de l'argent à Mendel, ce qui nous permettait de répondre à ses demandes, mais à ce rythme, il ne lui en resterait bientôt plus beaucoup. Ses économies tiendraient-elles jusqu'à notre sortie du bunker ? Autrement, Hania nous abandonnerait-elle ? L'absence de Timush devenait peu à peu source d'inquiétude pour nous. Elle n'avait jamais été aussi impliquée dans notre survie que Timush ne l'avait été. Elle suspectait peut-être les sentiments de Timush pour Tusia. À cause de l'incertitude de la situation, notre inquiétude grandissait chaque jour.

Pendant ce temps-là, Hania reçut une lettre très chaleureuse de la part de Timush. Elle la partagea avec nous, et nous étions impatients de la lire. La lettre était explicitement adressée à elle seule, mais il utilisait "les enfants" en référence à nous, demandant comment ils allaient et l'incitant à leur transmettre le bonjour. Il ne souhaitait pas nous mentionner directement de peur que la lettre ne soit découverte. Mais nous savions qui étaient ces enfants dont il parlait. Dans sa lettre, il disait que tout allait bien pour lui, même s'il était très près du front. Il nous souhaitait bonne chance et espérait que nous allions bien également. Il avait joint avec sa lettre une photo de lui savamment habillé en uniforme allemand. Cela nous faisait de la peine de le voir vêtu de cet accoutrement que nous détestions. Mais nous étions heureux de le savoir sain et sauf.

Les semaines passaient, et le manque d'entrain qu'Hania tentait de dissimuler devenait de plus en plus évident. La ponctualité avec laquelle elle nous apportait de la nourriture et d'autres besoins était très variable, tout comme la quantité et la qualité de la nourriture. Elle finit par confirmer son incertitude dans une lettre qu'elle nous écrivit. Elle y écrivait qu'elle craignait de plus en plus que nous soyons tous découverts. Elle nous suggérait de nous arranger pour quitter le bunker au plus vite, parce qu'elle ne pouvait plus supporter le poids ni la pression que constituait une telle responsabilité. Même si nous nous doutions de son état d'esprit, voir ces mots écrits noir sur blanc nous abasourdit. La simple pensée de devoir affronter les horreurs qui nous attendaient dehors nous terrifiait. Avec le sentiment de sécurité et le confort auxquels nous nous étions habitués, nous ne savions pas si nous aurions la force ou la volonté de survivre comme avant.

Nous fîmes de notre mieux pour la convaincre de continuer à nous cacher, faisant appel à son sens de l'héroïsme et à la récompense qu'elle obtiendrait une fois la guerre terminée. Mais rien de ce que nous pouvions lui écrire ne la rassurait, et dans ses lettres suivantes, elle continuait de nous pousser à partir. Elle craignait que la guerre, ainsi que ce scénario, ne se poursuivent sur plusieurs années - il lui serait impossible de maintenir l'aide qu'elle nous apportait. Elle pensait ne pas pouvoir tenir plus de quelques semaines, et encore moins plusieurs années si on en arrivait là.

Ses craintes étaient, bien sûr, fondées. Hania avait poursuivi la pratique de Timush consistant à nous fournir des journaux et autres comptes rendus de la guerre. Nous avions continué à tracer la progression de la guerre sur une carte prévue à cet effet. L'année 1944 venait de débuter, et les fronts de guerre italiens et russes stagnaient. Nous étions à des mois de l'atterrissage des Alliés en Normandie, et bien entendu, nous ignorions qu'un tel événement se produirait un jour. De ce fait, nous n'avions pas beaucoup d'espoir quant à la date à laquelle se finirait cette terrible guerre. Mais nous continuions de la supplier pour qu'elle nous donne plus de temps, avant de lui suggérer que nous pourrions partir en avril si la situation de guerre ne changeait pas.

Quelques semaines plus tard, nous nous rendîmes compte qu'un silence absolu régnait dans la maison au-dessus de nous. Nous n'avions reçu aucune lettre, aucun message, de la part d'Hania indiquant son départ. Le long silence, ainsi que les jours qui passaient sans aucune nouvelle d'elle, commençaient à nous mettre hors de nous-mêmes. Mais nous faisions en sorte de nous calmer les uns les autres, nous disant qu'il pouvait y avoir mille et une raisons pour expliquer ce retard.

Puis un soir, vers dix heures, une lettre arriva par le conduit de la cheminée. Nous nous précipitâmes pour l'ouvrir, sans savoir à quoi nous attendre. Les mots que nous y découvrîmes étaient effrayants. Hania racontait que son frère était soudainement devenu hystérique. Elle craignait qu'il ne soit en train de perdre complètement la tête. Il se comportait de manière absolument irrationnelle et tenait des propos incohérents. Mais ce qui suivit nous terrifia d'autant plus. Dans l'une de ses diatribes, il l'avait menacée d'aller à la Gestapo et de tout leur dire au sujet du bunker et de notre présence. Hania fut prise de panique, et ne savait plus quoi faire. Tout ce qu'elle savait, c'était qu'il avait déjà parlé aux autorités, et que ces derniers étaient probablement déjà en route. Elle insistait pour que nous partions aussi vite que possible, et qu'il n'y avait pas de temps à perdre. Il fallait que nous partions avant l'aube.

Une nouvelle terreur commença à remplir nos esprits. Quitter le bunker nous conduirait à une mort certaine, mais rester à l'intérieur avec cette nouvelle menace suspendue au-dessus de nous nous semblait intolérable. N'était-il pas mieux de sortir et de faire face à notre destin, plutôt que de rester à l'intérieur, accablés par tant d'incertitude ? En dépit de nos débats passionnés, nous ne parvenions pas à une conclusion satisfaisante pour nous tous. Tusia et Mendel voulaient attendre, et Edek et moi estimions qu'il valait mieux que nous tentions notre chance pour sortir. Nous pensions qu'il y avait infiniment plus d'options à l'extérieur que d'être piégés dans un bunker. Les heures passaient et nous n'avions pris aucune décision. Certains d'entre nous priaient, tandis que d'autres pleuraient. J'étais abasourdi, presque paralysé. Nous nous en étions sortis de justesse tant de fois auparavant. La possibilité que notre chance puisse toucher à sa fin me tétanisait.

À l'aube, nous prîmes finalement la décision de partir. Alors que nous commencions tout juste à rassembler nos affaires, nous entendîmes des bruits de pas au-dessus de nos têtes. La peur s'empara de nous tandis que ces pas montèrent vers le grenier. Qui était-ce et qu'allions-nous devenir ? Soudain, une lettre atterrit. Nous la prîmes entre nos mains avant de l'ouvrir. C'était Hania. Elle écrivait : "Chers vous, mon frère vient de se suicider. Il s'est pendu dans l'étable. Je suis très triste, mais la volonté de Dieu a été faite. Dieu a certainement parlé. Cette vie qu'il a pris compte pour cinq."

Ces mots nous firent monter les larmes aux yeux. Une fois de plus, nous venions d'être miraculeusement sauvés. Le fait qu'Hania ait vécu une telle tragédie nous avait brisé le cœur, mais elle l'avait acceptée comme la volonté de Dieu, et sa détermination à continuer à prendre soin de nous était revenue. Depuis ce jour, Hania ne nous força plus à quitter le bunker, et ses efforts pour nous apporter de la nourriture et subvenir à nos besoins ne décrurent jamais plus.

Quelques semaines plus tard, des officiers et des soldats de l'armée allemande en retraite du front russe se rendirent à la maison et demandèrent à y être logés pendant quelques jours. Hania ne put faire grand chose, et protester contre cela aurait pu éveiller leurs doutes. Mais après avoir survécu à la minutieuse recherche conduite par le policier juif, elle était convaincue que nous ne serions pas retrouvés. C'est ainsi que les soldats allemands s'installèrent, comme s'ils étaient chez eux. Nous ignorions combien ils étaient, mais ils avaient fait énormément de bruit au cours de leur séjour ici. Même si nous étions tout aussi sûrs qu'ils ne trouveraient pas le bunker, leurs bruits de pas lourds, leurs voix bruyantes et leurs badinages nous perturbaient. Nous attendions avec appréhension qu'ils s'en aillent.

Puis un soir, l'un des officiers décida d'allumer un feu dans la cheminée. Ils demandèrent à Hania de l'aider à le préparer. Hania était très inquiète pour nous, puisque depuis que nous avions rejoint le bunker, la cheminée n'avait jamais plus été utilisée. Elle ignorait si la fumée descendrait par le conduit et nous asphyxierait. Elle se précipita vers le grenier et nous envoya un message par le conduit. Nous étions à présent totalement pétrifiés, car nous n'avions jamais pensé à ce qui pouvait se passer dans tel cas de figure.

Nous pouvions les entendre empiler le bois dans le foyer de la cheminée, suivi du craquement du bois d'allumage servant à faire partir le feu. Nous attendions nerveusement tandis que le bois s'enflammait, et qu'il commençait à crépiter et à grésiller. Que ferions-nous si la fumée descendait dans le bunker ? Serait-il préférable que nous restions ici attendant l'asphyxie ? Ou bien fallait-il que nous déplacions la pierre et que nous nous rendions aux Allemands ? Dans les deux cas, la mort nous guettait, donc la futilité de notre choix se résumait à choisir la manière la moins douloureuse de mourir.

Tandis que les flammes grandissaient, nous surveillions de près le conduit de fumée. À notre grand soulagement et à notre grande joie, il n'y avait pas de fumée qui descendait dans le bunker. En fait, un fort courant d'air frais avait été engendré. Nos nerfs se calmèrent immédiatement, et nous soupirions de soulagement. Nous reprîmes alors notre routine habituelle, faisant d'autant plus attention à ne faire aucun bruit. Tant que les soldats étaient dans la maison, Hania ne pouvait pas nous envoyer de nourriture et nous ne pouvions pas vider nos déchets. Nous espérions donc naturellement qu'ils partiraient très bientôt. Finalement, après quelques jours, Hania nous informa qu'ils étaient partis et, une fois de plus, nous avons retrouvé bon moral et confiance en nous, le bunker n'ayant pas été détecté.

25

"LES RUSSES SONT LÀ !"

L'occupation de la maison par les soldats Allemands ne serait pas un événement isolé. Les jours et semaines qui suivirent, des troupes fuyant l'avancée russe vers l'ouest arrivèrent à Tluste. À plusieurs reprises, la maison d'Hania fut réquisitionnée pour accueillir ces soldats. Cette retraite des Allemands était un signe très positif, mais chaque fois qu'ils occupaient la maison, nous nous recroquevillions dans la peur que l'un d'entre eux ne découvre notre cachette.

Pendant ces occupations, nous restions complètement immobiles et silencieux - de crainte que le moindre de nos mouvements puisse être détecté et éveille les soupçons. Rester sans bouger n'était pas si difficile que ça, puisque nous avions été dans de nombreuses situations où il nous fallait exercer un tel contrôle sur nous-mêmes. Mais, peu importe combien nous étions habitués à nous changer en statues, quand l'un de nous ressentait le besoin de tousser ou d'éternuer, la peur de passer à l'acte rendait encore plus difficile leur rétention. L'esprit peut nous jouer des tours, et parfois, penser au fait de ne pas tousser ni éternuer peut rapidement en faire naître l'envie. Savoir qu'il ne faut pas tousser ni s'éclaircir la voix peut créer une sensation d'étouffement. Heureusement, nous réussissions toujours à réprimer ces fonctions involontaires au cours de ces visites.

Au fil des semaines, la nouvelle que les Allemands étaient en pleine retraite nous donnait l'espoir que notre calvaire serait bientôt terminé. Nous étions à la mi-mars 1944. Cela faisait presque neuf mois que nous vivions dans le bunker ! Il ne faisait aucun doute que cela avait représenté un long moment, mais notre expérience semblait avoir duré bien plus longtemps. Pour nous, c'était comme si plusieurs années s'étaient écoulées. Et, bien entendu, cette épreuve nous avait arraché quelques années de nos vies. Cela faisait des mois que nous n'avions pas mangé un fruit ou un légume ; la viande et les protéines, elles, se faisaient rares. Nous ne pouvions pas nous laver correctement, ni entretenir une bonne hygiène dentaire. Mes dents pourrissaient et tombaient. Ma peau était couverte de boutons et de cicatrices à force de gratter les éruptions cutanées qui m'affligeaient. Nos possibilités de faire de l'exercice dans un espace si étroit étaient, elles aussi, très limitées, et de ce fait, nos muscles s'étaient atrophiés. Le bunker nous avait sauvés des meurtriers nazi mais, si la guerre ne finissait pas rapidement, il se pourrait que les conditions de vie épouvantables qui y régnaient causent notre mort. Nous attendions, pleins d'espoir, mais hantés par la peur que la délivrance n'arrive que trop tard.

Les jours passaient, et le bruit à l'extérieur du bunker s'intensifiait. Au fur et à mesure que les Allemands se retiraient, on entendait les cortèges d'automobiles et de tanks faire trembler la terre. Des éclats de voix ainsi que des coups de feu se faisaient occasionnellement entendre, et nous savions qu'un affrontement arrivait. Mais nous ignorions tout du chaos qui se profilait au-dessus de nos têtes. Les Allemands étaient-ils en train d'être repoussés ? Est-ce que les Russes arrivaient, étaient-ils en train de gagner ? Y aura-t-il d'autres impasses sur le front, retardant une fois de plus la fin de la guerre ?

Hania ne pouvait pas nous le dire car, craignant pour sa propre sécurité, elle fut contrainte de quitter la maison pour s'installer chez sa mère jusqu'à ce que l'agitation cesse. Nous ignorions combien de temps elle serait absente, mais avant de partir, elle s'était scrupuleusement assurée que nous ne manquerions de rien. Elle avait préparé l'équivalent de plusieurs jours de nourriture à l'avance qu'elle nous avait descendue. Se retrouver seuls ici, si loin sous terre, sans communication ni aide d'en haut, était angoissant. Mais nous avons attendu, prêtant attention au moindre indice de ce qui se passait au-dessus de nos têtes.

Puis, le 22 mars 1944, un jour que nous n'oublierons jamais, quelque chose de terrifiant arriva. Alors que nous étions assis à écouter attentivement les grondements continus du monde extérieur, une énorme explosion secoua soudain violemment la maison au-dessus de nous. Le bunker fut pris de secousses, comme s'il était à l'épicentre d'un tremblement de terre. Les poutres en bois se fendirent, laissant la poussière et la saleté pleuvoir sur nous. Notre lampe à kérosène s'éteignit complètement, et nous pouvions sentir la suie se déverser dans la pièce par les conduits de fumée. De nouvelles explosions nous secouèrent à nouveau, mais heureusement, elles étaient à plusieurs lieues d'ici - elles ne causèrent plus aucun dommage à notre cachette. Il était clair qu'une bataille faisait rage à l'extérieur et qu'une bombe ou un obus de mortier avait touché la maison. Serrés les uns contre les autres dans la peur, nous craignions que ce jour ne soit notre dernier. Le bunker allait-il devenir notre tombe, et serions-nous progressivement ensevelis vivants sous le poids des décombres ? Il est impossible d'exprimer la peur et l'incertitude que nous ressentions avec des mots.

L'affrontement s'était poursuivi tout au long de la journée, jusque tard dans la nuit. Puis, aux premières heures du 23 mars matin, le calme revint. Nous avions enfin la possibilité de nous détendre et de respirer un peu. Nous étions toujours en vie et le bunker était intact. La poussière et la suie s'étaient dissipées, et le tirage des conduits de fumée avait dégagé l'air, ce qui nous permettait de respirer facilement. À présent, nous attendions, dans un silence presque aussi assourdissant que celui des bombes et du grondement des armées. Notre attente se prolongeait au fur et à mesure que les heures passaient sans aucune indication ou communication venant d'en haut.

Soudain, nous entendîmes la porte de la maison s'ouvrir en grand, ainsi que les bruits de pas de quelqu'un qui courait. Les bruits de pas se précipitaient vers les escaliers et jusque dans le grenier. Puis, on entendit une voix familière et accueillante s'écrier : "Les Russes sont là ! Les Russes sont là !" C'était Hania qui, avec joie et grand bonheur, répéta : "Vous pouvez sortir maintenant !"

Il est impossible de trouver les mots pour décrire ce que nous avions ressenti à ce moment-là. Nous avions vécu sous terre pendant neuf longs mois, et maintenant, la voie était libre pour que nous puissions sortir. Joie, soulagement, exaltation, jubilation, extase - aucun de ces mots ne pouvait qualifier la fin de ce cauchemar interminable. Et tous ces mots mis ensemble ne pouvaient à eux seuls résumer ce que nous ressentions. Mais, au milieu de ces émotions, se trouvait également une tristesse écrasante qui resterait en nous pour toujours - celle de la perte des membres de notre famille, de nos amis, et de la destruction de nos vies entières et de la communauté juive.

La guerre avait fait rage pendant presque quatre ans, et j'allais bientôt fêter mon seizième anniversaire. Quelques-unes des années les plus fondamentales de ma vie venaient de m'être dérobées, comme si, de petit garçon, j'étais devenu un adolescent. Tout cela n'était pas facile à digérer sur l'instant, d'autant plus que nous craignions notre retour dans le monde extérieur et de ce que nous pourrions potentiellement y trouver. Le pire était peut-être derrière nous, mais notre lutte pour la survie, elle, ne l'était pas.

26

HORS DU BUNKER

Après son annonce jubilatoire à travers les conduits de cheminée, Hania dévala les escaliers jusque dans la cave, balança sur le côté le sac de pommes de terre qui cachait l'ouverture du bunker. Elle frappa fort contre la face de la pierre qui la couvrait, et nous cria de l'aider à la sortir. À l'aide d'un marteau et d'un burin, elle ébrécha le mortier et le plâtre qui la maintenaient en place. De l'intérieur, nous faisions en sorte de la bouger de haut en bas pour qu'elle se décroche du mur, avant de la pousser vigoureusement avec le bâton que Timush nous avait donné à cet effet. La pierre commença tout doucement à se mettre en mouvement. Savoir que notre libération était si proche faisait monter en nous l'adrénaline, ce qui alimentait nos efforts : en un rien de temps, la pierre se retrouva sur le plancher de la cave.

Un par un, nous réussîmes à nous faufiler jusqu'à la sortie, avant d'atterrir dans la cave. Mais ce que nous vîmes à ce moment-là nous troubla : les rayons de soleil traversaient le sol et pénétraient la pièce. L'une des bombes était tombée en plein sur la maison, et l'avait sévèrement endommagée. Les trois étages avaient miraculeusement tenu, et les escaliers étaient, eux, tout juste en place. Cela nous fit soudainement comprendre à quel point nous avions été proches d'être désintégrés par la puissante explosion. Cette échappée belle s'ajoutait ainsi à la longue liste de libérations incroyables que nous avions vécues.

Mais, ce n'était pas le bon moment pour repenser au passé - il fallait que nous déguerpissions au plus vite et que nous identifions quelles étaient les prochaines étapes nécessaires à notre survie. Nous étions à la fin du mois de mars, mais il faisait toujours très froid, et nos vêtements, tout élimés et partant en lambeaux, n'étaient pas adaptés à un tel climat. Hania china quelques vieux vêtements et couvertures, et nous les offrit pour que nous nous enroulions à l'intérieur d'eux. Nous descendîmes précautionneusement les escaliers branlants avant de sortir de la maison. Il avait déjà été difficile de s'adapter à la luminosité relativement faible de l'intérieur de la cave, puisque nous étions restés dans l'obscurité la plus totale pendant de si longs mois. Une fois à l'extérieur, la neige blanche qui recouvrait complètement le sol nous éblouissait, intensifiant par la même occasion le soleil de midi. Aveuglés par tant de lumière, nos yeux étaient forcés de rester fermés, ce qui les gardait humides et les soulageait de la douleur induite par l'éblouissement.

Nous étions dehors avec Hania, regardant la maison. Le fait qu'elle tienne toujours debout nous laissait sans voix, de même que nous n'en revenions pas de constater combien nous avions échappé de justesse au risque d'être enterrés vivants. Le vent soufflait tout autour de nous, et nous savions qu'il nous fallait aller de l'avant pour trouver de quoi manger, nous abriter et nous informer des nouvelles de la guerre. Nous nous sommes mis en route en direction de la route principale, Hania nous suivait. Une fois sur la route, elle s'arrêta pour nous dire : "Au revoir, je vous souhaite le meilleur pour l'avenir. Retrouvez les Soviétiques, et restez avec eux, vous serez en sécurité." Nous l'avons alors remerciée pour tout ce qu'elle avait fait pour nous, et pour tous les risques qu'elle avait pris pour nous maintenir en vie. Elle retourna vers la maison après que nous l'eûmes enlacée.

Tant de questions se bousculaient dans nos têtes. La sécurité que le bunker nous prodiguait jusqu'alors était à présent derrière nous, et nous ignorions tout des dangers à venir. Nous n'avions plus peur d'être retrouvés par les Allemands, mais une autre crainte nous assaillait. Où allions-nous aller ? Où allions-nous vivre ? Comment trouverions-nous à manger ? Et, peut-être la pire crainte d'entre toutes, qui pouvait nous garantir que la guerre était véritablement finie et que les nazis ne reviendraient pas nous traquer ?

Alors que nous avions commencé notre marche vers Tluste, nous fîmes la rencontre d'une petite troupe de soldats Soviétiques. Dès que nos yeux se furent posés sur eux, nous nous précipitâmes vers ces hommes tout en leur faisant de grands signes de la main. Une fois plus près d'eux, nous nous rendîmes compte de l'état piteux dans lequel ils se trouvaient. Les uniformes étaient usés et sales. Leurs véhicules avaient pris la rouille et étaient criblés de trous. Les soldats, eux, avaient le visage pâle, émacié, barbu, et les cheveux en bataille. "Est-ce que ce sont elles, les forces qui ont vaincu les soldats allemands et leur discipline magnifique ?", se demanda-t-on les uns les autres à voix haute. La vue de ces troupes contrastait radicalement avec les souvenirs que nous avions des soldats allemands parfaitement équipés et polis. Comment cela a-t-il pu se produire ?

À mesure que nous nous rapprochions d'eux, ils s'arrêtèrent, comme pris par la surprise. Ils baissèrent les yeux vers nous. "Qui êtes-vous ? D'où venez-vous ?", nous demanda l'un d'entre eux. "Nous sommes juifs. Nous sommes juifs et nous avons survécu !", leur rétorqua-t-on exaltés. Un peu naïvement, peut-être, nous nous attendions à ce qu'ils partagent un peu de notre joie suite à notre annonce triomphante. Mais leur réaction nous glaça le sang. "Quoi ? Pourquoi Hitler ne vous a-t-il pas tués aussi ? Nous avons marché des centaines de kilomètres, depuis Odessa, sans l'ombre d'un juif." Leur réaction nous découragea, et nous fit craindre le sort qui nous serait réservé avec les soviétiques.

Il était clair que ces soldats russes ne se souciaient pas le moins du monde de ce qui nous était arrivé à cause des nazis, et qu'ils ne voyaient aucun intérêt à nous aider. De ce fait, nous prîmes la décision de rejoindre la ville au plus vite. D'autres survivants avaient croisé notre route, et bien qu'ils furent peu nombreux, eux aussi avaient, tout comme nous, miraculeusement échappé à la mort. Certains avaient été cachés dans des villages voisins ou à la campagne. D'autres venaient du même camp de travail dans lequel ma tante avait été avant que Timush ne la trouve.

La sœur de Mendel faisait partie de ceux qui avaient été cachés dans une ferme du coin, pas trop loin de Tluste. Elle avait survécu, ainsi que son mari, et ses cousins - une fillette de dix ans et un garçon de six ans. C'était un miracle. Il était très rare qu'un petit garçon si jeune survive dans la clandestinité. Très souvent, à cet âge, ils ne comprennent pas complètement le danger qui les guette, ni la pression de devoir rester silencieux. Dans de tels espaces exigus, le calvaire pouvait devenir insupportable pour eux. En conséquence, il arrivait que ceux qui cachent des juifs refusent de cacher de jeunes enfants, de peur qu'une catastrophe ne se produise. Nous avions eu vent d'histoires épouvantables de parents qui s'étaient retrouvés forcés de tuer leurs propres enfants quand le bruit qu'ils faisaient risquait de révéler leur cachette. Il s'agissait d'une décision terrible imposée à des personnes en situation désespérée. Dans ce genre de cas, les parents se cachaient avec d'autres personnes, dont les vies pouvaient, elles aussi, être mises en danger si le bruit trahissait leur planque. Il fallait choisir entre tuer une personne ou tuer tout le monde. De tels événements étaient la conséquence insidieuse de ce que les nazis avaient infligé à notre peuple.

Nous fîmes la rencontre de la sœur de Mendel peu après notre retour à Tluste. Elle était arrivée en même temps que d'autres survivants. J'ignore combien, mais il y avait peut-être vingt ou trente personnes en tout. Nous étions quelque peu surpris qu'il reste des gens, mais compte tenu du fait qu'avant la guerre Tluste abritait des milliers de juifs, ce nombre ne nous apporta aucun réconfort.

Au fur et à mesure que les survivants arrivaient en ville, nous recherchions des visages familiers dans la foule, espérant voir un ami parmi eux. Soudain, je vis mon cher ami Sam venir vers moi. Il m'avait repéré lui aussi, et soudain, s'était mis à courir aussi vite que possible pour m'enlacer. Nous nous jetâmes dans les bras l'un de l'autre, débordant de joie. Au départ, nous pouvions à peine parler à cause de l'émotion qui nous envahissait, mais quelques instants après, nous nous assîmes côte à côte pour nous raconter l'un à l'autre le récit de notre survie. Sam était l'un de ceux qui avaient été dans les camps de travail. De tout ce qu'il me racontait, une chose m'avait frappée : Sam dit que, pour rester propre et éviter d'être infesté de lentes, il se baignait fréquemment dans la neige. Il avait toujours démontré une grande intelligence pratique, ainsi qu'un talent inné pour la survie, et je pense que ce sont ces compétences qui lui avaient permis de survivre. J'étais si soulagé de le revoir, et de constater qu'il s'en était tiré lui aussi. Il avait risqué sa vie pour moi quelques années auparavant, et à présent, le voir en vie m'emplit d'une grande joie.

Maintenant que nous étions arrivés, nous nous dirigeâmes vers notre ancien quartier. Au cours de notre marche, nous vîmes des cadavres dans les rues. Je reconnaissais certains d'entre eux, notamment celui de l'un des amis de mon frère. C'était une vision épouvantable, et son souvenir s'est ancré à jamais dans ma mémoire. Les bâtiments autour de nous avaient été presque entièrement détruits, et tout ce qui n'avait pas été démoli à l'intérieur avait été pillé. Nous allâmes en direction de notre maison et de la boulangerie de mon grand-père, pour voir s'ils tenaient toujours. Mais eux aussi avaient été presque totalement anéantis et n'offraient pratiquement aucun abri contre le froid. Nous cherchions de la nourriture partout où nous pouvions, mais il n'y avait presque rien à trouver. Heureusement, nous avions mis la main sur quelques pommes de terre et mendié un peu de pain auprès de quelques paysans locaux.

Les souvenirs que cette tragédie avait laissés en nous étaient très douloureux, et nous ne voulions pas rester ici. Mais nous n'avions nulle part d'autre où aller, donc en attendant, nous nous installâmes ici pour l'instant. Malheureusement, comme un cauchemar récurrent, le schéma allait se reproduire à nouveau : nous n'aurions pas à attendre bien longtemps avant d'être déracinés et de devoir reprendre la route, une fois de plus.

27

LE RETOUR DES ALLEMANDS

En plus de l'angoisse générée par la faim et par l'exposition aux éléments, une nouvelle peur s'abattit sur nous avec tout le poids d'une lourde réalité. Une rumeur s'était rapidement propagée, indiquant que les Allemands avaient monté une contre-attaque fructueuse et qu'ils préparaient leur retour à Tluste. Rien d'autre n'aurait pu être plus dévastateur pour notre moral. Après tout ce à quoi nous avions survécu, les monstres allaient-ils revenir pour finalement accomplir leur objectif de tous nous trucider ?

Il ne fallut pas attendre trop longtemps avant que les rumeurs ne se confirment et que les troupes russes ne commencent leur retraite vers l'est. Les survivants s'interrogeaient quant à ce qu'il conviendrait de faire à présent. Même si, pour la plupart, cet endroit était leur chez-eux depuis des générations, il n'y avait plus grand-chose à quoi se raccrocher ici. Seulement des souvenirs - de nombreuses années de bons souvenirs, et à peine quelques-uns de terrifiants. Pour nous, ces dernières années avaient suffi à nous convaincre que nous n'avions pas besoin de rester ici et de prendre le risque d'être capturés puis tués. Nous avions décidé de nous enfuir avec l'Armée rouge, et de tout faire pour rester derrière la ligne russe.

La plupart des autres survivants avaient décidé, eux aussi, de s'enfuir vers l'est. Toutefois, certains faisaient des plans pour trouver une nouvelle cachette et attendre quelque temps. La sœur de Mendel était l'une de ces personnes, et elle essayait de nous convaincre de rester également. "Regardez, si vous partez avec les Russes, c'est le mauvais temps et le froid qui vous zigouilleront. Venez avec nous, et nous nous cacherons avec l'homme qui nous avait abrités. C'est un brave homme, il nous protégera." Mais nous étions radicalement opposés à cette idée. Tusia lui répliqua : "Il est hors de question que je reste dans un endroit sous le contrôle des Allemands. Je ne peux pas retourner dans un bunker, ni dans une cachette, et surtout, je ne veux plus être cachée chez des Gentils."

Nous ne perdîmes pas plus de temps que cela à débattre de notre prochaine action. Les Russes battaient rapidement en retraite, et nous nous mîmes à les suivre, obligés de marcher par manque d'autres moyens de transport. Nous avions commencé à marcher avec l'ambition d'atteindre la grande ville la plus proche, Czortkow, qui se trouvait à près de quinze miles de Tluste. En temps normal, une marche d'une telle distance n'aurait pas été un tour de force. Mais nous n'avions que très peu de vêtements sur nous, et ceux-ci, qui plus est, n'étaient pas adaptés au froid et à la neige qui nous entouraient. Nos chaussures étaient rongées par l'usure, et n'offraient qu'une protection très faible comme l'humidité et le sol boueux. Cependant, puisque nous n'avions pas d'autre choix, nous nous mîmes tout de même en route aux côtés des autres personnes qui, elles aussi, fuyaient Tluste.

Alors que nous marchions, les troupes russes passèrent devant nous dans leurs gros camions et leurs convois. Eux aussi, prenaient la fuite. Ils se précipitaient par centaines devant nos yeux pour rejoindre l'est et échapper à l'armée allemande. Nous luttions contre la boue et la neige avec détermination, sachant que les Allemands seraient bientôt à nos trousses et qu'ils n'auraient aucune pitié.

Puis nous arrivâmes enfin à Czortkow, dans un square du centre ville. Il y avait d'autres juifs rassemblés ici qui essayaient, eux aussi, d'échapper aux hordes d'Allemands. D'un côté du square se situait un grand bâtiment majestueux. Il s'agissait du bureau de poste principal de la ville. L'immeuble était pourvu d'un escalier menant à la porte d'entrée. Sur les marches se trouvaient des soldats Russes ainsi que plusieurs officiers de l'Armée rouge. L'un d'eux se démarquait des autres, de par son importance apparente. Son uniforme était en bien meilleure condition que celui des autres soldats Russes que nous avions rencontrés, et était drapé de douzaines de médailles.

Tandis que nous nous approchions, l'un des officiers Russes nous vit et nous interpella : "Hé, vous là, qui êtes-vous et où allez vous ?" Tusia lui répondit que nous étions des juifs de Tluste qui avaient survécu et que nous fuyions désormais l'avancée des Allemands. Il nous fit signe de venir vers lui et nous dit : "Eh bien, les Allemands continuent leur progression, donc vous feriez mieux de continuer votre fuite vers l'est."

Nous étions surpris parce qu'il s'adressait à nous en yiddish. En fait, cet officier de l'Armée rouge était juif lui aussi. Puis ce fut au tour du haut-gradé de descendre les marches pour venir nous parler, en russe cette fois-ci. L'officier juif se tourna vers nous et, toujours en yiddish, nous dit : "Savez-vous qui est cet homme ?" Nous fîmes "non" de la tête, alors il continua : "C'était le Général Joukov." Le nom ne nous dit rien, mais après la guerre, nous apprîmes l'importance du rôle qu'il avait joué au cours de la Seconde Guerre mondiale, qui lui valut d'être nommé

Commandant Suprême de l'Armée Soviétique. Joukov rejoindrait les commandants d'élite des États-Unis et de l'Angleterre, les généraux Eisenhower et Montgomery, à Berlin, afin de signer les Actes de capitulation du Troisième Reich, qui mirent un terme à la guerre en Europe.

Le Général voulait également savoir qui nous étions et où nous allions. Nous lui expliquâmes qui nous étions, et que nous fuyions l'avancée allemande. Puis, que nous souhaitions suivre ses troupes pour ne pas être capturés et tués par les Allemands, ce à quoi, il répondit : "Je ne sais pas. Tout est assez confus et nous ignorons s'il nous faudra fuir les Allemands à nouveau." Sur ces paroles, il se tourna et repartit en direction des marches qu'il venait de quitter.

L'officier juif réitéra son conseil de continuer notre fuite. C'est alors qu'il regarda au sol et constata que Tusia était pieds nus - ses pieds étaient emballés dans de la toile. Il nous regarda avec sympathie avant de nous lancer : "Mais, pourquoi marcher ? Pourquoi ne monteriez-vous pas sur l'un de nos tanks pour faire escale avec nous pendant notre retraite ?" Il ne nous en fallut pas plus pour que nous acceptions son offre et que nous grimpions sur le tank.

Le véhicule faisait partie d'un grand convoi d'engins militaires échappant à l'avancée allemande. Il faisait un froid glacial, et nous étions assis sur la passerelle d'un côté du tank, essayant de ne pas tomber à cause de la route cabossée. L'incroyable machine descendait la route boueuse d'un pas lourd et lent, avec nous à son bord. Il commença rapidement à neiger à nouveau. La neige tombait de plus en plus fort, jusqu'à se changer peu à peu en blizzard aveuglant. Les tanks furent forcés de ralentir, mais pas de s'arrêter. Nous étions couverts de neige, frigorifiés, mais toujours fermement accrochés à nos sièges, préférant un trajet difficile à une marche difficile.

Nous restions cramponnés au tank, tandis qu'une neige épaisse tombait sur nous. Finalement, le convoi s'arrêta un instant. Nous nous demandions s'il était bien prudent de continuer avec eux, dans la mesure où nous ignorions jusqu'où ils se retireraient. Passeraient-ils la frontière russe ? Si cela était le cas, de nouveaux dangers nous attendraient peut-être. À ce moment de la guerre, les Soviétiques n'avaient ni le contrôle ni l'autorité totale sur l'Ukraine, de ce fait, le strict contrôle des personnes qui avait lieu en Russie ne trouvait pas d'équivalent ici. Mais nous savions qu'une fois la frontière traversée, notre situation pourrait changer dans des proportions telles qu'il était impossible de prédire si nous pourrions revenir en arrière ou non. D'autre part, si nous restions ici les Allemands arrivant en force pour récupérer le territoire, nous encourions le risque de le payer de nos vies à nouveau.

Finalement, le trajet sur le tank devenait si épuisant que l'idée de continuer à pied pour ne plus endurer les secousses vit petit à petit le jour dans nos esprits. Peut-être que marcher serait moins atroce, après tout. D'une manière ou d'une autre, nous allions souffrir et nous sentir mal à l'aise, mais nous raccrocher au véhicule sur cette route cahoteuse nous semblait plus difficile maintenant. Nous descendîmes du char recouvert de neige, d'un seul bond. Ce faisant, une douleur inénarrable parcourut nos mains. Nous avions eu si froid, des pieds à la tête, que nous ne nous étions pas aperçus du fait que la peau nue de nos mains s'était collée sur le métal glacé du tank. En sautant si rapidement, la peau glacée fut arrachée de nos paumes, et le tissu délicat qui les tapissait s'ouvrit et commença à saigner. Nous avions eu affaire avec tellement de maux, de douleurs, de coupures et d'ecchymoses au cours de notre longue épreuve que j'ai, heureusement, oublié la plupart d'entre eux. Mais cette douleur-là, sans que je ne puisse me l'expliquer, est restée gravée dans ma mémoire.

De là, nous avons recommencé à marcher, loin de l'endroit où les Allemands avançaient. Cette route nous conduisit jusqu'au nord-est de Czortkow. Les routes étaient dans un piteux état, sales, recouvertes d'un mélange de boue visqueuse et de neige. Ce qui nous restait comme chaussures étaient criblées de trous et usées jusqu'au dernier morceau de cuir - et comme l'officier russe l'avait remarqué, ma sœur ne portait qu'un tissu en toile aux pieds. Chaque pas demandait un effort de concentration, mais malgré cela, nous trébuchions et tombions souvent. J'avais trouvé de vieux vêtements que j'avais découpés en bandes de tissu et que j'avais attachés autour de mes chaussures pour aider à isoler mes pieds. Mais la neige nous arrivait maintenant aux genoux, ce qui, en un instant, trempa mes pieds jusqu'à l'os. Après un certain temps, je ne les sentais plus et pouvais à peine rester debout.

Nous avancions avec un groupe de personnes qui s'éloignaient le plus possible des lignes de front. J'étais heureux de savoir que mon bon ami Sam faisait partie de ce groupe de réfugiés. Nous ne marchions pas ensemble, mais nous nous étions vus à plusieurs moments tout au long de notre périple. J'aurais adoré marcher à ses côtés, mais je devais rester avec ma famille. J'étais si fatigué et si frigorifié que je commençais à traîner la patte. Edek et Tusia revenaient souvent sur leurs pas pour m'aider, me prendre la main et me tirer avec eux. Ils m'avaient ordonné de continuer et de ne pas abandonner. Il avait fallu toute la volonté du monde pour continuer à mettre un pied devant l'autre. Quand j'entends l'expression "un pas après l'autre" ou "une chose à la fois", je repense à ce voyage éreintant, et ces mots deviennent bien plus qu'une simple figure de style.

Cette même nuit nous étions arrivés dans la ville de Kopeczynce, au nord-est de Czortkow, où nous avions trouvé une maison abandonnée dans laquelle nous espérions nous abriter du froid.

Une fois à l'intérieur, cependant, il ne nous fallut pas attendre longtemps pour comprendre que la différence de température avec l'extérieur était bien maigre. La maison avait été presque complètement vidée par des pilleurs. Quelques chaises cassées se trouvaient dans un coin, et des déchets avaient été jetés un peu partout. Bon nombre des placards de la cuisine avaient leur porte arrachée, et pas une miette de nourriture ne semblait subsister. Si le toit et les murs nous soulageaient un peu du froid et de l'humidité, les trous et fentes dont ils étaient criblés, laissaient passer une bise glaciale. Malgré tout cela, nous nous y installâmes pour la nuit.

Même si nous étions complètement épuisés, le sommeil ne vint pas facilement. Nous n'avions pas de lit, donc nous devions dormir par terre sur le sol dur, sans rien pour amortir le poids de nos articulations et de nos os usés. L'air froid qui traversait nos vêtements trempés ainsi que nos chaussures nous tiraient constamment du sommeil. Malgré tout, nous avions quand même réussi à dormir quelques heures, et rapidement, le jour pointa le bout de son nez.

En nous réveillant, nous entendîmes des pleurs venir de l'une des autres pièces. Nous avançâmes en direction des sanglots, avant de jeter un coup d'œil dans l'espace sombre juste derrière la porte. Là se trouvait une jeune fille, agenouillée au-dessus du corps de sa petite sœur. Elle se balançait d'avant en arrière, la tête entre les mains, sanglotant en silence, sans pouvoir s'arrêter. La fille était submergée par le deuil, et ne pouvait prononcer un mot. La petite fille au-dessus de laquelle elle se tenait ne devait pas avoir plus de sept ou huit ans. Elle était allongée là, sans respirer, la peau aussi blanche que celle d'un fantôme. Ses yeux étaient mi-clos et fixaient sinistrement le plafond. Elle était morte de froid dans la nuit. Quel événement macabre ce cauchemar avait-il provoqué chez tant de personnes. Quel désespoir sa sœur avait-elle dû ressentir en la découvrant sans vie. Quelques jours plus tôt, elles avaient dû être si heureuses de savoir qu'elles avaient miraculeusement survécu à la terreur des meurtriers nazis. Et maintenant, libérées et remplies de la promesse de jours meilleurs, l'espoir leur avait été douloureusement arraché.

Nous l'avons regardée se ressaisir et étouffer ses larmes. Elle se pencha en avant pour embrasser la joue de sa sœur et caresser délicatement ses cheveux. Puis elle redressa le corps de la petite fille en position assise, et passa les bras de sa sœur à travers les manches de son chandail. Une fois le vêtement retiré, elle l'allongea à nouveau et déposa un nouveau baiser sur son front. Puis elle se leva, s'enveloppa dans le chandail, et quitta la pièce.

Ce n'était pas la première fois que nous avions vu la mort de si près dans sa vicieuse réalité. Mais il s'agissait-là d'un épisode tragique, ainsi que d'un rappel brutal : même si nous n'étions plus sous le joug des nazis, la bataille pour notre survie n'était pas encore gagnée.

28

FIÉVREUX ET DÉLIRANT

Nous n'avions que peu de temps devant nous pour penser à la tragédie que nous venions d'affronter, et encore moins pour nous joindre au deuil de la jeune-fille et pour l'aider à enterrer sa sœur. Tels étaient les temps que nous traversions lors de cette terrible épreuve, s'ajoutant à la déshumanisation que les juifs subissaient. Les Allemands continuaient d'avancer et nous avions besoin de déguerpir aussi vite que possible. C'est ainsi que nous reprîmes notre marche, voulant à tout prix nous enfuir le plus loin possible de la ligne de front.

Nous nous déplaçions vers le nord-est, en direction de la ville de Podwoloczysk. Sur la route, j'ai commencé à ressentir quelques courbatures et à frissonner. Cette fois-ci, le froid que je sentais ne provenait pas de l'extérieur, mais bien de la fièvre qui se propageait dans mon corps. Je continuais d'avancer, mais sentais que le malaise pouvait me prendre à tout instant. Je m'étais bien rendu compte du fait que ma température avait dangereusement grimpé. Un grand soulagement vint un peu plus tard dans l'après-midi, quand nous prîmes la décision de nous arrêter dans une maison abandonnée et d'y passer la nuit. Nous étions juste en dehors de Podwoloczysk, très près de la frontière russe.

Je m'effondrai sur le sol de la maison, avant de me recroqueviller en position foetale pour essayer de me réchauffer face aux frissons qui se propageaient en moi. Edek avait tout de suite reconnu les symptômes de ma maladie soudaine : le typhus.

Le typhus était causé par les poux et, compte tenu des conditions sordides auxquelles les juifs étaient confrontés dans leurs ghettos, leurs camps de travail et dans la clandestinité, il ne fallut pas attendre longtemps pour que ces parasites se propagent. Quand j'étais dans le camp de travail à Lisowce, j'avais pris l'habitude de scruter mon corps dans ses moindres recoins pour m'assurer que je n'en avais pas. J'étais devenu très fort pour les trouver, et j'ai encore de vifs souvenirs des moments où je les écrasais avec mes doigts jusqu'à ce qu'ils explosent. Dans le bunker, nous n'avions pas de problèmes avec les poux, puisque nous faisions de notre mieux pour rester propres et que nous étions pratiquement tenus isolés des maladies des autres. Mais depuis que nous avions quitté la clandestinité, nous étions devenus très proches d'autres survivants qui transportaient les insectes avec eux. Tout le monde en avait maintenant, et j'étais devenu victime de la terrible maladie dont ils étaient les vecteurs.

Au départ, Edek ne montrait aucun signe de la maladie et il se sentait bien. Mais Tusia commençait, elle aussi, à sentir la fièvre arriver. Donc Edek prit les choses en main et s'en alla demander de l'aide aux soldats Soviétiques des alentours. Il n'était pas certain qu'ils pouvaient lui venir en aide, mais en désespoir de cause, il leur raconta notre détresse. À son grand soulagement, les soldats l'emmenèrent vers l'un de leurs médecins, qui lui donna de quoi nous soigner. Il courut jusqu'à nous avec les comprimés en main aussi vite qu'il put. J'ignore ce qu'il nous a apporté ce jour-là, mais il ne s'agissait certainement pas du traitement, puisque le seul qui existe contre le typhus était un vaccin. Néanmoins, les comprimés avaient contribué à abaisser la fièvre et la douleur.

Edek se souvenait bien de la manière dont la maladie avait emporté notre père, et s'était promis de tout faire pour nous préserver d'un pareil sort. L'une des conséquences les plus répugnantes du typhus était la croissance de ce champignon noir qui affectait souvent la langue des victimes. S'il n'était pas nettoyé et contrôlé régulièrement, ce champignon se développait dans la bouche et dans les voies respiratoires de la personne, avant de l'étouffer. L'image de l'épais champignon qui s'était propagé dans la bouche de notre père, et des difficultés qu'il éprouvaient pour respirer, s'était imprégnée dans nos mémoires. Je fus pris de peur au moment où je compris qu'un sort similaire m'attendait peut-être.

Mais la confusion succéda rapidement à la peur. Je commençai à halluciner au fur et à mesure que ma fièvre grimpait. Ma conscience des choses devint rapidement très faible. Quand j'essaie de me remémorer ces deux jours, seul subsiste un souvenir confus. Mais je me souviens bien d'être allongé sur le sol de cette maison abandonnée, sous une fenêtre. Je me rappelle avoir entendu les affrontements au loin qui commençaient à se rapprocher. Les Allemands menaient des raids aériens en amont de leur avancée et lançaient des bombes dans la ville voisine. De temps à autre, des éclats lumineux remplissaient le ciel et éclairaient la pièce où j'étais allongé. Les Russes lançaient des fusées éclairantes dans la nuit pour les aider à repérer les avions susceptibles de les attaquer.

Il n'y avait aucun meuble dans cette maison, et nous n'avions ni literie ni couverture dans laquelle nous glisser. De ce fait, je restais allongé par terre, frigorifié sur les planches rigides qui pavaient le sol. Je ne pense même pas avoir eu quelque chose sur quoi poser ma tête. Mais je me rappelle que je souffrais, que je tremblais de froid et que cela dépassait l'inconfort engendré par le sol dur.

À présent, Tusia était, elle aussi, submergée par une fièvre contre laquelle elle se battait. Edek avait concentré son attention sur nous deux. Il avait pu nous rapporter un peu de sucre et de sel, ainsi que quelques tissus propres. Il humidifiait ces tissus avant de les enrouler autour de petits bâtons qu'il plongeait dans le sucre et le sel. Il utilisait ce nouvel outil pour nettoyer nos langues et les débarrasser du champignon qui commençait à s'y développer. Il faisait en sorte que nos bouches et nos voies respiratoires restent propres et dégagées. Sans ses efforts, nous aurions très certainement péri dans cette maison abandonnée.

La fièvre disparut rapidement, tout comme le risque de mourir du typhus. Toutefois, les conséquences de la maladie m'avaient laissé incroyablement faible. Je n'avais pas la force de rester debout ou de marcher, et étais dans l'incapacité totale de parler. Edek continuait de s'occuper de moi quotidiennement et, chaque jour, il me portait sur son dos et m'emmenait dehors pour m'offrir une bonne dose d'air frais et de soleil. En l'espace de quelques jours, j'avais retrouvé mes forces.

La raison pour laquelle Edek n'avait pas encore contracté le typhus restait un mystère, mais la maladie finit par le rattraper, tout comme nous. Cependant, à ce moment-là, Tusia et moi avions suffisamment récupéré pour prendre le relais et l'aider. Cela faisait deux semaines que nous étions à Podwoloczysk, et avions rencontré quelques habitants de la région. Nous avions appris qu'il y avait un hôpital, et grâce à un docteur juif de la ville répondant au nom de Schmeterling, nous fûmes capables de l'accompagner là-bas. Il y serait bien mieux soigné.

Tusia et moi fûmes autorisés à rester à l'hôpital pendant qu'Edek y était confiné. Le personnel arrangea un endroit où nous pourrions dormir dans l'une des salles d'attente, et mit des couvertures et des coussins à notre disposition. Nous n'avions toujours pas de lit, mais au moins, nous étions dans un endroit chaud et sec, et ce, pour la première fois depuis plusieurs semaines. Je faisais de mon mieux pour être présent pour Edek, et pour l'aider comme il l'avait fait pour moi. Il avait commencé à halluciner et se mettait parfois hors de lui, réagissant violemment aux imaginations qui le tourmentaient. Une fois, il avait cru que des bombes tombaient tout autour de lui dans l'hôpital et s'était mis à hurler de peur. Malgré tout, j'avais fait de mon mieux pour lui venir en aide dans de tels moments.

29

LES NAZIS, ENFIN REPOUSSÉS !

Les premiers mois en dehors du bunker, garder la notion du temps était la dernière chose à laquelle nous pensions. Survivre, jour après jour, était primordial, et il arrivait parfois que ces jours passent rapidement. Mais, d'autres fois, ils semblaient durer une éternité. Il m'est difficile, si longtemps après que ces événements eurent lieu, de me remémorer exactement la manière dont notre trajet depuis Tluste jusqu'à Podwoloczysk s'est déroulé. Mais les récits historiques montrent bien que c'était à la fin du mois de mai 1944 que les Allemands se sont retirés à nouveau. À l'époque, notre réaction à l'annonce de la nouvelle fut celle du soulagement, car nous n'aurions pas à traverser la frontière russe.

À l'annonce de cette nouvelle, nous étions persuadés qu'il serait mieux pour nous de retourner dans des régions qui nous étaient plus familières que ne l'était Podwoloczysk. Nous n'avions plus rien à Tluste, mais nous connaissions des gens à Czortkow et, puisqu'il s'agissait du chef-lieu principal de la région, il nous sembla pertinent de nous y rendre. Nous prîmes alors la décision d'y aller.

Je n'avais pas vu Mendel depuis notre arrivée à Podwoloczysk. Tout au long de notre expédition jusque là-bas, il avait marché en tête de file, sans nous. Je ne sais pas pourquoi, mais il voulait peut-être mener le groupe dans la direction de son choix, plutôt que de le suivre aveuglément. Mais, alors que nous étions guéris de notre maladie et que nous nous apprêtions à retourner en terrain connu, nous apprîmes que Mendel avait décidé de rentrer à Tluste pour aller y chercher sa sœur et sa famille. Ce n'est que plus tard que nous avons découvert le triste sort qu'ils avaient subi. La famille qui les avait cachés pendant l'occupation nazie n'était pas contente de les voir revenir. En effet, avec l'aide de nombreux voisins, ils les avaient assassinés brutalement à coup de pelles et de pioches. Leur décision de retourner là où ils s'étaient précédemment cachés s'était avérée une tragique erreur.

Nous ignorions ce qui avait pu causer un changement si drastique dans ces gens qui, autrefois, avaient été leurs protecteurs, mais vraisemblablement, ils les avaient cachés dans le seul et unique but de leur soutirer de l'argent. Ce n'était pas un geste altruiste. Et puisque la sœur de Mendel n'avait plus de quoi les payer, ils les avaient massacrés. Nous étions sous le choc et avions pleuré leur disparition, sans pouvoir nous empêcher d'éprouver un certain soulagement à l'idée de ne pas avoir cédé lorsqu'ils avaient insisté pour que nous les suivîmes. Un nouveau coup du sort nous avait gardés en vie.

Le temps s'était réchauffé, et notre voyage vers Czortkow s'annonçait moins difficile que celui vers Podwoloczysk. Malgré cela, nous n'avions pas eu hâte de nous mettre en route. Il y avait de nombreuses troupes russes qui continuaient leurs allers-retours entre les deux villes, ce qui nous avait permis de cumuler les trajets sur le dos des camions militaires. Entre cela, et le fait que des habitants dotés de calèches nous aient proposé de nous prendre dans leur véhicule de temps à autre, nous étions de retour à Czortkow bien plus rapidement et facilement que nous ne l'eussions souhaité. En quelques jours seulement, nous étions à nouveau dans une ville connue.

Nous avions rapidement retrouvé la trace d'une vieille connaissance de Tarnopol, un juif nommé Ginsberg. Il avait été un ami de la famille avant que la guerre n'éclate, et travaillait à présent à Czortkow auprès des autorités soviétiques. Il avait fait de son mieux pour nous aider à nous installer. Grâce à lui, nous avions trouvé un appartement, que nous partagions avec un agent Russe. Il s'appelait Doroshenko et était membre du NKVD. C'était une personne à la fois intéressante et haute en couleur, comme sa profession pouvait nous le laisser penser. Nous avions appris à le connaître, bien entendu, et il nous aidait de temps en temps à trouver de la nourriture ainsi que d'autres essentiels de la vie de tous les jours.

Les Allemands avaient à présent quitté l'ouest de l'Ukraine, mais la situation demeurait chaotique. Malgré l'imminence de l'effondrement du régime nazi, la guerre n'avait pas complètement pris fin à l'Ouest.

En juin nous parvint la nouvelle tant attendue du débarquement des Alliés en Normandie. À l'époque, nous ignorions que cette invasion signerait le début de la fin, mais cette information nous réjouit et nous donna l'impression que les nazis allaient bientôt être battus. Les Russes continuaient leur marche vers Berlin depuis l'est, mais leur progression restait lente pour une telle armée. De ce fait, les Soviétiques appelèrent sous leur drapeau tout homme en mesure de se battre au front. De nombreux juifs s'étaient portés volontaires pour rejoindre les rangs et combattre leurs agresseurs. Même ceux qui n'y étaient pas contraints. Edek venait d'avoir 21 ans, ce qui en faisait un candidat privilégié.

Inutile de préciser qu'il n'avait pas envie de s'y rendre, parce qu'il se sentait toujours faible à cause du typhus. Il espérait passer entre les mailles du filet.

À cause de la précédente occupation soviétique, nous connaissions l'attrait des Russes pour l'art et la musique, ainsi que l'importance qu'ils vouaient à leur financement et à leur conservation. Edek était certain que s'il pouvait leur montrer ses talents de violoniste, il aurait peut-être alors une chance de ne pas être mobilisé. Il s'adressa donc au département local chargé du théâtre et de la musique. C'est là qu'il apprit l'existence de la formation d'un groupe pratiquant toutes sortes de théâtres. La troupe allait avoir besoin de musiciens, d'acteurs, de danseurs et de chanteurs. Bien entendu, il n'avait plus de violon, alors, il se mit à la recherche d'un nouveau. Avec un peu de chance, il en trouva un au marché noir, l'acheta et plannifia une audition.

Malheureusement, quand il arriva, il fut informé que le groupe avait déjà constitué son groupe de violonistes, et que par conséquent, ils étaient complets. En revanche, puisqu'ils recherchaient des danseurs, ils lui demandèrent s'il savait danser. Edek n'avait jamais vraiment appris à danser, mais il aurait adoré en avoir l'occasion étant adolescent. Il connaissait d'ailleurs quelques techniques de danse de salon et avait également appris quelques mouvements de claquettes en regardant les film de Fred Astaire. Alors, avec un brin d'hésitation nerveuse, mais avec enthousiasme, il leur répondit oui.

Il n'avait que très peu de temps devant lui pour peaufiner ses pas de danse, mais Edek utilisa toute sa confiance en lui le jour de l'audition. En arrivant sur place, il fut accueillit par une ravissante jeune femme, qui était membre de son jury. Au cours de l'entretien qu'ils passèrent ensemble, il eu l'impression de plaire à la jeune femme. Il espéra alors que cela jouerait en sa faveur, et qu'il serait accepté.

Quand vint le moment pour lui de démontrer ses talents de danseur, Edek demanda au pianiste de jouer un fox-trot au rythme soutenu pour l'accompagner. Il entama la danse avec toute la vigueur et la passion qu'il pouvait démontrer, et à en juger le petit sourire qui s'était dessiné sur le visage de la femme, il se dit que la chance était de son côté.

Mais, une fois la chanson terminée, elle le regarda amusée et, après un bref moment, lui demanda : "Est-ce que vous fumez ?" "Oui," répondit Edek. Elle sortit alors deux cigarettes et lui en tendit une. Puis elle alluma les deux. Après deux bouffées, elle le regarda et s'adressa à lui avec un sourire complice : "Vous n'êtes pas un danseur professionnel, n'est-ce pas ?" Edek tourna la tête, embarrassé, et ne répondit pas. L'idée même d'avoir peut-être raté sa chance lui fit perdre toute sa motivation. Mais elle continua : "Je ne pense pas. Toutefois, je vois que vous avez beaucoup de talent. Et que vous connaissez quelques danses country. Une personne comme vous pourrait m'être utile. Je voudrais présenter certains types de danses plus modernes et plus populaires - pas seulement les danses folkloriques que nous avons l'habitude de faire." Le cœur d'Edek fit un bond dans sa poitrine lorsqu'il comprit qu'elle le voulait dans son équipe.

Depuis ce jour, Edek se démena pour apprendre toutes les danses et tous les mouvements athlétiques requis. Il finit par devenir l'un des meilleurs danseurs de la troupe. On lui confia également certains rôles de comédien dans les pièces produites par le groupe. Paradoxalement, dans l'une d'entre elles, il devait jouer un soldat allemand. Il n'était pas censé parler, et devait se contenter de faire de la figuration.

Le voir dans un uniforme allemand était assez troublant, et aujourd'hui encore, je me souviens parfaitement de ce moment. Mais le plus important était qu'il avait réussi à échapper au front. Un peu plus tard, on apprit que deux amis d'Edek, qui avaient son âge, avaient été envoyés au combat - et qu'ils avaient tous deux été tués à la guerre. Il s'agit d'un nouvel exemple tragique de juifs ayant miraculeusement survécu au génocide avant de perdre la vie, au moment même où ils pensaient que le pire était derrière eux.

Après notre installation à Czortkow, notre sentiment de sécurité grandit de jour en jour à mesure que notre calvaire nous semblait terminé. Tusia et Mendel commencèrent la planification de leur vie à deux et se marièrent peu après notre arrivée.

Pour ma part, j'étais prêt à saisir l'occasion chaque jour de transformer notre nouvel optimisme en succès. Les nombreuses expériences douloureuses vécues au cours de ces dernières années n'avaient entamé en rien mon sentiment d'invincibilité, typique chez les adolescents. En fait, ma liberté retrouvée l'avait renforcé. Le monde connaissait un renouveau et j'étais impatient de découvrir les opportunités que celui-ci engendrerait. Je pense avoir hérité de mon père un fort désir de créer ma propre entreprise. L'idée d'être employé par quelqu'un d'autre ne m'attirait pas du tout. C'est dans cette optique que mes perspectives se sont illuminées, au moment où j'ai découvert qu'il existait dans une ville voisine un endroit où je pouvais acheter de la levure au prix de grossiste. Il me vint immédiatement l'idée de m'y rendre, d'en acheter puis de me rendre à Tarnopol pour en vendre à profit. Je décidai alors de m'organiser pour pouvoir partir le plus vite possible et préparer le voyage dans les jours qui venaient.

Je fis part de mes plans à Doroshenko et, à ma grande surprise, il m'encouragea à me lancer. En fait, il rédigea pour moi quelques documents qui me permettraient de voyager sereinement, sans être persécuté par les autorités. Il s'agissait de la ville de Czernovic, au sud de Czortkow. Comme à mon habitude, je choisis de m'y rendre en auto-stop. J'ai eu la chance d'être véhiculé à deux reprises et, en l'espace de quelques heures, j'étais arrivé à destination, sain et sauf. La ville était grande et absolument magnifique - elle avait réussi à échapper aux sérieux dommages de la guerre. Je me promenais dans ces rues, appréciant le spectacle qu'offraient les boutiques et les cafés bondés. Alors que je m'apprêtais à tourner à l'angle d'une des rues, j'aperçus soudainement devant mes yeux un cinéma avec sa marquise lumineuse faisant la publicité du dernier film hollywoodien. Le film s'appelait "Tu seras mon mari", avec Sonja Henie, Glenn Miller avec son groupe de musique mondialement connu, ainsi que Milton Berle. Je n'avais aucune idée de ce dont parlait ce film, mais l'idée d'y assister me subjugua, et avant même que je ne m'en rende compte, j'étais déjà au guichet en train d'acheter un billet.

Le film, ainsi que la mise en scène, étaient grandioses. La musique, si puissante, m'avait presque fait monter les larmes aux yeux. J'avais été si bouleversé par ce film que je décidai de racheter un billet et de le voir à nouveau. Ce dernier me faisait voyager dans un autre monde, si distant et différent du monde horrible que j'avais connu ces dernières années. Il n'y aurait pas pu avoir meilleure thérapie. Il m'emplit d'espoir et me conforta dans l'idée selon laquelle la vie pourrait être belle à nouveau.

Je quittai le cinéma avec une grande émotion et me rendis à l'usine de levure. J'avais apporté avec moi une grande valise pour pouvoir transporter les sacs de levure en toute sécurité. Une fois le produit acheté, je retournai rapidement à la gare ferroviaire. J'avais décidé de rentrer en train, puisque la valise était à présent bien plus lourde qu'à l'aller. Mais j'étais loin de me douter que cela ferait échouer ma tentative d'entreprenariat. Le voyage se passait bien, jusqu'à l'approche de Tarnopol. Alors que le train ralentissait pour entrer en gare, des agents du NKVD commencèrent soudainement à sillonner les wagons pour vérifier l'identité des passagers à bord. J'entendais leurs voix fortes, ordonnant aux passagers de leur montrer la preuve qu'ils voyageaient légalement. La peur s'empara de moi au moment où je réalisai que Doroshenko m'avait fourni les documents nécessaires pour que je puisse me rendre à Czernovic, mais pas pour le trajet retour vers Tarnopol.

Sans un moment d'hésitation, je lâchai la valise pleine de levure au sol avant de la pousser du pied sous le siège en face de moi. J'aurai suffisamment d'ennuis une fois qu'ils auront découvert que je n'ai pas l'ensemble des papiers requis. Le fait d'avoir une valise remplie de preuves de mes plans capitalistes m'en créeraient sans doute davantage. En quelques secondes, les agents de la NKVD se trouvaient dans mon wagon, juste au-dessus de ma tête. Je leur présentai les papiers que Doroshenko avait créés. Rien qu'en les regardant, ils se rendirent compte qu'ils n'étaient pas en ordre. Ils m'ordonnèrent alors de les suivre, et me gardèrent près d'eux le temps de finir leur ronde.

Quand le train arriva à Tarnopol, je fus escorté dans un local à l'intérieur de la gare. En approchant de la pièce, je fus surpris de voir un homme de Tluste que je connaissais. Lui aussi m'avait reconnu et me fit un signe de la main tandis qu'ils me conduisaient à l'intérieur. Dans la pièce se trouvaient d'autres passagers qui avaient été arrêtés pour diverses raisons. En face, il y avait un autre jeune homme, et je décidai de m'asseoir au sol à côté de lui. Nous étions tout près d'une autre porte, ouverte et non gardée. Je pensai alors que, peut-être, si je parvenais à m'en rapprocher le plus possible, cela me permettrait de m'échapper discrètement.

J'étais resté assis là à attendre pendant plusieurs heures. Personne ne vint pour m'interroger, ni pour nous communiquer de plus amples informations sur la manière dont nous serions traités. Puis un officier arriva, balaya la pièce des yeux avant que son regard ne tombe sur moi et sur l'autre garçon. Il nous appela, sans que nous ne puissions distinguer auquel de nous deux il s'adressait. Le garçon pointa son doigt vers lui, intrigué, l'air de dire : "Moi ?" L'officier hocha la tête, et le garçon se leva et avança dans sa direction. Ce faisant, l'officier nous tourna le dos pour se diriger vers un autre détenu. À ce moment précis, je savais qu'il ne me voyait pas, donc, à quatre pattes, je me faufilai rapidement à travers la porte ouverte. Heureusement, l'autre côté de la porte donnait sur une ruelle vide que je détalai jusqu'à la gare. Je m'étais enfui sans que personne ne s'en rende compte ! Toutefois, il n'y avait pas de temps à perdre, et après avoir rapidement trouvé la sortie, j'étais dans les rues de Tarnopol en quelques secondes.

Mais, que faire à présent ? Où pouvais-je aller et comment pourrais-je retourner à Czortkow ? Cela faisait longtemps que je n'étais plus allé à Tarnopol, mais je me souvenais du nom de l'homme dont la sœur travaillait pour mon père. Je rassemblai alors mes efforts pour me ressouvenir, et finis par me rappeler du nom de la rue où il habitait et de la direction à suivre pour m'y rendre. Je parvins à retrouver l'endroit, mais la ville avait été lourdement bombardée et était toujours en ruines. De ce fait, il fut difficile de se frayer un chemin parmi tous ces immeubles détruits. Mais, avec beaucoup de détermination, je parcourrai le voisinage de long en large, inspectant chaque rue jusqu'à ce que je trouve enfin sa maison. Celle-ci avait été sévèrement endommagée, mais à mon grand soulagement, il y habitait toujours. Il m'invita à y rester jusqu'à ce que je me sente prêt à tenter de rentrer chez moi à nouveau. Ma première tentative d'entreprenariat avait échoué, et une fois de plus, je m'étais extrait de justesse d'une situation complexe.

Le lendemain, je fis de l'auto-stop jusqu'à Czortkow. Peu après mon arrivée, j'appris que mon ami Sam vivait à présent dans la ville voisine de Borschow. Ce n'était pas la porte à côté, mais nous essayions de nous voir aussi souvent que possible, ce qui rendit notre amitié encore plus forte. Un jour, nous avions tous les deux décidé de nous rendre à Tluste, pour voir ce qu'il en était advenu. Je n'avais pas très envie d'y retourner, puisque je n'y avais pas de très bons souvenirs là-bas. Mais, Sam avait grandi dans cette ville, et sa famille y avait vécu un long moment, donc, par respect pour lui, j'avais accepté de l'accompagner. Je suppose que c'est à cause de ces mauvais souvenirs que je ne me souviens pas beaucoup de cette journée, de ce que nous avions vu ni de ce que nous y avions fait. Cependant, c'était un moment capital pour Sam, et je pense qu'il s'agissait là de la dernière fois qu'il visitait sa ville natale.

Peu de temps après, j'ai appris par notre colocataire du NKVD, Doroshenko, que Sam devait se rendre en ville pour une mission. Quand il me dit où il devait se rendre, je demandai si je pouvais faire le trajet avec lui pour voir mon ami, et il accepta. Certaines de ses missions consistaient en des raids vers Banderowcy, le groupe de Nationalistes Ukrainiens que Timush avait rejoint au lieu de se battre avec les Allemands. En tant qu'agent de renseignements, sa responsabilité était de les traquer et de les arrêter, ou bien, de les tuer. C'était un travail dangereux, et il avait l'habitude de plaisanter à ce sujet avec nous quand nous vivions ensemble dans l'appartement. Il disait souvent : "Aujourd'hui, il y a Doroshenko, mais peut-être que demain, il n'y aura plus de Doroshenko." Dire cela le faisait mourir de rire. Il nous faisait répéter la phrase avec lui, comme une comptine macabre, que nous récitions ensemble, en rythme, avant de rire tous en cœur.

Mais pour Doroshenko, cette pensée était une véritable menace, et non pas un sujet de plaisanterie. Sa prophétie se réalisa rapidement, et j'avais été à deux doigts d'en faire partie. Quand vint l'heure de partir pour Borschow, je ne parvenais plus à le retrouver. J'ignorais s'il était déjà parti, s'il était tout simplement en retard, ou bien si j'avais mal compris l'heure de départ. Quelle qu'en soit la raison, je n'avais pas pu partir avec lui.

Cette nuit-là, Doroshenko n'était pas rentré à l'appartement. Au départ, son absence ne nous préoccupa pas plus que ça puisque son emploi du temps était souvent imprévisible. Mais après quelques jours sans nouvelles de sa part, nous avons commencé à nous poser des questions. Nous n'avons pas tardé à apprendre qu'il était parti en mission quelques jours auparavant, et qu'il avait été pris en embuscade et tué par les Nationalistes Ukrainiens. Si j'avais été avec lui ce jour-là, j'aurais très certainement péri à ses côtés. Un autre coup de chance m'avait gardé en vie.

Comme je l'ai indiqué précédemment, le fait que les Allemands avaient quitté la zone ne signifiait pas que nous étions hors de tout danger. Mais en tant que jeune adolescent qui avait survécu à de si nombreuses rencontres avec la mort, je pense que je me sentais un peu invincible. Tous les jeunes ressentent cela dans une certaine mesure, même par des temps ordinaires. Mais mes expériences m'avaient rendu intrépide, et ce probablement jusqu'à la déraison. J'avais un autre ami à Kopychyntsi, la ville où nous avions passé la nuit lorsque nous fuyions l'avancée allemande finale. Un jour, j'ai décidé de lui rendre visite. Ce n'était pas loin, mais la seule manière de s'y rendre était soit de marcher soit de faire du stop. La route était très fréquentée, arpentée par un grand nombre de voitures, de camions, de véhicules militaires et même, de chevaux et d'attelages. Puisque le chaos prévalait, le trajet aurait pu s'avérer dangereux, et même sans compter le danger, il était impossible de prédire combien de temps cela prendrait, surtout si les autres voyageurs ne se montraient pas enclins à me prendre en stop.

J'avais commencé mon voyage dans la journée et avais pu arriver de bonne heure à Kopychyntsi en auto-stop. Les Russes avaient imposé un couvre-feu sur toute la région, et j'avais donc prévu de passer la nuit chez mon ami pour que nous puissions profiter de plus de temps ensemble. Dans le cas contraire, j'aurais été contraint de prendre la route très tôt le lendemain matin. Le jour suivant, nous étions si contents d'être ensemble que nous en perdions la notion du temps. Il se faisait tard, et je commençais à comprendre que j'allais avoir bien du mal à arriver à Czortkow avant le couvre-feu imposé par les Russes. Je me dépêchai alors de dévaler la rue pour faire de l'auto-stop. En fait, je fus finalement obligé de marcher une grande partie du trajet retour, ce qui me fit arriver à Czortkow bien après le couvre-feu.

Je descendais le chemin qui menait à notre appartement quand, soudain, j'aperçus deux soldats russes à l'angle de la rue. Ils me virent et, tout en s'approchant de moi, m'ordonnèrent de m'arrêter. Ils demandèrent à voir mes papiers, mais puisque je ne les avais pas, me suspectèrent immédiatement d'être un espion pour un mouvement clandestin. Ils me mirent en état d'arrestation, avant d'exiger que je leur tourne le dos. Tous les deux étaient munis de fusils, sur lesquels était montée une baïonnette, et l'un d'eux appuya la pointe de l'épée contre mon dos pour m'ordonner d'avancer. Ils me firent descendre la rue jusqu'à leurs quartiers généraux.

Nous finîmes par arriver dans un château historique qui avait été construit lors de la fondation de la ville, il y a des centaines d'années de cela. Celui-ci faisait office de poste de commande. Les bâtiments étaient très vieux, grands et impressionnants, puisqu'ils siégeaient sur une colline surplombant le centre-ville. Une fois à l'intérieur, les officiers m'emmenèrent dans un bureau sombre et me firent asseoir sur une chaise au milieu de la pièce. Ils quittèrent ensuite la pièce. Le temps passait, et j'étais effrayé, ignorant ce qu'ils pouvaient me faire. Je suis resté assis à les attendre pendant à peu près une heure - mais, à cause de mon anxiété, cela me parut une éternité.

Finalement, les officiers réapparurent avec une lampe de poche dont ils dirigèrent la lumière droit dans mes yeux. Puis ils commencèrent à me questionner en hurlant. Décrire une scène aussi clichée peut paraître comique, de même qu'il pourrait sembler difficile de croire en cette histoire d'interrogation à la lampe de poche dans une salle sombre. Mais j'en ai vécue une, et je peux affirmer qu'au moins cette fois-ci, c'est comme cela qu'elle a eu lieu. Cette stratégie par la peur, s'étant avérée efficace, était utilisée par les autorités pour intimider et extraire des informations aux détenus. Moi, à l'époque, j'avais pris tout cela très au sérieux : j'étais consumé par la peur et prêt à tout leur avouer.

Après quelques questions posées d'un ton vigoureux, l'officier m'ordonna de vider mes poches sur la table en face de moi. Je n'avais pas grand chose sur moi, mais pour une raison que j'ignore, j'avais apporté le livre de morse que mon frère et moi utilisions dans le bunker. Je le sortis pour le mettre sur la table. Immédiatement, il l'attrapa avant de dire, avec méfiance : "Aha ! Qu'est-ce que c'est que cela ?" Pourquoi un adolescent aurait-il besoin de connaître le morse ? Probablement parce qu'il devait venir en aide à une force ennemie. Et si tel était le cas, il devait s'agir d'un des mouvements nationalistes de résistance au gouvernement communiste.

Je fis de mon mieux pour expliquer pourquoi j'avais ce livre, relatant toute l'histoire du bunker et du fait que je souhaitais pouvoir parler avec mon frère sans que Mendel ne nous entende.

Au départ, il se montra sceptique et continua de faire pression sur moi avec sa lumière éblouissante. Il me faisait répéter mon histoire, encore et toujours, espérant pouvoir trouver quelques incohérences qui me trahiraient. Mais puisque c'était la vérité, mes versions de l'histoire n'oscillaient jamais. Ma peur grandissait à chaque question que l'on me posait en criant, mais je faisais en sorte de garder mon calme et mon innocence. L'officier finit alors par faire une pause dans son enquête et sortit de la pièce.

J'avais attendu une heure supplémentaire, peut-être deux, avant qu'il ne revienne. Il arriva dans la pièce et éteignit sa lampe. Puis il me dit qu'il croyait en mon histoire. Cependant, il n'en avait pas encore terminé avec moi. Il avait encore quelques questions. À présent, il souhaitait obtenir des informations sur les nationalistes Ukrainiens de Tluste. Il fit pression sur moi pour que je lui donne les noms de quiconque avait pris part dans les mouvements pour l'indépendance de l'Ukraine ou avait collaboré avec les nazis. J'étais soulagé de ne plus être la cible directe, mais sa méthode d'interrogatoire restait effrayante. J'étais plus que disposé à l'aider à obtenir ces informations, notamment au sujet des collaborateurs avec les nazis. J'avais du mal à me remémorer les noms de la plupart d'entre eux, même s'il redoublait d'efforts pour m'extorquer autant d'informations que possible.

L'interrogatoire se poursuivit toute la nuit jusqu'au petit matin. Je pense qu'il devait être trois heures du matin lorsqu'il prit fin. Enfin, il était convaincu du fait que je ne représentais pas une menace et que je ne lui étais d'aucune aide pour obtenir une quelconque information au sujet de leurs potentiels ennemis à Tluste. Quelques minutes après qu'il eut quitté la pièce, une femme soldat entra et m'emmena dans une autre pièce. Elle pointa du doigt un lit de camp et me dit que je pouvais passer la nuit ici le temps que le couvre-feu prenne fin.

J'étais exténué et heureux d'avoir un endroit où m'allonger, mais j'étais toujours en tension à cause de cette épreuve et ne parvenais pas à m'endormir. Je restais allongé sur le lit, attendant que l'aube se lève. Finalement, la lumière du jour traversa la fenêtre, indiquant la fin du couvre-feu. Je me levai d'un bond, mis mes chaussures et me précipitai vers la porte pour rentrer chez moi. Mon frère et ma sœur étaient surpris de me voir arriver si tôt le matin. Mon absence ne les avait pas inquiétés, puisqu'ils pensaient tout simplement que j'avais passé la nuit chez mon ami à Kopychyntsi. Puis, une fois que je leur eus raconté mon histoire, ils furent heureux de savoir que j'avais réussi à m'échapper, une fois de plus, d'une situation dangereuse.

30

LE DESTIN DE TIMUSH ET HANIA

Mon calvaire avec les soldats soviétiques avait été incroyablement effrayant, mais je ressentais comme une satisfaction à l'idée de les avoir aidés en leur donnant quelques informations sur les collaborateurs nazis de Tluste, notamment un. Je ne me souviens pas exactement de toutes les personnes que j'ai mentionnées, en revanche, je me souviens très bien avoir parlé de Schap, le policier ukrainien qui m'avait aperçu rentrer à la maison suite à mes recherches de nourriture, et qui m'avait violemment frappé au visage.

Puisque nous étions retournés à Czortkow, nous avions repris contact avec Hania pour savoir comment elle allait. Comme la plupart d'entre nous, elle survivait avec le strict minimum. Et elle était toujours profondément impliquée dans la mouvance pour l'indépendance de l'Ukraine. Nous l'ignorions à l'époque, mais elle faisait partie du Banderowcy. Nous avions hâte de recevoir des nouvelles de Timush, et de ce fait, nous essayions de venir la voir aussi souvent que possible. Elle nous racontait qu'il était toujours en vie, mais qu'il avait déserté l'armée allemande après avoir été blessé. À présent, il se cachait et faisait en sorte de récupérer des suites de sa blessure, afin de pouvoir rentrer chez lui. Mais il avait besoin d'aide pour se procurer des produits de première nécessité lui permettant de survivre. Elle nous demanda alors de lui venir en aide en lui apportant de la nourriture, des vêtements, des chaussures, ainsi que des bandages pour panser ses blessures. Toutes les fois qu'elle se rendait à Czortkow pour nous voir, elle amenait avec elle une liste de choses que nous devions lui fournir pour Timush. Nous étions plus qu'heureux de pouvoir l'aider, tant nous étions désireux et emplis d'espoir de revoir Timush. Nous avions réussi à grapiller quelques sous pour l'aider à acheter certaines choses, et redoublions d'efforts pour chercher celles que l'on ne pouvait pas acheter.

Hania continuait de nous rendre visite régulièrement avec sa liste de provisions pour Timush. Nous nous hâtions toujours autant d'avoir de ses nouvelles à travers elle. Toutefois, les nouvelles qu'elle apportait étaient toujours très générales, et ne comportaient que très peu de détails, comme si elle ne savait pas trop - ou bien, peut-être qu'elle ne voulait pas que nous sachions. Même si cela nous semblait un peu étrange, nous lui faisions confiance et n'avions absolument pas l'intention de refuser quoi que ce soit qui permette à Timush de surmonter son épreuve.

En avril 1945, les Soviétiques annoncèrent que les anciens citoyens Polonais vivant en Ukraine seraient autorisés à retourner en Pologne. La frontière entre la Pologne et l'Ukraine avait été redéfinie à de multiples reprises ces deux derniers siècles, entremêlant de ce fait les habitants des deux pays. Les tensions éthniques entre Russes, Ukrainiens et Polonais avaient constitué un probleme récurrent pendant des centaines d'années dans cette région frontalière. Au moment où la guerre prit fin dans la région, la querelle éthnique reprit de plus belle, notamment entre les

Polonais et les nationalistes Ukrainiens. Ils s'affrontaient souvent, et de nombreuses données ont pu être collectées concernant les multiples incidents liés aux massacres perpétrés par les deux bords. Les Soviétiques étaient pressés d'endiguer ce conflit, ainsi que le patriotisme qui l'accompagnait. Par conséquent, ils offrirent aux anciens citoyens Polonais se trouvant à l'intérieur de la frontière ukrainienne nouvellement tracée la possibilité d'immigrer en Pologne. Bon nombre de Polonais, dont beaucoup de juifs polonais, sautèrent sur l'occasion.

Pendant presque deux décennies avant que la Seconde Guerre mondiale n'éclate, les villes dans lesquelles nous avions vécu, Tarnopol, Czortkow et Tluste, se trouvaient à l'intérieur de la frontière polonaise. Nous avions toujours été des citoyens Polonais, et nous considérions nous-mêmes de nationalité polonaise. Mais, à présent, les Soviétiques - en accord avec les Alliés - avaient déplacé la frontière ukrainienne vers l'ouest, ce qui fit passer toutes ces villes sous la bannière de l'Union soviétique. Cette déclaration indiquant que nous pouvions partir fut bien reçue. Nous avions en mémoire la main étouffante que les Soviétiques nous avaient tendue sur le plan financier lorsqu'ils eurent saisi l'entreprise de notre père. Nous ne voulions certainement pas revivre sous leur coupe, et pensions qu'il valait mieux pour nous que nous nous trouvions à l'ouest.

Nous n'avions pas perdu une minute. Même si cette région était la seule demeure que nous avions jamais connue, celle-ci ne suscitait plus aucune nostalgie en nous. Nous ne laissions rien derrière nous, rien d'autre que des souvenirs épouvantables de torture et de génocide. Cependant, nous étions inquiets pour Hania, et fîmes en sorte de la retrouver avant de nous en aller. Nous connaissions sa haine des Russes, et puisque nous la considérions comme un membre de notre famille, nous souhaitions l'aider à quitter le pays.

Nous l'ignorions à l'époque, mais elle venait en aide aux mouvements nationalistes ukrainiens. De ce fait, le danger qu'elle encourait était bien plus grand que ce que nous pensions. Elle pouvait devenir la cible des Soviétiques, et être tuée ou capturée à mesure qu'ils resserraient leur mainmise sur le pays. Edek eut une idée qui permettrait à Hania de s'enfuir avec nous. Il lui suggéra de prétendre d'être sa femme, pour qu'elle puisse elle aussi obtenir une autorisation de partir. Une fois en Pologne, ils divorceraient afin qu'elle puisse être libre d'aller où elle le souhaitait.

Edek ne mit pas beaucoup de temps pour la retrouver et lui faire sa proposition. Mais Hania était très dévouée dans sa mission patriotique, et refusa. Ce n'est que bien après, des années plus tard, que l'on apprit les raisons de son choix. En effet, elle ne se contentait pas d'aider les nationalistes, elle avait aussi une liaison avec l'un des hommes du mouvement. Depuis combien de temps cette liaison durait, cela, nous l'ignorions, mais avec le recul, nous commençâmes à envisager que celle-ci avait pu avoir lieu à l'époque où nous vivions dans le bunker. Elle était restée attachée à ses convictions, et à l'amour qu'elle éprouvait pour son amant au dépend de sa propre vie. Ils furent finalement capturés par les Soviétiques, jugés lors d'un projet fictif, puis exécutés par pendaison.

Au même moment, la nouvelle du décès de Timush nous parvint : il était mort au combat sur le front de la guerre, bien des mois avant notre départ de Czortkow. Toutes les provisions qu'Hania nous avait soutirées n'étaient, en fait, pas du tout pour Timush. Elles avaient été remises aux combattants de la résistance ukrainienne. Cela nous peina un peu, sans que nous ne ressentions aucune rancœur envers elle : uniquement du respect, ainsi qu'un sentiment d'honneur.

Même si elle n'était pas très enthousiaste à l'idée de nous aider à survivre, elle avait travaillé très dur pour satisfaire le vœu de Timush - et, ce faisant, elle s'exposait à un grand risque. Et son espoir ultime d'une Ukraine libre et indépendante était un espoir noble, pour lequel elle a donné sa vie. Des années plus tard, Hania fut reconnue comme étant une héroïne Ukrainienne pour ses efforts. Il existe aujourd'hui une plaque en son honneur, et en l'honneur de Timush, dans le centre-ville de Tluste pour leurs services à la cause nationaliste.

Pour ce qui est de Timush, l'annonce de sa mort provoqua en nous un chagrin immense. Nous avions eu tellement hâte de savoir ce qui lui était arrivé, et maintenant, sa vie avait pris fin. Très peu d'informations ont pu être récoltées à propos des derniers jours chaotiques de l'armée Allemande. Comme nous aurions aimé qu'il survive pour que nous puissions le revoir et l'accueillir dans notre famille... C'était l'une des choses qu'il souhaitait le plus au monde, nous en sommes convaincus. Nous avions envie de lui rendre - même si ce n'était que de façon très modeste - ce qu'il avait sacrifié et donné pour nous. Nous lui devions la vie à bien des égards.

31

À LA RECHERCHE D'UN NOUVEAU CHEZ-NOUS

Avril 1945 fut une époque désastreuse et déstabilisante pour le monde entier, et tout particulièrement pour l'Europe et pour les juifs d'Europe de l'Est qui avait survécu à l'Holocauste. Des millions de personnes se déplaçaient dans toutes les directions à travers le continent, essayant de se construire une nouvelle vie à partir de la destruction que la guerre avait apportée. Et même si la fin de la guerre était très proche, celle-ci n'était pas entièrement terminée. Les Soviétiques continuaient leur poussée finale de l'Est vers Berlin, et les Alliés avançaient rapidement depuis l'ouest. La plupart savait qu'Hitler et le régime nazi s'apprêtaient à tomber d'un moment à l'autre. Mais au milieu de cet optimisme demeurait une grande incertitude au sujet de l'avenir.

C'est contre cette toile de fond que nous avions prévu de prendre avantage sur l'offre des Soviétiques aux Polonais de se rapatrier. Étant donné qu'Hania avait pris la décision de rester, il n'y avait plus aucune raison d'attendre. Nous n'avions que peu de temps pour organiser notre voyage et il n'était pas facile de déterminer exactement où nous irions. Tout ce que nous savions à l'époque, c'était que nous ne connaissions personne en Pologne occidentale.

Nous prîmes alors seulement des choses que nous pouvions porter avec nous et partîmes pour la gare. Des milliers de citoyens Polonais s'étaient déjà rués vers la gare au moment où nous arrivâmes. Il n'y avait pas assez de trains, à l'arrivée et au départ, pour permettre un mouvement fluide des masses depuis le terminal, et de ce fait, la foule de réfugiés grandissait à vue d'œil. Nous vérifiâmes les horaires des trains de passagers en direction de l'ouest, avant de constater que tous les trains dans ce sens étaient complets pour plusieurs jours. Beaucoup avaient abandonné l'idée d'attendre le train pour quitter la ville, et commençaient à s'entasser dans les wagons du train de marchandises. Nous décidâmes que nous n'avions aucune envie de camper dans la gare dans l'attente d'un train de passagers. Et, les temps étaient si incertains, que nous craignions que les Soviétiques ne rescindent leur offre aussi vite qu'ils ne l'avaient formulée.

La meilleure des options pour nous était d'embarquer dans l'un des trains de marchandises. Nous demandâmes alors à nos compagnons en fuite et à certains employés de la gare s'il y avait un moyen de reconnaître quels étaient les trains qui partaient vers l'ouest. Une fois que nous en eûmes repéré un, nous nous faufilâmes à l'intérieur d'un wagon de transport déjà rempli de personnes. Le train finit par se mettre en route, et nous restions serrés les uns contre les autres avec des dizaines d'autres Polonais en fuite.

La seule chose que nous savions au moment où nous étions montés à bord, c'était que ce train partait vers la Pologne. Mais, assez rapidement, nous entendîmes dire que sa destination finale était Cracovie. Cracovie avait échappé à la destruction massive que tant d'autres villes d'Europe de l'Est avaient subie. Maintenant que nous savions où nous allions, une lueur d'espoir et d'optimisme vint quelque peu atténuer notre inquiétude.

Nous ignorions quelle était la durée du voyage. Le wagon ne disposait pas de toit, et il n'y avait pas d'endroit où nous pouvions nous asseoir confortablement, ni même dormir. Le trajet s'avéra terriblement difficile, et le wagon tanguait de gauche à droite comme un navire sur une mer agitée. Une fois installés, nous attendions avec impatience la fin de ce voyage. Le train se déplaçait à des allures diverses, du fait de ses arrêts et de ses livraisons prévues. Parfois, il nous arrivait de rester à l'arrêt, immobiles, pour une durée qui nous paraissait interminable. D'autres fois, le train dévalait les rails à toute allure. Lorsqu'il entrait dans une gare de triage, nous faisions souvent des allers-retours entre les différentes voies pendant que les voitures étaient attelées et dételées. Cette expérience fut une combinaison de monotonie et d'anxiété nerveuse due à l'incertitude de l'avenir.

Les heures passaient, et nous nous rapprochions de Cracovie. Le train s'arrêta dans la petite gare d'une ville dont je ne me rappelle plus le nom, mais je me souviens très bien de la scène en elle-même : au moment où le train entra en gare, le long des quais, les gens étaient serrés autour des journaux et parlaient des gros titres qui s'y trouvaient. Le président Roosevelt venait de décéder et le monde pleurait la perte d'un grand dirigeant qui s'était montré à la hauteur pendant la période la plus difficile de l'histoire de l'humanité. J'avais perdu la notion du temps ces derniers jours. À ce jour, je reste incertain quant à la date à laquelle nous avons quitté Czortkow, mais c'est bien le 12 avril 1945 que nous nous sommes arrêtés dans cette gare. La date de la mort du président américain reste la seule manière que j'ai de me remettre en tête le contexte de notre voyage.

Après une très longue journée, nous arrivâmes à Cracovie, où nous fûmes enfin autorisés à sortir de ces wagons sales et exigus. Une fois hors du véhicule, nous nous rendîmes jusqu'au terminal. Je n'avais jamais vu de gare routière aussi grande. Des rangées et des rangées de plateformes et de voies ferrées se succédaient dans la cour de triage du terminal principal. Il y avait un tunnel souterrain qui permettait aux passagers de naviguer entre chacune des plateformes en toute sécurité. De nos jours, il s'agit de quelque chose de commun, même dans des gares de plus petite taille, mais pour moi, c'était quelque chose de nouveau. Une fois à l'intérieur du terminal, j'ouvris grand les yeux face au gigantesque espace, haut jusqu'au plafond ouvragé de la gare, situé à plusieurs mètres au-dessus de nous. Je compris alors que j'étais à présent dans un monde bien différent de Tluste. Pour moi, Tarnopol était une grande ville, mais ici, c'était comme si le monde venait de s'ouvrir devant moi.

Alors que nous sortions de la gare et que nous nous dirigions vers les rues de Cracovie, mon excitation commençait à monter. Les cafés et les magasins de la ville reprennaient vie à la suite de ces années de guerre longues et douloureuses. De grands immeubles administratifs s'élevaient au-dessus des trottoirs, et des marchands vendaient toutes sortes de nourriture et de produits aux angles des rues et dans les squares. Le tumulte et l'agitation de la ville étaient revigorants pour moi. Pour la première fois depuis longtemps, j'avais bon espoir que la vie puisse être belle à nouveau.

32

COMMENT SURVIVRE À CRACOVIE

Cracovie avait ravi mon coeur et mon imagination de toutes les manières possibles. La vie dans un petit village comme celui de Tluste avait ses avantages, bien entendu, mais pour un adolescent qui mourait d'envie de devenir un jeune homme, la vie en ville pouvait monter à la tête. Et, toute ma vie, Cracovie n'avait eu de cesse de m'intriguer. Quand j'étais enfant, à Tarnopol, je me rappelle que je passais des heures à écouter des programmes de radio venant de toute l'Europe. Mais l'un d'entre eux me tenait tout particulièrement à cœur, et même à ce jour, il continue de m'évoquer de très bons souvenirs.

Tous les jours à midi, nous allumions la station de radio de Cracovie pour écouter le rituel quotidien du Hejnał. Cela s'appelle, en polonais, "Hejnał Mariacki", ce qui signifie "L'aube de Sainte Marie." Il s'agit d'un signal donné depuis la tour de l'église de Sainte Marie, à Cracovie, joué toutes les heures par un trompettiste. C'est une mélodie courte et solennelle durant moins d'une minute, mais elle est jouée quatre fois d'affilée par le trompettiste, c'est-à-dire, une fois par point cardinal : est, ouest, nord et sud.

Personne n'est entièrement sûr de l'origine de cette tradition, mais cela faisait plus de six cents ans qu'elle perdurait. Il n'était pas rare que de tels airs soient joués entre les murs de nombreuses cités médiévales d'Europe, à l'ouverture et à la fermeture des portes de la ville, ce qui en était peut-être l'origine. Bizarrement, le Hejnał se termine de manière assez abrupte, en plein milieu d'une phrase mélodieuse. La légende raconte qu'un jour, alors que la ville était attaquée, le trompettiste joua un air pour indiquer que l'ennemi approchait. Son appel fut ce qui sauva la ville, puisque grâce à lui, ils eurent suffisamment de temps pour fermer les portes de la ville avant l'arrivée des hordes. Toutefois, malheureusement, le joueur de bugle fut tué d'un coup à la gorge par l'armée ennemie, juste au moment où la mélodie s'arrête de nos jours.

Après notre arrivée à Cracovie, nous étions si fatigués d'essayer de trouver de nouvelles manières de survivre que ce souvenir du Hejnał était la dernière chose à laquelle je pensais. Je l'avais complètement oublié, et ni le fait de savoir que nous nous rendions à Cracovie en train, ni l'arrivée éventuelle dans la ville ne me le firent revivre. Mais le lendemain de notre arrivée, nous décidâmes de nous rendre en centre-ville pour parcourir les nombreux marchés qui s'y trouvaient. Nous étions à la recherche de quoi que ce soit qui nous permette de faire quelques zlotys, afin de pouvoir nous acheter de la nourriture et nous loger.

Puis, soudain, alors que nous nous déplacions rapidement dans les rues de la ville pour poursuivre notre quête, les premières notes de la mélodie retentirent au-dessus des immeubles et résonnèrent dans les ruelles. Je me figeai tout d'un coup et fis effort pour tendre l'oreille. J'étais confus au départ. Comment réussissais-je à reconnaître un son si familier dans un environnement inconnu ?

Telle la voix d'un vieil ami, cette mélodie semblait m'appeler et emplissait mon cœur de joie. Ce n'est qu'au bout de quelques secondes que je la reconnus : je me revis dans notre appartement chaleureux et confortable de Tarnopol, assis par-terre en tailleur, contemplant le haut-parleur de notre radio Telefunken. La mélodie commençait, puis s'arrêtait, et fut rejouée à trois reprises, tout comme dans mes souvenirs. Écouter cette musique me donna la vive impression de rajeunir, et m'apporta un grand sentiment d'espoir. Une fois de plus, je ressentais que la vie pouvait revenir à la normale et que les jours sombres que nous avions vécus étaient enfin derrière nous.

Les événements se sont succédé rapidement pour nous tous une fois à Cracovie. Deux jours seulement se sont écoulés avant que nous ne rencontrions des amis de Czortkow qui avaient également fui l'Ukraine sous contrôle russe. Après toutes les expériences épouvantables qu'ils avaient vécues, les survivants avaient développé un sens aigu de l'entraide. Nos amis étaient sur place depuis longtemps, et avaient pu trouver un endroit où vivre. Quand ils apprirent que nous n'avions pas encore de maison, ils s'empressèrent de nous inviter à rester avec eux jusqu'à ce que nous puissions en trouver une.

Maintenant que nous avions trouvé un lieu d'ancrage, il nous fallait trouver un moyen de nous faire de l'argent. Partout dans la ville, les gens vendaient tout ce qu'ils avaient pour pouvoir s'acheter des produits de première nécessité. À chaque angle de rue, il était possible d'acheter des vêtements usés, des chaussures, des bijoux, des casseroles et des poêles, des ustensiles de cuisine, et même des meubles.

En général, ces personnes avaient désespérément besoin d'argent rapide pour se nourrir et nourrir leurs familles. Les prix qu'ils demandaient reflètaient donc cette réalité. Mais dans les marchés de plus grande taille, un grand nombre d'articles similaires pouvaient être trouvés à des prix plus élevés. Cela nous fit comprendre qu'il y avait là une opportunité de profit si nous pouvions vendre ces marchandises sur ces grands marchés. Après avoir rassemblé quelques zlotys, nous commençâmes à parcourir la ville à la recherche d'objets susceptibles d'être revendus. J'eus la chance de trouver de très beaux morceaux de tissu que je fus capable de revendre à bon prix. Très vite, cette idée devint notre principal moyen de subsistance. Ce n'était pas grand chose mais ça nous permettait de nous nourrir. Et, au fur et à mesure que nous apprenions à reconnaître les articles qui rapportaient le plus, notre fortune augmentait progressivement. Tusia trouva même un emploi dans une entreprise de la ville, mais je ne me souviens pas exactement quand. Nos revenus augmentaient petit à petit, et quelques temps après, nous fûmes capables d'acheter notre propre appartement.

Mon optimisme vis-à-vis de la ville de Cracovie n'était pas infondé, mais il ne nous fallut pas attendre longtemps pour comprendre que l'antisémitisme en Pologne n'était pas mort. Dans quelques endroits, un certain ressentiment envers ce large afflux de population rapatriée pouvait se faire sentir, ainsi que la peur que les juifs n'exigent de récupérer les propriétés qui leur avaient été volées durant l'occupation nazie. Plus les juifs arrivaient depuis l'est, plus les tensions montaient. Des histoires de Polonais attaquant des juifs commençaient également à se propager.

Sans aucun doute, au cours des premières années de l'après-guerre, la Pologne fut un terrain propice à de telles violences. Fort heureusement, néanmoins, pour la plupart, cette violence n'était pas organisée, mais constituait plutôt en des événements isolés, fruits de la tension locale. Toutefois, plusieurs de ces événements ressemblaient étrangement aux akcia auxquelles nous avions fait face sous le nazisme. Quand ceux-ci se produisaient, des nombres records de juifs étaient tués. L'Histoire les qualifiera plus tard de pogroms, puisqu'ils étaient perpétrés par des foules en colère. D'habitude, Cracovie n'était pas une ville particulièrement violente envers les juifs, mais il y avait bel et bien quelques endroits dans lesquels nous n'étions pas les bienvenus et il n'était pas rare d'y être accueilli à coups d'injures racistes. Tusia en avait peut-être appris davantage sur ce sujet, puisqu'elle travaillait avec des Polonais. Pour faire simple, bon nombre de ses collègues de travail éprouvaient de la rancoeur envers elle et n'avaient pas hésité une seule seconde à lui faire part de leur aversion pour les juifs. Chaque jour, elle recevait des insultes en pleine face et était qualifiée d'épithètes désobligeants.

En dépit de ces tensions que nous ressentions en tant que juifs, notre vie semblait s'améliorer. Je commençais vraiment à me sentir chez moi à Cracovie, et j'adorais toute l'agitation de cette ville semblable aux villes de l'ouest. Les magasins et les cafés étaient pleins tous les jours, et on aurait dit que de la musique était jouée en continu. J'appréciais ma nouvelle "vie professionnelle", et éprouvais une grande satisfaction vis-à-vis de ce que pouvaient apporter l'achat et la vente. Mais j'étais encore très jeune, et cette grande ville m'avait donné la soif de découvrir le monde. Au cours d'un autre hasard chanceux, j'eus l'occasion de renouer avec un ami proche de Czortkow. Nous nous étions retrouvés là-bas après la guerre, et j'avais découvert que, comme moi, c'est la clandestinité qui l'avait sauvé. Il s'appelait Lolek Berkowicz, et avait survécu avec son père et sa sœur. J'étais tout content de savoir qu'il s'était installé à Cracovie lui aussi. Dès que nous nous sommes retrouvés, nous avons commencé à passer presque tout notre temps libre ensemble et sommes devenus des amis encore plus proches.

Un jour, Lolek vint me voir et me demanda : "Est-ce que tu voudrais aller à Prague avec moi ?" Mes oreilles se mirent immédiatement à bourdonner - cela ressemblait au genre d'aventure que n'importe quel adolescent de dix-sept ans aurait aimé vivre. Il me raconta qu'il avait une tante là-bas et qu'il souhaitait aller lui rendre visite. Bien entendu, l'attrait de la découverte d'une autre ville cosmopolite était probablement ce qui motivait son choix de destination. Pour ma part, il s'agissait de ma seule raison de m'y rendre, et je lui répondis donc sans hésitation : "Oui, je viens avec toi. Il n'y a rien qui me retient ici à Cracovie."

33

LA ROUTE VERS PRAGUE EST UNE ROUTE SINUEUSE

Paradoxalement, aller de ville en ville suite à de tels conflits était simple et extrêmement compliqué à la fois. La partie simple était le transport : rien n'empêchait un passager tout juste monté à bord - qu'il s'agisse d'un train passager ou d'un train de marchandises - de se rendre partout où il souhaitait. Les autorités manquaient de ressources pour effectuer une patrouille des voies ferrées afin de contrôler les passagers sans billets ou encore ceux qui sautaient sur des trains de marchandises. Ils avaient d'autres priorités de reconstruction plus urgentes. La partie difficile résultait du fait qu'un grand nombre de voies ferrées avaient subi des années de dommages répétés au cours de la guerre, et que de ce fait, il n'y avait plus de lignes directes reliant les grandes villes. Pour faire un Cracovie-Prague, consulter les horaires de train ne suffisaient pas. En fait, il n'y avait même pas d'horaires établis, du moins, pas de manière officielle. En plus de ça, les autorités continuaient toujours de faire de leur mieux pour contrôler les mouvements à la frontière et nous savions que cela nécessiterait de remplir pas mal de paperasse pour quitter la Pologne pour la Tchécoslovaquie.

Les Alliés avaient anticipé qu'un nombre colossal de réfugiés et d'immigrants voyageraient dans toute l'Europe. En 1943, une institution précurseure aux Nations Unies vit le jour, l'Administration des Nations unies pour le secours et la reconstruction (UNRRA). Avant même la fin de la guerre, cet organisme avait commencé à prévoir la gestion du désordre qui serait laissé derrière elle après la disparition des contrôles stricts du régime nazi. Pour éviter le chaos total, certains paramètres devaient être définis afin que les réfugiés puissent obtenir les documents requis pour passer la frontière.

Bizarrement, l'UNRRA n'avait pas de siège à Cracovie. Le plus proche se situait dans la petite ville voisine de Katowice. Quelques jours avant notre départ, nous nous rendîmes dans cet organisme pour récupérer nos papiers. Une fois notre requête formulée, le fonctionnaire nous demanda dans quel camp de concentration nous avions été faits prisonniers. Confus, Lolek et moi échangeâmes un regard. Nous avions tous les deux vécu dans la clandestinité, et n'avions pas connu les camps de concentration. Je me tournai vers le fonctionnaire et lui dit : "Nous n'étions pas dans un camp. Nous étions cachés. Et j'ai travaillé dans un campement de travaux forcés." Le fonctionnaire resta muet quelques secondes, puis répéta sa question : "Je suis désolé. Vous m'avez peut-être mal compris. Je vais vous demander à nouveau. Dans quel camp de concentration avez-vous été faits prisonniers ?" Cela nous intriguait d'autant plus, et nous n'avions aucune idée de ce que nous devions répondre. Le fonctionnaire finit par nous dire : "Oh, je vois. Vous étiez à Bunzlau ? Ok. Je vais m'occuper de vos papiers à présent."

Il nous fallut quelques instants pour comprendre le message que cet homme essayait de nous faire passer. À cause de la réglementation de l'UNRRA, il nous fallait avoir été dans un camp de concentration pour être autorisés à nous rendre en Tchécoslovaquie. Nous avions été chanceux de rencontrer un fonctionnaire aussi sympathique, qui était prêt à nous aider malgré les restrictions en vigueur, mais à partir de ce moment-là, si l'on me posait la question, je disais toujours aux gens que j'étais un survivant du camp de Bunzlau.

Maintenant que Lolek et moi avions reçu nos papiers, nous étions impatients d'aller à Prague. Je ne pris avec moi que quelques affaires rassemblées dans un sac. Je dis au revoir à mon frère, à ma sœur, ainsi qu'à Mendel. Nous nous retrouvâmes à la gare le lendemain afin de déterminer quel était le train qui nous amènerait à destination. La tâche ne fut pas facile. Comme je l'ai indiqué plus tôt, il n'y avait pas de direct entre Cracovie et Prague à cause de la destruction d'un nombre incalculable de ponts et de chemins de fer pendant la guerre. Prague se trouvait à l'Ouest de Cracovie, un ligne droite d'un peu moins de 250 miles à vol d'oiseau. Aujourd'hui, le trajet en train entre les deux villes ne dure que six ou sept heures. Avant la guerre, peut-être plus, mais pas beaucoup, et en moins d'un jour, assurément. Cependant, nous ne tardâmes pas à apprendre qu'il nous faudrait tout d'abord passer par Budapest, avant de pouvoir prendre un train pour Prague. Mais, le trajet vers Budapest n'était, lui non plus, pas un direct. Il fallait d'abord aller à Kosice, en Slovaquie, puis à Bratislava, avant de pouvoir arriver à Budapest. C'était un trajet tortueux qui faisait quadrupler la distance à parcourir. Du point de vue du temps, cela en prendrait au moins dix fois plus. Et nous étions loin de nous douter qu'au moment où nous nous mettrions en route, nous ferions une rencontre effrayante qui nous retarderait encore plus.

Nous montâmes à bord du train partant de Cracovie pour Kosice. Il s'agissait d'un train de passagers, toutefois dépourvu de conducteur et de chef de gare pour contrôler les billets. Le train était presque plein au moment où nous étions montés dedans, et des centaines de passagers supplémentaires s'y entassaient. Tous les compartiments étaient pleins, certaines personnes devaient même rester dans les couloirs et sur les passerelles. Nous avions réussi à trouver une place dans un compartiment déjà rempli en jouant des coudes pour nous y installer. Le train s'éloignait dans la nuit, il faisait bon d'être en route. Nous étions arrivés à Kosice sans aucune difficulté, et attendions le prochain train pour Bratislava. Quelques heures plus tard, nous étions de nouveau sur les routes.

À notre arrivée à Bratislava, nous avions passé une journée entière à voyager. Une fois de plus, nous avons dû changer de train à nouveau pour Budapest, et cette fois-ci, le train était bien plus rempli que les deux fois précédentes. Dire que nous étions serrés comme des sardines serait un euphémisme, mais malgré tout, nous avions trouvé deux places dans un compartiment dans lequel il nous fut possible de nous caler.

Nous poussâmes un soupir de soulagement lorsque les voitures se mirent en marche et qu'elles quittèrent lentement la gare en direction de la Hongrie. Mais notre soulagement ne serait que de courte durée. Alors que nous approchions de la prochaine gare, nous jetâmes un œil à l'extérieur pour nous rendre compte que des centaines de soldats Russes occupaient le quai. Le train s'arrêta et quelques minutes plus tard, un officier parmi eux se fraya un chemin dans le couloir en criant : "Tout le monde dehors ! Tout le monde dehors, maintenant ! Nous prenons le contrôle du train !" Nos cœurs se serrèrent tandis que nous les regardions forcer les passagers à descendre sur le quai pour prendre leurs places dans les compartiments. Ils nous poussèrent au milieu de cette marée humaine qui peinait à répondre aux ordres qui lui étaient donnés. En trébuchant sur la passerelle, nous levâmes les yeux et aperçûmes un grand nombre d'anciens passagers se précipitant sur les côtés des wagons et sur le toit du train. Lolek me regarda et me dit : "On pourrait monter là-haut, nous aussi !" J'acceptai sans hésiter. Nous trouvâmes rapidement une échelle, et grimpâmes au sommet du train.

34

NOUVEAUX DÉMÊLÉS AVEC LA MORT

Il s'agissait d'un train électrique, ce qui nous mettait dans une position difficile une fois en haut du train. Nous étions entourés par les câbles et le matériel servant à alimenter le train, branchés au réseau électrique au-dessus de nos têtes. Naviguer autour de ces objets à haute tension était délicat, mais nous finîmes par trouver un endroit vide où nous accroupir. Rapidement, le train se mit de nouveau en route, et il ne nous fallut pas attendre longtemps pour comprendre qu'il valait mieux pour nous que nous restions allongés, puisque les branchements aériens pendaient et bougeaient au fur et à mesure que le train avançait. Ce n'était pas très confortable, mais nous avions connu des situations bien pires durant notre lutte pour survivre au régime nazi. En très peu de temps, nous nous étions adaptés et commencions à nous détendre.

Le soleil commençait à se coucher à l'horizon alors que notre train filait vers Budapest. La nuit semblait tomber bien plus vite que d'habitude - peut-être parce que nous étions toujours un peu nerveux quant au fait qu'il fallait que nous gardions notre équilibre sur le toit du train malgré l'obscurité. Puis, très rapidement, il fit nuit noire. La lumière provenant des fermes et des villages des alentours ne nous fut d'aucune aide pour éclairer les objets qui passaient en trombe à côté de nous. Des étincelles crépitaient au-dessus de nous à un rythme régulier tandis que les pantographes touchaient le fil de contact. Chacune de ces étincelles nous offrait un bref aperçu des douzaines de corps étendus, comme nous, sur le toit du train. C'était une vision troublante et me rappelle les souvenirs effroyables de ces cadavres allongés par terre dans les rues de Tluste quand nous avions quitté le bunker. Je fis en sorte de chasser ces pensées et de laisser le train me bercer doucement pour m'endormir.

Même s'il était difficile de dormir, je m'étais vite retrouvé dans un état de semi-sommeil. Une moitié consciente des mouvements constants du train et de ses sifflements réguliers, et l'autre, du vagabondage de mon esprit dans l'étrange monde des rêves. Mais bientôt, je me réveillerai, et serai confronté à un nouveau danger : c'est en entendant deux soldats russes se parler que mon demi-sommeil s'estompa. Ils se parlaient d'abord à voix basse, et je ne pouvais pas comprendre ce qu'ils se disaient. Ces voix me firent repenser à l'expérience terrible d'être interrogé par les soldats Russes à Czortkow, mais il faisait très sombre et je ne pouvais pas voir leurs visages. Puis, finalement, une lumière vive éclaira les yeux, avant de se détourner de moi. Ils dirigèrent alors leurs lampes vers Lolek. Ils criaient à présent.

"Znimaj sapogy ! Ja ubiu tebia kak sobako", dit la forte voix en russe. Je compris ce que ces mots signifiaient : "Retire tes chaussures, ou je te tue comme un chien." Les hommes étaient montés sur le toit du train pour voir ce qu'ils pouvaient voler aux passagers, et ils avaient repéré les chaussures de marche toutes neuves de Lolek. Elles étaient très belles, marron et montaient jusqu'au genou. Le cuir luisait toujours, même après tous nos voyages. Les deux hommes avaient alors décidé de les lui prendre. Une fois de plus, ils lui criaient : "Retire tes chaussures, tout de suite !"

Lolek garda son calme et ne rétorqua rien. Il se redressa en position assise et saisit ses genoux: il était prêt à se défendre. Le soldat lui ordonna une nouvelle fois d'ôter ses chaussures, mais Lolek se contenta de secouer la tête, comme pour dire non. "Retire tes chaussures, sinon, je vais te tuer comme un chien !", répéta-t-il en vociférant. Le deuxième soldat se baissa, attrapa Lolek par les épaules et le plaqua au sol. Puis il s'assit sur son torse et étira ses bras vers le ciel. Le premier soldat attrapa ensuite les pieds de Lolek et essaya de toutes ses forces de lui enlever ses chaussures, sans succès. Il tirait autant qu'il pouvait, mais Lolek serrait ses orteils dans le sol afin d'ancrer bien solidement ses pieds dans ses bottes. Le soldat se mit à crier à nouveau : "Retire tes chaussures, ou je te tue comme un chien !" Il continuait de tirer, mais Lolek parvenait à empêcher ses chaussures de glisser. Le soldat continuait de crier : "Je vais te tuer comme un chien ! Je vais te tuer comme un chien !"

Soudain, on vit un soldat Soviétique, sans doute alerté par le boucan, apparaître sur l'échelle et monter rapidement sur le toit. Il dirigea sa lampe vers les cris et dit : "Qu'est-ce qu'il se passe ici ? Qu'est-ce que c'est que tout ce bruit ?"

Quand les soldats entendirent cela, ils laissèrent tout tomber pour se précipiter dans la direction opposée à celle de l'officier. Puis ils se précipitèrent pour descendre de l'échelle et entrer dans l'un des wagons. L'officier pointa sa lumière sur nous et, puisqu'il ne vit aucun signe d'émeute, se tourna et redescendit dans le train.

Pour le moment, nous avions survécu à cette attaque, mais nous commencions à craindre que les soldats ne reviennent réclamer les bottes. Ils pouvaient même mettre à exécution leurs menaces et nous tuer. Leurs plans ne seraient probablement pas déjoués une seconde fois, de ce fait nous prîmes la décision de descendre du train dès que l'occasion se présenterait. Quelques minutes plus tard, le train commençait à décélérer avant de s'arrêter progressivement. Lolek et moi vîmes dans cet instant précis notre chance de nous échapper : nous nous déplaçâmes rapidement vers l'un des bords avant de descendre l'une des échelles dont le train était pourvu. Nous nous élançâmes alors à travers l'obscurité en dévalant le talus le long des rails. Nous parvînmes à nous tirer d'affaires sans aucune blessure - seulement avec quelques éraflures. Nous nous relevâmes pour nous épousseter, avant de continuer à pied le trajet que nous faisions jusque là en train.

35

LE PETIT TRAIN POUR BUDAPEST

Nous n'avions aucune idée de l'endroit où nous étions et il faisait nuit noire, ce qui nous compliqua grandement la tâche. Nous trébuchions souvent, faisant de notre mieux toutefois pour garder un bon rythme de marche. Nous finîmes par voir les lumières d'une petite gare à l'horizon. Redoublant alors d'énergie, nous nous mîmes à marcher dans sa direction aussi vite que possible. Plus nous nous rapprochions de la gare, plus nous pouvions voir qu'il s'agissait d'un petit arrêt sur la route. Trois voies séparaient les quais étroits. Une petite bâtisse, pas plus grande qu'une cabane en bois, figurait sur le côté. Une fois le bâtiment atteint, nous nous engouffrâmes à l'intérieur pour constater qu'il n'y avait qu'un seul homme, et qu'il s'occupait de tout. Il était à la fois chef de gare, vendeur de billets, opérateur de signaux et probablement aussi concierge. Nous étions heureux d'être arrivés dans une gare, avant de réaliser que la plupart des trains ne faisaient que passer par la station sans s'y arrêter. Quelles étaient nos chances de trouver un autre train pour Prague ?

Nous nous approchâmes de cet homme solitaire travaillant au guichet pour lui demander s'il y avait d'autres trains qui, depuis cet endroit, pourraient nous emmener en Tchécoslovaquie. Sa réponse n'était pas très encourageante: "Il n'y a pas beaucoup de trains qui s'arrêtent ici. Et aucun ne fait de trajet direct vers la Tchécoslovaquie, malheureusement. Mais dans quelques heures, je sais que des trains de marchandises s'arrêteront ici. Vous pouvez monter à bord, comme ça, vous irez où ils iront." Il me parlait slovaque, mais puisque cette langue est très proche du polonais, je parvenais à le comprendre.

À ce stade, nous n'avions pas beaucoup d'options, et il était clair que nous préférions suivre son conseil plutôt que d'attendre pendant six heures, voire plus, qu'un train de passagers n'arrive. Nous avions donc décidé de sortir attendre près d'un banc en face de la gare. Pour la première fois enfin, je fus en mesure de repenser pendant quelques minutes à notre rencontre avec les soldats Russes. Je demandai alors à Lolek : "Qu'est-ce qu'il t'a pris ? Pourquoi ne lui as-tu pas tout simplement donné tes chaussures ? Ils auraient pu te tuer ! Ils auraient pu nous tuer, tous les deux !" Il se tourna vers moi et me dit : "Il n'y a pas que les chaussures que j'avais peur de perdre." Il pointa ses semelles du doigt et murmura : "J'ai quelques pièces en argent cachées dedans. Mon père me les a données. Ça fait beaucoup d'argent, et j'ai pensé qu'il valait mieux que je tente ma chance. C'est tout ce que j'ai." Je lui souris tout en gloussant légèrement. Puis nous fûmes tous les deux pris d'un fou rire. Le soulagement que nous ressentions après avoir frôlé la mort une nouvelle fois s'était transformé en une drôle d'euphorie. Assis sur le banc, détendus, nous étions enfin prêts à savourer le calme de la nuit.

Je m'étais certainement assoupi un moment, même si mon sommeil ne fut pas très reposant, car il m'avait semblé que quelques minutes à peine s'étaient écoulées avant qu'un train de marchandises n'entre en gare. Mais lorsque je jetai un œil à l'horloge de la gare, je compris que j'avais dormi plusieurs heures. Le train ne s'arrêtait pas, mais il avançait si doucement que nous étions pratiquement sûrs qu'il nous serait possible de le prendre en marche sans trop d'inquiétude. Une fois sur pieds, nous nous précipitâmes en direction de la plateforme. Arrivés au bout de celle-ci, nous descendîmes au niveau des rails pour courir à la vitesse à laquelle le train avançait. Nous repérâmes tout d'abord un point d'appui où poser nos pieds, puis nos mains, avant de nous hisser à l'intérieur du wagon ouvert. Nous y étions, et à nouveau en route quelque part, Dieu sait où.

Nous allongeâmes au sol, essayant de nous reposer. La lumière du petit matin commençait à poindre et à révéler progressivement la campagne qui nous entourait. Nous ignorions où ce train nous emmenait, mais nous finîmes par découvrir que nous nous éloignions de Prague pour nous diriger vers Budapest. C'était une grande ville : une fois là-bas, il serait facile de prendre un train pour la Tchécoslovaquie.

Le jour se levait, et le train avançait maintenant à toute allure. Nous nous sentions bien, et avions bon espoir d'arriver bientôt dans une ville où nous pourrions trouver un moyen de terminer notre voyage. Mais cette allure vive ne dura pas longtemps : le train ralentit à nouveau en dessous de la vitesse de marche. Nous espérions une remise des gaz, mais celle-ci n'arriva jamais. Le train continuait de rouler au pas, heure après heure. Parfois, un regain de rythme se produisait, mais disparaissait tout aussi vite. Nous commencions à accepter la dure réalité : telle était l'allure à laquelle le train se déplacerait, et nous devrons patienter. C'était toujours mieux que de marcher, il était donc préférable de s'installer confortablement pour profiter du long voyage.

Au moment où le train fit son entrée en gare, cela faisait près de vingt-quatre heures que nous étions à bord. Cette gare était plus grande que la précédente, mais ne semblait pas plus disposée à offrir notre prochaine opportunité pour embarquer pour Prague. Nous décidâmes donc de rester à bord du train de marchandises. Alors que mes yeux parcouraient les quais et les immeubles de la gare, je vis soudain un vendeur de fruits. Il avait une magnifique pile de cerises noires et rouges sur son chariot. La peau des fruits luisaient au soleil - un spectacle qui me faisait saliver. J'avais tellement faim : il fallait que j'aille en acheter. Le train finit par s'arrêter complètement à l'approche du quai. Sans perdre une seule seconde, je sautai du train et me mis à courir en direction du vendeur. Je lui donnai quelques roubles, et en échange, il me tendit un petit panier plein de cerises. J'avais si faim, et les cerises étaient si bonnes qu'en l'espace de quelques minutes je les avais englouties.

J'étais de retour dans le train avec Lolek au moment où le train reprit, très lentement, la route. Nous n'avions parcouru que quelques miles à peine quand, soudain, je commençai à ressentir une vive douleur à l'estomac. Quelques crampes au départ, espacées, puis rapidement suivies d'une douleur plus persistante. Soudain, je me rendis compte que je n'étais plus capable de me retenir. Dans un moment comme celui-ci, l'extrême lenteur du train me réjouissait : je fis un bond hors du wagon et fis en sorte de trouver un petit endroit dans les buissons, un peu à l'écart des rails. J'avais trouvé ces cerises délicieuses, mais manifestement, mes intestins n'étaient pas de cet avis. Une fois soulagé, je remontai à bord du train qui continuait sa lente avancée. Je décidai de m'allonger afin de me reposer un peu, mais quelques minutes après, je ressentis le besoin d'y retourner à nouveau. Je descendis du train une fois de plus, et repartis dans les buissons. C'était une diarrhée vicieuse, qui m'obligea un grand nombre de fois à accomplir ce même rituel, consistant à monter et à descendre du train pour aller dans les bois. Un tel scénario aurait été amusant dans un film hollywoodien, mais pour moi, à l'époque, cela n'avait rien de drôle.

Cette bataille contre mes problèmes intestinaux m'avait fait perdre la notion du temps, mais je pense qu'il nous a fallu attendre deux ou trois jours avant d'apercevoir la périphérie d'une grande ville. Nous avons vite appris qu'il s'agissait bien de Budapest. Mon estomac se portait mieux, mais je me sentais toujours nauséeux.

De toute manière, la joie d'être arrivé à destination me faisait quelque peu oublier ma nausée. Le train s'arrêta dans la gare principale et nous fûmes soulagés d'en avoir enfin fini avec ce trajet difficile. Notre aventure dans la ville pouvait commencer, et, une fois de plus, je fus transporté par cette atmosphère cosmopolite, qui me remplissait d'enthousiasme. Mais nous avions très peu d'argent pour pouvoir en profiter pleinement. Nous nous mîmes alors à la recherche d'une organisation juive en ville qui accepterait de nous venir en aide. En demandant autour de nous, nous fîmes la rencontre d'autres survivants juifs qui nous offrirent leur aide. Ils nous donnèrent de la nourriture et nous proposèrent de rester chez eux pendant quelques jours. Nous acceptâmes leur offre, puisque nous n'étions pas pressés de retourner à Prague. Nous voulions découvrir un peu cette ville tant que nous en avions la chance.

36

PRAGUE, ENFIN !

Nous étions restés trois jours à Budapest, et tout s'était bien passé. Lolek avait apprécié ce voyage lui aussi, mais il avait très envie de retourner à Prague et de voir sa tante. Il savait que nos moyens augmenteraient une fois qu'il l'aurait contactée. Sa tante était juive, bien entendu, mais mariée à un Gentil qui était un haut fonctionnaire du gouvernement. Ces deux éléments lui avaient permis d'échapper à toutes formes de menaces au cours de la guerre. Un autre facteur ayant contribué à cela était le fait que Prague était une ville bien plus civilisée que ne l'était la Pologne pendant la guerre, et qu'il y avait beaucoup moins de haine et de persécutions vis-à-vis des juifs. Du fait du statut social de sa tante, Lolek était certain que notre séjour ici serait bien plus agréable et avantageux qu'à Cracovie ou à Budapest.

Trouver un train pour Prague ne nous demanda pas trop d'effort, et en un jour, nous étions arrivés à destination. Un seul probleme nous turlupinait : Lolek ne connaissait pas l'adresse de sa tante. Mais il savait plus ou moins dans quel quartier sa maison se trouvait, et grâce à cela et aux excellents tramways de la ville, nous finîmes par arriver chez elle depuis la gare principale de Prague. Nous étions enfin dans son quartier, nommé Praha Nusle. Nous pensions alors que cela nous prendrait du temps pour la retrouver, mais nous étions prêts à nous débrouiller seuls pendant quelques jours si nécessaire. Nous ignorions alors qu'une belle surprise nous attendait.

Une fois sortis du tramway, nous décidâmes de monter la rue qui menait vers un supermarché. À l'extérieur du magasin se trouvait un groupe de femmes, conversant entre elles en tchèque. Lolek s'approcha d'elles et leur demanda : "Excusez-moi, l'une d'entre vous connaitrait-elle, par chance, une femme nommée Bemova ?" Il s'était adressé à elles en polonais, mais les deux langues étant tellement similaires qu'elles furent en mesure de le comprendre.

Une des femmes était restée bouche-bée. Tout en scrutant attentivement le visage de Lolek, il lui fallut attendre quelques secondes avant de pouvoir prendre la parole. Puis elle s'exclama avec surprise : "Lolek ? C'est bien toi ?" C'était au tour de Lolek d'être étonné : il la regardait intensément et soudain son visage laissa apparaître un grand sourire. Il cria : "Oui ! C'est moi !" Puis ils se prirent vigoureusement dans les bras, se faisant de grandes bises. Des larmes coulaient sur leurs visages souriant tandis qu'ils continuaient leurs embrassades. Lolek me présenta à sa tante, puis nous nous en allâmes chez elle.

L'appartement dans lequel vivait la tante de Lolek était situé dans l'un des quartiers les plus sympathiques de Prague. Il était grand, spacieux, et joliment paré de meubles et d'œuvres d'art resplendissantes. Je n'avais jamais été dans un endroit aussi beau, pas même du temps de mon enfance à Tarnopol. Elle nous montra nos chambres et nous donna quelques serviettes pour que nous puissions nous nettoyer après notre long périple. Je savais que ce moment passé ici était spécial, mais aussi, qu'il était éphémère - du moins, pour moi. En plus, les Soviétiques avaient pris le contrôle d'une partie de la ville, de ce fait, l'idée de rester trop longtemps ici m'inquiétait. Même si leur prise de pouvoir n'était pas totale, nous anticipions une évolution rapide de la situation. Mais, pour l'instant, j'avais choisi de mettre ces pensées de côté, et avais hâte de passer un été d'aventures et d'amusement dans cette magnifique ville européenne.

La tante de Lolek se montrait généreuse et avenante, mais nous ne voulions pas abuser de sa gentillesse. Nous faisions donc en sorte de nous occuper de nous-mêmes autant que possible. Nous étions à l'affût des magasins de la ville qui servaient de la nourriture gratuite, et allions souvent manger là-bas. Chaque jour, nous passions notre temps à nous promener en ville. Nous avions visité chacun des lieux historiques de la ville, et exploré les nombreux parcs et jardins qui abondaient ici. Les bars et les cafés étaient pleins tous les soirs, et les femmes étaient parmi les plus belles que j'aie jamais vues de toute ma vie. En tant que jeunes hommes, nous n'aurions pas pu rêvé d'un endroit plus vivant et qui correspondrait davantage à notre nouvelle appréciation de la vie.

Je passais un séjour formidable à Prague, mais au fil des jours, nous ne pouvions que constater l'ampleur que prenait la main mise des Soviétiques sur nos libertés. À contrecœur, nous prîmes la décision de nous en aller dès que l'occasion se présenterait. Restait à savoir où nous allions nous rendre. Nous avions entendu dire que, depuis l'Autriche, les juifs parvenaient assez facilement à immigrer vers la Palestine et que, même si c'était illégal à l'époque, certaines associations sur place pouvaient nous venir en aide. L'idée de partir en Palestine, là où les juifs avaient vécu pendant des milliers d'années, m'intéressait. Et puisque l'aventure qu'un tel voyage représentait m'enthousiasmait tout particulièrement, je décidai de partir pour l'Autriche.

37

D'EST EN OUEST

Quitter la Tchécoslovaquie était une décision relativement simple à prendre. Dans les faits, ce fut bien plus compliqué : des restrictions à la frontière avaient été instaurées à la fin de la guerre, mais pendant un certain temps, elles avaient été peu appliquées. Maintenant que l'infrastructure s'était progressivement améliorée, les gardes aux frontières renforçaient leurs efforts afin de contrôler les phénomènes de migrations massives. Avec les Soviétiques qui resserraient leur contrôle sur la Tchécoslovaquie, nous savions que nos chances d'obtenir la permission de traverser la frontière autrichienne étaient maigres. Nous décidâmes alors de nous rendre au plus près de la frontière et de trouver une manière de passer sans être vus.

Nous étions arrivés jusqu'à Pilsen, une ville située à l'est de la frontière allemande. Il nous fallut ensuite nous rendre à la gare pour y mener notre petite enquête. Un grand nombre d'agents surveillaient et contrôlaient les papiers des gens qui allaient et venaient. Une fois sur place, nous fîmes la rencontre d'autres juifs qui, eux aussi, essayaient de quitter la Tchécoslovaquie sans papiers. Certains d'entre eux avaient choisi d'aller près des chemins de fer depuis lesquels les trains de marchandises partaient. Nous avions décidé de les suivre, et deux heures plus tard, nous étions à bord d'un train partant au sud, vers l'Autriche.

Une fois de plus, un long trajet nous attendait, le train de marchandises étant un train lent. Il avançait d'un pas lourd jusque vers la frontière autrichienne. À chaque embardée ou changement de wagons, nos estomacs se serraient. Nous n'avions aucune idée de ce qui nous arriverait une fois arrivés à la frontière. C'est pourquoi la journée nous semblait passer beaucoup plus lentement qu'en réalité. Nous venions d'arriver à la frontière autrichienne quand le train commença à ralentir, attendant nerveusement qu'il s'arrête complètement pour que les agents puissent monter à bord et vérifier s'il y avait des passagers clandestins. À notre grande surprise, le train ne s'arrêta pas. Il passa la frontière, reprenant rapidement de la vitesse. Cela nous fit pousser un grand soupir de soulagement : nous pouvions enfin nous détendre, et profiter de la brise fraîche de l'été et de la magnifique campagne autrichienne.

Au bout de deux heures, nous commençâmes à apercevoir une petite ville à l'horizon. Les rails s'élargissaient, et nous pouvions voir que nous entrions dans un dépôt de trains. Celui-ci se mit à ralentir au fur et à mesure que nous approchions de la cour de triage. Quand il finit par s'immobiliser, de nombreux voyageurs y virent l'opportunité de descendre brièvement se dégourdir les jambes et trouver quelque chose à manger. Nous avions décidé de les rejoindre, ne sachant pas combien de temps il nous faudrait encore voyager avant de trouver un endroit où nous installer.

La plupart des passagers à bord du train étaient des survivants juifs d'Europe de l'Est, et c'était la première fois qu'ils mettaient un pied dans un territoire ayant solidement appartenu au

Troisième Reich. Nous n'avions pas tardé à rencontrer des Autrichiens vaquant à leurs occupations près du dépôt. Nous les avions évités, mais deux autres de nos compagnons de voyage n'avaient pu retenir leur colère en les voyant. Ils se mirent à courir jusqu'à eux pour leur crier qu'ils étaient des assassins et auteurs d'un génocide. L'amertume qu'ils avaient réprimée éclatait au visage de toute personne dont la langue maternelle était l'allemand. Bien entendu, les Autrichiens, dans l'ensemble, avaient largement soutenu les plans délirants d'Hitler de détruire les juifs, et je comprenais que de telles explosions d'émotions puissent arriver. Malgré cela, je savais que ce n'était ni le lieu ni le moment pour prendre une revanche. Nous ignorions tout de ces personnes sur lesquelles nous venions de tomber, et de leurs points de vue sur ce régime meurtrier. Et quand bien même nous aurions su, ce n'était pas une bonne stratégie.

Toutefois, ces victimes survivantes n'avaient pas pu se retenir, et s'en étaient pris à ces Autrichiens insouciants en les attaquant violemment. Mon ami et moi, ainsi que d'autres passagers, avions décidé qu'il était temps d'intervenir. Nous nous précipitâmes vers le nœud de bagarreurs pour nous interposer entre les coups mutuels, avant d'agripper les attaquants et de les ramener vers le train. Les Autrichiens quittèrent rapidement le lieu et, à contrecœur, nos compagnons de route commencèrent à se calmer et à reprendre leurs esprits. Peu de temps après, nous étions de retour à bord et en direction des magnifiques Alpes autrichiennes. Mon ami et moi, venant d'entamer une nouvelle portion de notre voyage, ressentions un sentiment de paix inédit en contemplant la majestueuse ligne d'horizon montagneuse.

L'un des passagers qui nous avait aidé à intervenir lors de l'émeute vint s'asseoir près de nous. Accompagné de son père, ils étaient les deux seuls membres de leur famille qui avaient survécu. Il s'appelait Tomek Shoenfeld, et nous nous étions raconté nos sombres passés mutuels. Nous étions devenus de très bons amis et, depuis cette première rencontre, nous avions gardé contact l'un avec l'autre.

Bientôt, le train se mit à gravir une pente raide située au milieu de collines rocheuses, s'élevant jusqu'à des sommets pointus coiffés de plaques de neige. Je n'avais jamais vu de paysages de montagne si spectaculaires. L'air était frais, propre, revigorant. Parfois, nous pouvions voir de magnifiques maisons, moulées dans la roche, défiant la gravité. Des fleurs sauvages recouvraient les prairies vertes des affleurements rocheux. Le train prit un virage et, soudain apparut sous nos yeux une vallée majestueuse dans laquelle était niché un lac bleu cristallin brillant au soleil. Je n'avais jamais rien vu d'aussi splendide. Il me tardait d'être en Autriche et d'en voir toute la beauté.

Peu de temps après, nous approchions d'une nouvelle ville. Certains passagers savaient qu'il s'agissait de Salzbourg - une ville dans laquelle se trouvait l'un des plus grands camps de personnes déplacées d'Europe, dirigé par les Américains. Nous parcourions la vallée alpine en direction du centre-ville, émerveillés par la beauté omniprésente des lieux qui nous entouraient. Les sommets des montagnes encadraient une zone parsemée de jolies maisons et de jardins parfaitement entretenus. Chaque paysage, chaque son, chaque parfum, tout était porteur de l'espoir d'une vie nouvelle et promesse de liberté. Mais nous étions loin de nous douter que nos jours d'emprisonnement et d'entraves à nos mouvements n'étaient pas encore terminés, même si nous étions maintenant dans une région contrôlée par les Américains.

Quand le train s'arrêta à Salzbourg, la police militaire américaine se positionna rapidement tout autour du véhicule, sachant qu'il y avait des réfugiés à bord. En voyant ces hommes armés, nos cœurs se serrèrent tandis que des souvenirs de l'horreur que nous avions connue au cours des cinq dernières années nous revenaient. Même si nous savions qu'ils n'étaient pas nos ennemis, nous avions par ailleurs bien compris que le travail consistait à nous empêcher de débarquer. Une fois de plus, nous nous sentions comme des prisonniers.

Nous apprîmes rapidement que le camp de personnes déplacées était plein et qu'il ne pouvait pas accueillir de nouveaux survivants. Ils s'apprêtaient donc à forcer les passagers à rester à bord du train qui se dirigeait vers l'ouest. Mais personne ne pouvait nous dire où nous atterririons si nous restions dans le train. Nous avions initialement prévu de nous arrêter à Salzbourg, car nous savions que des groupes aidaient les survivants juifs à aller en Palestine. Nous commençâmes alors à planifier un moyen de descendre du train sans nous faire remarquer. Afin de mettre toutes les chances de notre côté, il nous fallait avancer sous couvert de l'obscurité, c'est pourquoi nous attendions patiemment la tombée de la nuit. C'était la fin de l'été, et l'obscurité ne fut complète que tard le soir. Nous étions impatients de nous enfuir, mais nous devions attendre après minuit, quand la plupart des gens dorment et que les rues sont presque vides.

Minuit arriva : moi, Lolek, ainsi que mon nouvel ami Tomek et son père, descendîmes tout doucement du train. Accroupis sous le wagon, nous inspectâmes les environs pour voir s'il y avait des soldats, mais nous n'en vîmes aucun. Tout en restant le plus près possible du sol, nous traversâmes à la hâte les nombreuses voies qui bordaient la gare de triage, avant de nous abriter derrière une plateforme voisine. Depuis ce point, nous nous dirigeâmes prudemment vers la périphérie du dépôt, puis dans les rues de la ville. Nous avions réussi à nous échapper sans que personne ne nous remarque, mais nous savions qu'il nous fallait rester en mouvement. Notre plan était de trouver le camp de personnes déplacées et de voir s'il nous était possible de les convaincre de nous faire entrer. Mais nous ne savions pas où ce camp se trouvait.

Nous finîmes par arriver dans le centre de Salzbourg, et à notre grande surprise, au moment où nous nous apprêtions à traverser la grande place, un groupe de personnes avec lequel nous étions dans le train apparut. Eux aussi espéraient pouvoir se rendre au camp de personnes déplacées. Avec toutes ces personnes rassemblées au milieu de la nuit, nous pouvions être sûrs que les autorités ne tarderaient pas à nous trouver. Nous commencions à craindre qu'elles ne nous encerclent et qu'elles nous remettent dans le train. Le groupe continuait de s'agrandir, et notre angoisse avec. Nous devions nous séparer de cette foule et marcher en direction du camp dès que possible, sinon, nous manquerions notre chance. Tous les quatre, nous décidâmes de quitter le centre-ville et de faire de notre mieux pour trouver le camp par nous-mêmes.

Je ne me rappelle pas comment, mais tant bien que mal, nous avions fini par obtenir les coordonnées du camp et, au petit matin, nous étions arrivés à bon port. Nous nous approchâmes de l'entrée avec appréhension. Cette vision nous renvoyait à des souvenirs terribles : des clôtures barbelées s'étendaient de part et d'autre du portail, et encerclaient le camp. Un agent de la police militaire se trouvait là, empêchant les gens d'entrer et de sortir. Tout ce à quoi je pensais était à l'ironie de ce que nous avions vécu, en nous échappant de camps qui ressemblaient beaucoup à celui-ci, croyant maintenant que nous étions libres - tout cela pour continuellement finir à la merci de personnes qui gardaient des endroits comme ceux-ci. Pendant combien de temps allaient-ils continuer à nous traiter comme du bétail, menés d'un pâturage à l'autre par toutes sortes de personnes ? Épuisé d'être resté éveillé toute la nuit, j'en eu un coup au cœur. Mais la simple idée d'être refoulés et de devoir repartir dans le train comme du cheptel m'insupportait.

En arrivant près du portail, l'agent nous demanda nos laissez-passer pour entrer. Bien entendu, nous n'en avions pas, donc il nous fallut attendre quelques instants pour réfléchir à la meilleure chose à faire. Le soleil montait toujours plus haut dans le ciel, et nous n'avions pas beaucoup de temps pour prendre une décision. Était-il préférable de nous rendre dans un autre camp de personnes déplacées, ou de plaider pour notre cause ici auprès des autorités ? Au bout de quelques minutes, on vit un homme, qui avait l'air d'être un agent de police, se diriger vers le portail. Il ordonna aux soldats d'ouvrir les portes pour le laisser sortir et avança vers nous. Il se présenta et, en effet, il s'agissait du responsable du camp. Le hasard faisait qu'il était juif lui aussi, et qu'il parlait plusieurs langues, dont l'anglais. C'est pour cette raison que les Américains l'avaient placé à ce poste.

Après s'être présenté à nous, il nous dit à voix basse : "Vous êtes juifs. Est-ce que vous voulez venir dans le camp ?" Il parlait tout bas pour que les gardes ne puissent pas l'entendre. "Oui, s'il-vous-plaît ! Nous n'avons pas d'autre endroit où aller," répondit-on sans hésiter. Il poursuivit : "C'est d'accord. Je vais vous donner un laissez-passer à tous. Mais vous devez vous en aller un moment, puis revenir un par un - pas en groupe. Comme cela, vous n'éveillerez pas les soupçons." Nous prîmes les laissez-passer avec empressement, avant de le remercier. Même s'il était le responsable du camp, son statut ne lui permettait pas de décider des personnes pouvant être admises à l'intérieur. Néanmoins, il avait le droit de donner des laissez-passer aux personnes pour qu'elles puissent entrer et sortir. Nous étions arrivés dans le bon camp, au bon moment. Une fois de plus, un incroyable coup du sort s'ajoutait à mon long voyage vers la survie.

Le responsable de ce camp finit par devenir un très bon ami, de même que l'assistant avec lequel il s'occupait du camp. Ils s'appelaient Moniek Kluger et Felek Zauberman. Nous nous sommes tous retrouvés aux États-Unis, près de New York. Nos femmes sont également devenues amies et nos enfants ont grandi ensemble.

38

LA VIE EN TANT QUE PERSONNE DÉPLACÉE

Aucun d'entre nous n'eut de problèmes pour entrer dans le camp avec nos laissez-passer officiels. Nous avions suivi les consignes données et étions revenus un par un. Les gardes nous avaient ouvert sans nous poser de questions. Nous étions soulagés d'être à l'intérieur : nous pouvions nous laver, manger quelque chose et trouver un endroit où dormir.

Le camp était spartiate, peu confortable, mais nous nous sentions en sécurité et contents d'être protégés des éléments. Lolek et moi étions à la recherche d'un endroit où dormir. Nous entrâmes dans un bâtiment et nous rendîmes compte très rapidement que tous les lits étaient occupés. Le même constat pouvait être fait en allant dans les autres immeubles. Puis nous fîmes la visite d'un dernier bâtiment. Une fois de plus, les lits semblaient tous pris, nous laissant penser qu'il nous faudrait probablement dormir par terre. Mais soudain, nos yeux croisèrent ceux de deux jeunes filles magnifiques, assises au bord d'un des lits superposés. Nous allâmes à leur rencontre et commençâmes à leur raconter notre histoire - à laquelle elles avaient porté grande attention. Puis, à notre grande surprise, elles nous proposèrent la chose suivante : "Pourquoi ne prendriez-vous pas tous les deux le lit du dessus, et nous celui du bas ?" Leur générosité soudaine nous stupéfia et, bien entendu, l'idée d'être à proximité de ces deux ravissantes jeunes femmes nous ravit. C'est donc sans hésitation que nous acceptâmes leur offre, et que nous installâmes nos affaires.

J'avais rapidement appris les noms de nos hôtes gracieuses. L'une d'entre elles m'avait tout particulièrement tapé dans l'œil. Elle s'appelait Halina Goldberg. Elle me plaisait beaucoup, et je trouvais n'importe quel prétexte pour lui parler et apprendre à mieux la connaître. Le nom de son amie était Lilka Silbiger, et elle était très gentille elle aussi. Mais Halina m'intéressait bien plus, et elle semblait elle aussi éprouver un intérêt pour moi. J'avais dix-sept ans à l'époque, et elle en avait seize. Nous allions bientôt commencer à passer beaucoup de temps ensemble. Il ne lui fallut pas longtemps pour me raconter son histoire.

Halina venait de l'ouest de la Pologne, plus précisément de la ville de Częstochowa qui, au début de la guerre, était frontalière de l'Allemagne. Elle avait connu l'une des tristement célèbres "marches de la mort" que les nazis avaient imposées aux prisonniers de leurs camps de concentration et camps de travail à la fin de la guerre. Étant donné que les Soviétiques avançaient en Pologne et que les Alliés approchaient depuis l'ouest, les Allemands commençaient à évacuer les prisonniers de ces camps dans une tentative désespérée de cacher les atrocités qu'ils avaient commises. Halina avait miraculeusement survécu à l'une de ces marches épouvantables. En 1987, elle livra un témoignage oral au sujet de ce qu'elle avait vécu au cours de la guerre. Elle fut interviewée par le Holocaust Resource Center de l'Université de Kean, dans le New Jersey. L'entretien a été filmé et est disponible en ligne. Il raconte une histoire tragique à la fin miraculeuse, et vaut vraiment la peine d'être visionné.

L'Autriche avait eu son lot de personnes déplacées, bon nombre d'autres pays européens étant contre l'idée d'en accueillir. En conséquence, il n'était pas toujours simple d'obtenir un laissez-passer pour quitter le camp, puisque les autorités voulaient limiter tout problème et toute plainte potentiels de la part des locaux sur le fait d'être envahis par les réfugiés. Mais, souhaitant ardemment explorer notre nouvelle amitié, Halina et moi trouvions toujours des manières de faire le mur. Il y avait un endroit dans la clôture du côté opposé à la porte du camp, caché de la surveillance constante des gardes, qui pouvait être soulevé, nous permettant de nous faufiler à l'extérieur. Pour moi, c'était génial d'avoir la liberté de m'éclipser avec Halina et d'aller en ville pour un "rendez-vous." Peu de temps après, nous nous fîmes la cour. Nous adorions aller dans le centre-ville de Salzbourg pour profiter des parcs et des esplanades. C'était une ville où la musique était omniprésente et où se produisait un regain d'optimisme après les jours sombres de la guerre. C'était une époque romantique pour nous deux. Nous faisions des pique-niques dans les parcs et appréciions visiter le somptueux château qui trônait sur une colline voisine.

Un heureux hasard avait fait que l'un de mes amis de Tluste se trouvait lui aussi au camp de personnes déplacées de Salzbourg. C'était Wilo Schechner, l'ami qui avait demandé à son père que l'on me cache avec eux dans leur bunker au cours de l'une des premières akcia. Nous étions si heureux de nous revoir, juste après quoi nous décidâmes de nous raconter nos histoires de survie mutuelles. Il me racontait qu'il espérait se rendre en Palestine, ce à quoi je répondis que nous pouvions nous organiser pour y aller ensemble.

À l'époque, les Américains contrôlaient Salzbourg, ville autrichienne dans laquelle ils opéraient la majeure partie de leurs activités. Il y avait plusieurs camps de personnes déplacées ici, tous sous la direction de l'UNRRA, l'Administration des Nations unies pour le secours et la reconstruction, datant de 1943. L'organisme fournissait de l'aide aux aires européennes ayant été déchirées par la guerre et était un précurseur des Nations Unies, créées en 1945. Il ne fallut pas attendre longtemps avant que l'on apprenne que plusieurs organisations aidaient les Juifs à se rendre en Palestine, qui était sous l'autorité du gouvernement britannique depuis la fin de la Première Guerre mondiale. Mais, après de nombreuses années à limiter fortement l'immigration juive dans la région, ils y mirent purement et simplement terme après la guerre. C'est pourquoi les associations venant en aide aux juifs pour aller en Palestine le faisaient de manière illégale. Sans nous décourager, mon ami et moi avions décidé de tenter notre chance et d'y aller. Nous avions réussi à entrer en contact avec une organisation nommée Bricha qui faisait passer clandestinement des juifs depuis le sud de l'Europe jusqu'en Palestine, et nous étions organisés pour y aller.

Puisqu'il était interdit de se rendre en Palestine, il n'était pas aisé à l'époque de trouver un moyen de locomotion depuis l'Europe. Ceux qui tentaient d'y accéder par l'Autriche devaient subir un long voyage difficile, parcourant les Alpes à pied, passant la frontière italienne, rejoignant ensuite, depuis un lieu isolé, une ville portuaire italienne pour enfin pouvoir prendre le bateau pour traverser la mer Méditerranée, connue pour être houleuse. Notre plan était d'aller à Innsbruck pour rencontrer les personnes qui nous aideraient à traverser la montagne et arriver en Italie. J'avais le cœur serré de devoir quitter Halina, mais nous étions encore très jeunes et n'avions pas l'intention de nous marier de sitôt. Je pensais toujours qu'il valait mieux pour moi que je suive ces milliers d'autres juifs, désireux de retourner sur la terre de nos ancêtres. Nous nous étions donc fait nos adieux, espérant nous revoir un jour dans un futur proche.

Quelques jours plus tard, Wilo et moi étions en route pour Innsbruck. Une fois sur place, nous nous installâmes chez ces hôtes qui nous feraient passer clandestinement en Italie. Mais, peu de temps après notre arrivée, je commençais soudainement à me sentir très mal. J'ignorais quel était le problème, mais je ressentais d'importantes difficultés à respirer. Chaque heure passée me rendait plus fatigué et plus faible que je ne l'étais avant. Mon dos et mes épaules me faisaient mal, tandis qu'une toux persistante s'était emparée de moi. J'étais fiévreux, parfois. Je m'interrogeai alors sur ma capacité à faire cette marche éreintante, des milliers de pieds au-dessus du niveau de la mer, à travers des températures glaciales et de la neige, dans un tel état.

Le lendemain, alors qu'il était temps pour nous de partir, je dis à mon ami que je pensais ne pas pouvoir faire ce voyage à cause de la maladie. Je décidai de retourner dans le camp de personnes déplacées et de retrouver Halina. Le conflit d'émotions que j'avais ressenti à l'époque m'avait terrassé. Après ce long supplice, je me languissais d'une vie nouvelle dans une ville où les juifs sont acceptés et en sécurité, loin de ceux qui nous haïssent. Maintenant, ce rêve ne me semblait plus possible. J'avais le cœur lourd, mais la simple idée de revoir Halina était comme un rayon de soleil dans un nuage de désespoir. J'entrepris de la retrouver aussi vite que possible.

39

FACE À LA MORT UNE DERNIÈRE FOIS

Je venais à peine d'arriver à Salzbourg depuis Innsbruck quand j'appris qu'Halina était partie pour un autre camp, situé non loin du premier. Il y avait trop de monde dans le camp de Salzbourg, et trop peu de confort. Comme dans la plupart des camps de personnes déplacées, les conditions de vie des réfugiés étaient déplorables. Des efforts étaient faits pour essayer de les améliorer, mais les ressources pour le faire étaient limitées à cause des autres priorités de l'après-guerre. Halina avait appris qu'un nouveau camp de personnes déplacées venait d'ouvrir, à quelques miles seulement de Salzbourg, près d'Ebensee, un village magnifique situé au bord d'un lac. Il s'agissait du camp de Steinkogle, et Halina avait choisi de s'y rendre, en espérant que les conditions de vie seraient meilleures. Lorsque je découvris où elle se trouvait, je décidai de la rejoindre. C'était un plaisir de la revoir et je constatai à mon arrivée que ce camp était beaucoup plus agréable que celui de Salzbourg.

Une fois installé à Ebensee, mon état commença à empirer. La douleur que je ressentais dans la poitrine et dans le dos était insoutenable, et j'avais développé une très mauvaise toux. Je ne pouvais pratiquement pas dormir la nuit, car avec toutes mes douleurs, il m'était difficile de trouver une position confortable. J'ignorais le nom du mal dont je souffrais, mais je savais que j'avais besoin de voir un médecin. Il y avait deux docteurs juifs dans le camp. J'allai les voir, et ils se rendirent compte que mes poumons étaient remplis de liquide. Ils diagnostiquèrent une pleurésie. Je devais aller aux urgences à tout prix. Je fus alors immédiatement envoyé à Ebensee, où se trouvait un hôpital de fortune. Je n'avais pas connu beaucoup d'hôpitaux dans ma vie, mais je fus surpris de voir à quel point les installations de celui-ci étaient rudimentaires. Les lits étaient superposés, et ne disposaient pas de literie : les matelas étaient grossièrement fabriqués avec de la paille. De plus, l'hôpital n'avait pas suffisamment de fonds pour se procurer tous les médicaments nécessaires. L'état de cet établissement me fit m'interroger sur le nombre de personnes qui avaient survécu aux horreurs perpétrées par les meurtriers nazis pour finalement arriver dans un lieu pareil et mourir à cause du manque de traitement médical approprié.

L'hôpital comptait parmi ses patients des survivants d'un camp de concentration situé près d'Ebensee. Un grand nombre de ces patients avaient contracté la tuberculose et avaient été mis en quarantaine. Il avait passé tant de temps ensemble que des liens uniques s'étaient tissés entre eux. J'allais bientôt faire partie moi aussi de ce groupe très soudé.

Après mon admission à l'hôpital, les médecins m'expliquèrent qu'il était crucial que le liquide contenu dans mes poumons soit ponctionné. L'intervention se faisait généralement à l'aide d'une seringue, dont l'aiguille était insérée entre les côtes, jusque dans les poumons pour en sortir le fluide. Le jour de l'opération, j'appris qu'il n'y avait pas d'anesthésie, et qu'il fallait que j'endure ces injections douloureuses sans aucun antalgique. L'hôpital n'avait pas non plus de chambre à part dans laquelle j'aurais pu m'isoler, et donc, l'intervention fut réalisée dans la chambre commune au milieu des autres patients. Une chaise avait été placée au centre de la chambre et on me demanda de m'asseoir à l'envers, le dos face aux médecins. Tandis qu'ils préparaient la seringue, j'enroulai fermement mes bras autour du dos de la chaise. Je baissai la tête, fermai les yeux et attendis. Je me sentais un peu gêné, puisque tout cela se passait en face d'autres patients dans la pièce.

Je ne me souviens pas beaucoup de la douleur que j'ai ressentie, ni de la manière dont l'intervention s'est déroulée, mais une chose avait marqué mon esprit : le bruit que faisait le liquide en jaillissant de la seringue au contact du seau. Après quelque temps, ce son du liquide qui tombait dans le seau perçait le silence de la pièce. C'était un rythme à intervalles réguliers qui, je l'espérais, se terminerait bientôt.

Je fus presque totalement cloué au lit pendant les jours qui suivirent. Halina était venue me voir autant de fois qu'elle le pouvait - d'ailleurs, les autres patients et docteurs aimaient ses visites presque tout autant que moi. Elle avait une personnalité vive, et sa nature joviale réussissait toujours à mettre les gens à l'aise et de bonne humeur. Elle amenait souvent des friandises, des gâteaux, des biscuits, parfois quelque chose de salé, mais tout aussi délicieux. Ce réconfort qu'elle m'apportait avait sans aucun doute joué un rôle majeur dans mon rétablissement final. C'était comme un miracle pour moi qu'elle puisse m'apporter des cadeaux aussi merveilleux à chaque fois, puis je compris à quel point elle était ingénieuse : elle s'était liée d'amitié avec certains garçons du camp qui avaient été recrutés pour travailler dans la cuisine d'une base militaire américaine voisine. Grâce à son charisme et à son charme, elle avait réussi à les convaincre de partager avec elle un peu de la nourriture qu'ils préparaient pour les soldats de la base.

Les premiers jours qui suivirent le drainage de mes poumons, mon état ne s'était pas particulièrement amélioré. Cette situation donna l'occasion à Halina de démontrer à nouveau sa débrouillardise : un jour, alors qu'elle venait pour me rendre visite, l'un des médecins prit Halina à part pour lui dire quelque chose. "Lonek risque de tomber très malade. Il a besoin de certains médicaments que nous n'avons pas ici. Sans ce traitement, il développera la tuberculose et pourrait en mourir." L'air inquiet, Halina demanda : "De quel médicament s'agit-il, et où puis-je me le procurer ?" Le docteur lui indiqua qu'il s'agissait d'un traitement à base de calcium et qu'elle pouvait le trouver dans un des autres camps de personnes déplacées. Halina s'en alla immédiatement chercher le médicament. Une fois sur place, elle tomba sur l'un de nos amis communs, Salci Perecman, un juif lituanien doté d'une figure très imposante. Salci était plus âgé que nous et était un personnage à l'allure rude et robuste. Quand elle lui expliqua la situation, il lui répondit : "Allons en ville pour voir si nous pouvons trouver cela à la pharmacie."

Ils arrivèrent ensemble à la pharmacie et se dirigèrent vers le pharmacien pour lui demander s'il avait du calcium en stock. Quand il leur dit qu'il n'en avait pas, Halina supplia l'homme, lui expliquant que ma vie serait en danger si elle n'obtenait pas ce médicament. Le pharmacien insista à nouveau, disant qu'il n'en avait pas. À ce moment-là, Salci s'avança vers le comptoir et se redressa de tout son long. Son regard intense pénétrait celui du pharmacien, et il dit d'une voix sévère : "Nous avons besoin de ce médicament." Une fois de plus, l'homme nia en posséder. Alors, Salci mit la main dans sa poche et sortit son canif. Il leva légèrement le couteau avant de le planter violemment dans le comptoir en bois du pharmacien, avant de lui dire : "Je ne suis pas sûr que vous m'ayez compris. Nous avons besoin de ce médicament tout de suite." Nerveux, l'homme lui répondit : "Je comprends. Je vous l'apporte." Il se tourna rapidement, trouva les fioles contenant le traitement puis se mit à préparer le dosage aussi vite qu'il le put. Salci et Halina s'en saisirent, remercièrent l'homme, puis se dépêchèrent pour retourner à l'hôpital. Ce médicament joua un rôle crucial dans mon rétablissement : le risque que je contracte la tuberculose avait été minimisé et les médecins ne s'en inquiétaient plus. Mais ce changement ne se fit pas du jour au lendemain, et j'ai dû rester à l'hôpital pendant de nombreuses semaines avant d'être complètement rétabli.

Cela faisait à peu près un mois que j'étais à l'hôpital quand la nouvelle d'un transfert de tous les patients vers d'autres hôpitaux disposant d'installations et de services adéquats me parvint. En dépit de notre mauvaise santé, aucun d'entre nous n'appréciait l'idée de partir pour un établissement inconnu. La plupart des hommes de mon unité souffraient de la tuberculose. Jusqu'à présent, j'avais échappé à la maladie, mais la pleurésie m'avait fatigué et affaibli, tout autant que l'étaient les autres.

Nous nous plaignions les uns aux autres au sujet de ce déménagement possible, et certains patients avaient même décrété qu'ils ne partiraient pas. Il avait tout simplement pris la décision de résister et de rester sur place. L'idée se propagea et, très rapidement, nous décidâmes de tous nous unir contre le déménagement. Les docteurs eurent vent de notre résistance, et essayèrent de nous rassurer quant au fait que ces hôpitaux étaient bien mieux équipés que ne l'était celui-ci. Mais leurs efforts ne réussirent pas à nous convaincre. Un cri résonnait à travers la pièce : "Nous ne savons pas où ils veulent nous emmener. Nous ne bougerons pas ! Nous ne bougerons pas !"

Il semble a priori illogique que des hommes dans notre état de santé réagissent ainsi, mais, au vu de ce que nous avions subi avec les nazis au cours des cinq dernières années de nos vies, nous étions tous devenus méfiants vis-à-vis de l'autorité, quelle qu'elle soit. L'hôpital d'Ebensee était un hôpital de fortune, sommaire, et il n'y avait même pas d'infirmières pour prendre soin de nous. Néanmoins, notre vécu commun, en tant que survivants de l'Holocauste et, à présent, de malades des poumons, avait forgé un lien très fort entre nous. Nous ne pouvions pas supporter l'idée d'être séparés. Nous aimions la stabilité et le confort de cet endroit familier, et avions peur de l'inconnu que ce déménagement engendrerait.

Quand le jour J arriva, nous décidâmes de résister. Nous nous étions attachés les uns aux autres avec des cordes pour les empêcher de nous retirer de nos lits. En voyant notre plan, les médecins firent appel à la police militaire pour venir nous prendre de force. Un par un, les agents de police coupèrent les cordes puis nous mirent dans des ambulances.

J'avais été envoyé dans un hôpital perché un peu plus haut dans les montagnes de la ville de Goisern, à quelques miles au sud d'Ebensee. En arrivant là-bas, je m'étais senti un peu idiot d'avoir participer à une telle protestation. Cet hôpital était un endroit magnifique, et doté d'un personnel complet de nonnes qui étaient toutes des infirmières professionnelles. Les médecins semblaient très compétents et les chambres, privées, étaient dotées de lits bien plus confortables que ceux que j'avais pu connaître ces dernières années. Les coussins et le linge de lit étaient propres et douillets. La nourriture était délicieuse elle aussi, et nous disposions de tout ce dont nous avions besoin pour un prompt rétablissement. L'air de la montagne était revigorant - ce qui était parfait pour mes poumons - et, tous les jours, les infirmières m'emmenaient faire une promenade pour que j'en profite. J'étais si heureux que nos plans de résistance aient échoués. À présent, j'étais vraiment en route vers la guérison.

Après quelques semaines supplémentaires, j'étais enfin guéri et prêt à quitter l'hôpital. Halina était retournée à Salzbourg, et je l'avais rejointe. Ravis de nous être retrouvés, nous avions décidé d'emménager ensemble dans cette ville. Pendant ce temps, mon ami Lolek était retourné à Cracovie. Une fois arrivé, il raconta à ma sœur que j'avais été malade. Tusia prit immédiatement le train pour Salzbourg pour voir comment allait son petit frère. Elle fut rassurée de constater, quand elle fut sur place, que j'étais complètement guéri.

Tusia nous raconta qu'elle avait entendu dire que certains de nos amis de Tarnopol vivaient dans la ville de Schwandorf, en Allemagne. Nous prîmes la décision d'aller leur rendre visite et, peut-être, si la ville nous plaisait, d'y déménager. Nous commençâmes alors à préparer nos affaires et, en l'espace de quelques jours, nous étions partis. Mendel nous rejoignit, suivi d'Edek. Après que j'eus quitté Cracovie, Edek déménagea dans la ville de Breslau, aujourd'hui connue sous le nom de Varsovie. Là-bas, il rencontra sa future femme, Ina Bergman, et se marièrent peu de temps après.

Quelques jours après notre arrivée à Schwandorf, Halina eut l'opportunité de partir aux États-Unis. Puisqu'elle avait moins de dix-huit ans, et qu'elle n'avait plus de famille pour l'aider à subvenir à ses besoins, sa demande d'asile avait été classée comme prioritaire sur la liste des réfugiés. J'étais heureux pour elle, bien entendu, mais aussi triste, parce que cela voulait dire que nous serions bientôt séparés l'un de l'autre. Les choses s'étaient enchaînées très vite, et rapidement, elle était prête pour partir. Nous nous fîmes nos aurevoirs et nous souhaitâmes bonne route, espérant tous les deux que nous nous reverrions bientôt.

Bien entendu, j'avais souvent pensé immigrer aux États-Unis, mais à l'époque, l'immigration était limitée et il fallait pouvoir justifier d'un parent vivant là-bas susceptible de nous prendre en charge financièrement. Ce parent devait par ailleurs promettre que l'immigrant ne prendrait pas un travail qui aurait pu être attribué à un citoyen américain, et qu'il le soutiendrait financièrement s'il n'était pas en mesure de le faire lui-même. Ma tante était là-bas, et elle était d'accord pour que nous venions tous vivre avec elle, mais cela faisait beaucoup à lui demander. De ce fait, je décidai, pour le moment, de mettre cette idée de côté.

Je ne me rappelle pas combien de temps je suis resté à Schwandorf avec mon frère et ma soeur. Ce que je sais, c'est que je me suis rapidement ennuyé dans ce petit appartement avec le reste de la famille. J'avais envie de partir et de suivre mon propre chemin. C'est ainsi que je suis retourné à l'école, dans un "gymnasium" près de Ratisbonne. En Allemagne, le gymnasium représente le dernier cycle d'études secondaires, juste avant l'université. Le hasard avait voulu que mon ami Sam soit de passage en ville, et que nous tombions l'un sur l'autre au centre de proximité où les juifs se retrouvaient. Une fois de plus, nos chemins s'étaient croisés, renforçant toujours un peu plus notre amitié.

À Ratisbonne, je louais une chambre dans la maison d'une famille "très allemande". Ils étaient provinciaux dans leur manière de voir les choses et menaient une vie très simple. Nous avions une relation tendue, et ne voulions pas tellement échanger les uns avec les autres. J'ignore pourquoi, mais j'avais l'impression qu'ils me trouvaient suspect. À chaque fois que j'entrais et sortais pour vaquer à mes occupations, j'essayais de les éviter autant que possible. Chaque fois que nous nous voyions, cependant, nous échangions quelques banalités, sans jamais pousser la conversation plus que cela. Ils avaient une fille qui avait pratiquement mon âge, peut-être deux ans de moins. D'un point de vue sentimental, elle ne m'intéressait pas - mais un soir, je découvris brutalement que l'inverse n'était pas vrai : je m'étais levé pendant la nuit pour aller dans la salle de bain. En ouvrant la porte, je fus choqué de la trouver dans la baignoire. Elle me fit un petit signe de la main pour me dire de la rejoindre, avant de tendre la main vers moi. Je sortis rapidement, claquant la porte derrière moi, et courus dans mon lit. À ce moment-là, je compris que je ne pouvais pas rester plus longtemps. Le lendemain matin, je pris la décision de retourner à Schwandorf.

Pendant ce temps, ma tante aux États-Unis était à notre recherche. Nous avions manqué de diligence, et ne l'avions pas tenue informée des différents déménagements que nous avions effectués au cours des dernières années. Elle n'avait donc aucun moyen de nous contacter, mais, persévérante, elle avait continué ses recherches. Heureusement, elle avait un gendre qui était médecin et qui servait à l'époque dans l'armée allemande. Elle lui confia la tâche de nous retrouver, ce qu'il finit par faire à travers l'UNRRA. Il vint nous rendre visite à Schwandorf pour nous annoncer que notre tante voulait nous aider à immigrer aux États-Unis. Cette nouvelle nous émerveilla et sans attendre, nous commençâmes à préparer ce grand voyage. Il y avait beaucoup de papiers à remplir et de lettres à écrire, et il nous fallut près de deux mois pour tous les compléter. Edek et Ina furent les premiers à être acceptés, et ils partirent en août 1946. Je serai le prochain, mais il fallut encore attendre un an pour compléter le processus. Tusia, Mendel et Fryma arrivèrent deux mois après moi.

En octobre 1947, je montai à bord du S. S. Ernie Pyle, un navire aujourd'hui célèbre pour avoir transporté de nombreux immigrants aux États-Unis après la guerre. Quelques mois plus tôt, j'avais eu dix-neuf ans. Même si cette époque n'avait représenté qu'une petite partie de mon existence, je comprendrai plus tard combien ces huit longues années depuis le début avaient forgé et défini l'essentiel de ma personnalité.

Mon long voyage vers les États-Unis avait commencé. À nouveau, je me sentais partagé. J'étais rempli d'enthousiasme quant à la promesse de l'Amérique et de sa prospérité - une promesse qui était celle d'innombrables possibilités et d'espoir. J'avais vu des images de ces gens qui vivaient une bonne vie et de tout le luxe qui leur était accessible. Mais de l'autre côté, je savais quelle était la lutte que devaient mener les immigrants qui venaient d'arriver : ils vivaient avec très peu, voire rien, et peinaient à joindre les deux bouts. Bon nombre d'entre eux s'étaient échinés à travailler dans des usines à sueur et autres ateliers de misère. Je parlais à peine l'anglais, n'avais plus été à l'école depuis le début de la guerre, et étais dépourvu de toute compétence professionnelle. Cette réalité me plongeait dans la peur et l'inquiétude.

Au fur et à mesure que le bateau avançait, il se levait et s'enfonçait au gré des vagues - tout comme mes états d'âmes, contemplant mon futur dans ce pays lointain. Mais j'avais relevé le défi de la survie au milieu du plus inimaginable des enfers, et la chance avait souri à ma volonté de vivre. Je savais que je réussirai à trouver le courage d'affronter n'importe quelle situation à venir.

40

ÉPILOGUE

Mon arrivée aux États-Unis ne signifiait pas que mes épreuves et mes tribulations étaient finies. Au vu de ce que j'avais pu traverser pendant le règne de terreur nazie, les difficultés rencontrées ici étaient bien plus simples à surmonter. Je ne voudrais répéter cet affreux cauchemar pour rien au monde, mais il était évident que cette expérience avait fait naître en moi la force d'endurer les moments difficiles.

J'étais à présent dans le pays des possibles, mais personne n'allait me servir mon succès sur un plateau. Mon histoire n'a jamais intéressé personne aux États-Unis. Cela ne me surprenait pas. Je ne m'attendais à aucun traitement de faveur à cause de l'épreuve que j'avais vécue. À travers celle-ci, j'avais bien compris que la seule manière de survivre était de travailler dur, d'être consciencieux et de persévérer.

Je ne dis pas cela pour dire que je ne dois ma survie qu'à mes seuls efforts. On estime aujourd'hui que 90% des juifs Polonais ont péri au cours de l'Holocauste. Tout au long de cette épreuve, nous avions reçu l'aide de notre héros improbable, Timush, qui fit ce qu'il pu pour nous venir en aide. Comme le montre mon histoire, ainsi que l'histoire de tant d'autres, c'est qu'à de nombreuses reprises la chance nous a souri en nous permettant de nous enfuir. Toutefois, sans la volonté de survivre chevillée au corps et le courage de tout faire pour y parvenir, aucun but ne peut être atteint, petit ou grand. Au fond, c'était cette volonté de vivre qui avait fait la différence.

Il m'avait été difficile de trouver un emploi. Mon anglais n'était pas très bon, j'avais très peu d'éducation et encore moins de compétences. J'avais donc tenté à plusieurs reprises de postuler pour des emplois, et essuyé de nombreuses déceptions. Pendant ce temps, mon ami Lolek avait déménagé lui aussi à New York. Il avait de la famille dans le Queens, et cela nous permit de reprendre contact. Au départ, quand je leur rendais visite au milieu de ma recherche d'emploi, ils me réconfortaient : "Lonek, ce n'est pas un nom anglais. Il faut que tu changes de nom pour avoir un travail." Après qu'ils m'eurent exposé leurs différentes suggestions, comme Leonard, Lenny, Larry, j'eus l'idée d'utiliser l'un des surnoms que l'on me donnait quand j'étais enfant. "Pourquoi pas Leon ?", demandai-je. C'était un prénom anglais commun, et ils pensaient que cela pourrait fonctionner. J'ai regretté ce choix, plus tard dans ma vie, de ne pas avoir gardé Lonek comme prénom. Je n'ai jamais compris pourquoi ils pensaient que c'était un problème. Ce n'était pourtant pas le plus incongru des prénoms que l'on pouvait entendre dans les rues de New York, même aujourd'hui.

Quoi qu'il en soit, une fois mon prénom changé, la famille de Lolek m'aida à trouver un travail dans un quartier situé à l'est de Manhattan dans un magasin de tissu pour l'industrie textile. L'entreprise, connue sous le nom de Beckenstein, reste ouverte à ce jour. Quand j'y travaillais, j'étais considéré comme ce que l'on appelle en polonais un "przynieś, wynieś, pozamiataj." En d'autres termes, quelqu'un qui s'occupe de tout le sale boulot. En argot anglais, on appellerait cela un *"gopher"*, quelqu'un qui "fait ceci, fait cela." Mais la phrase polonaise rime et est bien plus colorée, je trouve.

Ma tante et mon oncle avaient été très généreux en me proposant de vivre chez eux, en me nourrissant et en m'achetant ce dont j'avais besoin. Maintenant que j'avais un travail, je pouvais leur reverser un petit quelque chose pour ma chambre et les repas.

Tout se passait bien jusqu'à ce qu'ils se mettent à suspecter le béguin que j'avais pour leur fille. Elle s'appelait Gloria, et c'était ma cousine. Mais elle était si belle, que je ne pus m'empêcher de flirter un peu avec elle. Elle n'hésitait pas à me rendre mon affection. Nos plaisanteries ne passaient jamais inaperçues aux yeux de nos proches. Puis un jour, le flirt se changea en quelque chose d'un peu plus sérieux que de simples mots doux. Nous étions dans le hall d'entrée de l'immeuble, et avions soudainement commencé à nous embrasser. Comme par hasard, la porte de l'ascenseur s'ouvrit et nous fûmes surpris par ma tante et mon oncle. Naturellement, pour eux, c'était la goutte d'eau qui faisait déborder le vase, et ils voulaient que je trouve un autre endroit où vivre.

Réfléchissant au prochain endroit où je pourrais vivre, je m'étais souvenu qu'Halina était maintenant à Buffalo. Elle me manquait et je décidai d'aller lui rendre visite. Halina me trouva un endroit où rester chez l'une de ses amies, Gerda Klein. Gerda avait été dans les camps de la mort, et avait connu Halina lors des marches de la mort. Après le supplice qu'elle avait vécu, elle était devenue une militante pour les droits de l'homme, une écrivaine célèbre ainsi qu'une intervenante sur l'Holocauste. Son histoire devint un court-métrage et remporta un Oscar ainsi qu'un Emmy.

Halina fit quelque chose de vraiment remarquable quand elle était à Buffalo, quelque chose qui, à ce jour, me remplit de fierté à son égard. À cause de la guerre, elle n'avait pas eu la possibilité d'aller au lycée, mais à présent, elle avait l'opportunité de rattraper le temps perdu. Et, ma parole ! Elle s'était inscrite dans un lycée de la ville, déterminée à obtenir son diplôme. Même si elle avait dix-sept ans et qu'elle était plus âgée que la plupart des autres étudiants, elle devait commencer ce cursus depuis le début, c'est-à-dire, en troisième. Cela ne la découragea pas, au contraire, elle était plus que résolue à travailler très dur pour finir le lycée le plus vite possible. Cela ne serait pas chose facile, surtout en considérant le fait que, quand elle commença les cours, elle ne parlait pratiquement pas anglais. Toujours avec son dictionnaire polonais-anglais sous le bras, elle cravachait pour suivre les cours, non seulement obligée d'apprendre ses leçons, mais en plus, d'apprendre l'anglais en même temps. Malgré ces obstacles de taille, elle réussit à obtenir son diplôme de lycée en deux ans, au lieu de quatre ! J'étais si heureux de l'accompagner à son bal de promotion, puis d'assister à sa cérémonie de diplômes et de célébrer son accomplissement extraordinaire.

Non seulement Gerda Klein et son mari Kurt me permettaient de vivre avec eux, mais ils firent en sorte de me trouver un travail en tant que commis d'expédition dans un magasin de sport local. Cela faisait six mois que j'occupais ce poste quand Edek fit appel à moi pour l'aider avec l'épicerie qu'il venait d'acheter à Brooklyn. Ma tante lui avait fait un prêt pour acheter le magasin, et il était déterminé à réussir dans sa nouvelle entreprise. Je décidai alors de quitter mon emploi pour aller l'aider.

Au bout du compte, son commerce finit par battre de l'aile, alors, nous prîmes la décision de le vendre. Après cela, je me suis essayé à plusieurs activités : travailler dans un grand magasin de vêtements à Manhattan, puis en tant que vendeur d'assurances, pour ensuite devenir marchand pour une entreprise fournissant toutes sortes de produits à une chaîne d'épiceries. Je me débrouillais bien dans tout ce que je faisais, mais ce que je souhaitais réellement faire était de travailler à mon compte et de devenir auto-entrepreneur. C'était mon rêve et le but que je m'étais fixé. Ainsi, quand l'opportunité se présenta de reprendre une entreprise indépendante de porte-à-porte de marchandises dans Brooklyn, je sautai sur l'occasion. L'entreprise, spécialisée dans la vente de produits ménagers, avait une bonne base de clients réguliers, ce qui permettait une rentrée d'argent confortable.

Les choses se passaient bien avec le colportage, mais cela devenait un travail dangereux : le quartier dans lequel je travaillais n'était pas très sûr. Des criminels savaient que les vendeurs comme moi transportaient beaucoup d'argent sur eux, puisque les transactions du porte-à-porte se faisaient toujours en espèces. Les cas d'agressions sur d'autres vendeurs commençaient à augmenter. Puis, après avoir frôlé quelques voleurs potentiels, je décidai qu'il était temps de changer.

Pendant ce temps-là, Edek avait investi dans une société immobilière dans le New Jersey qui construisait de nouveaux appartements et maisons. Après la guerre, il y eut une hausse de la demande pour de nouveaux foyers étant donné que la population, ainsi que l'économie américaine, était en plein essor. L'entreprise était alors à la recherche de nouveaux investisseurs pour continuer à répondre et à étendre la demande.

Je décidai alors d'utiliser toutes mes économies et de les rejoindre. Je ne connaissais alors rien de l'univers du bâtiment et de l'immobilier, mais ils me dirent : "Ne t'inquiète pas. On va t'enseigner tout ce que tu as besoin de savoir." J'étais un élève appliqué et travaillais dur pour tout comprendre des aspects du métier. Je ne voulais pas seulement être un investisseur passif qui se contenterait de rester assis dans son bureau. J'avais donc passé des heures sur le terrain, à regarder et à apprendre de ces ingénieurs-vendeurs, architectes, géomètres-experts, menuisiers et plombiers de talent, jusqu'à connaître ce métier sous tous ses angles. L'entreprise connut une croissance régulière au fil des ans, de même que nos compétences dans ces secteurs d'activité.

Halina et moi nous sommes mariés le 24 octobre 1949. Nous avons eu la chance d'avoir une belle famille aimante, deux filles et un fils. Notre famille avait connu de grands moments de joies, mais aussi de peines. Ma fille aînée, Susan, est née en 1952 et vit près de moi dans le New Jersey. Elle a trois filles, Jamie, Danielle et Carly. Jamie et Danielle sont mariées à présent, et ont fondé leurs propres familles. Le mari de Jamie s'appelle Gilad, tandis que la femme de Danielle s'appelle Maryann. Pour notre plus grand bonheur, Jamie a donné naissance à notre premier arrière-petit-fils, né en 2018. Il s'appelle Liev Max Jacobs. Carly vit aujourd'hui à Washington, D.C. et travaille en tant que coordinatrice marketing auprès de la chaîne National Geographic.

Ma plus jeune fille, Nina, est née en 1967. Elle a deux magnifiques enfants aux prénoms très originaux. Son fils s'appelle Xander, et sa fille, Drew. Nous ne la voyons pas aussi souvent que nous le souhaiterions puisqu'elle et son mari, Noah, vivent à Los Angeles.

Mon fils David était né un peu plus d'un an après Susan, et était un garçon brillant et très intelligent. Nous l'aimions tant, et sa présence dans la famille nous apportait une grande joie. Il faisait de très bonnes études de Communication à l'université de Boston quand il fut diagnostiqué avec un cancer du cerveau. Son combat courageux contre cette maladie redoutable était une source d'inspiration. Malheureusement, après deux ans de chimiothérapie, de chirurgie et de traitements divers, il s'en est allé. Pour nous tous, ces deux années étaient des années d'enfer et d'agonie. Il nous manque terriblement, mais nous chérissons son souvenir chaque jour.

Quand je repense à tout ce que j'ai vécu, je peux finalement dire que j'ai eu une vie merveilleuse : une vie d'extrêmes, au cours de laquelle j'ai assisté à ce qu'elle pouvait faire naître de plus beau et de plus monstrueux. Mes premières années à Tarnopol avaient été heureuses et joyeuses. Elles furent rapidement suivies de quelques années d'une inimaginable horreur lorsque les Allemands ravagèrent toute l'Europe de l'Est. Cette période n'avait duré que cinq ans, une durée si courte à l'échelle de ma vie entière, mais elle m'avait profondément marqué : elle représente la partie la plus déterminante de ma vie, et ce à bien des égards. J'ai eu la chance de survivre et de partir pour les États-Unis, où la meilleure partie de ma vie put commencer.

Le but de ce livre est d'écrire une trace du mal que ma famille a subi et de rendre hommage à l'homme qui a tout sacrifié pour nous aider à survivre. S'il peut y avoir une lueur d'espoir dans toute l'horreur de l'Holocauste, des histoires comme la mienne, ainsi que celle de nombreux juifs d'Europe de l'Est qui ont survécu et finalement prospéré, sont des rayons de lumières traversant ce nuage très sombre. Les souffrances que nous avons connues ont contribué, sans aucun doute, au développement d'une force exceptionnelle et d'une capacité à faire face à tout ce que la vie peut apporter comme lot d'épreuves. Je sais que les choses terribles que j'ai vécues au cours de la guerre m'ont aidées à traverser la perte de mon fils David. J'ai appris que la vie n'est pas toujours juste, et qu'il faut accepter ce que le destin nous réserve afin de surmonter l'adversité.

Toutefois, il m'est très difficile d'imaginer que l'Holocauste ait pu apporter quelque chose de positif. Oui, j'ai miraculeusement survécu et fus capable ensuite de mener une vie pleine et abondante, au-delà de tout ce que j'avais pu imaginer de plus fou étant dans mon enfance à Tarnopol. Mais le fait que six millions de juifs aient été brutalement assassinés, privés de la chance de pouvoir mener une vie magnifique comme le fut la mienne, sera toujours la lentille à travers laquelle je vois la fin heureuse de mon histoire. Nous ne pouvons pas autoriser qu'une telle tragédie se reproduise. Mon souhait est que mon histoire puisse s'ajouter à celles de tous les autres pour empêcher que l'histoire ne se répète un jour.

41

COMMENT NOUS AVONS APPRIS LE SORT DE TIMUSH ET HANIA

Pendant des années après la guerre, nous avons cherché à savoir ce qui était arrivé à Timush et à Hania. Puis en 1985, quand l'Union soviétique commença à s'entrouvrir sous la Perestroïka, je décidai de retourner à Tluste pour retrouver la tombe de mes parents. Même sous la Perestroïka, il ne fut pas simple de traverser le Rideau de fer, mais nous étions déterminés à passer. À l'époque, pour se déplacer dans l'Union soviétique, il fallait toujours se faire escorter par un représentant de l'autorité. C'est au printemps 1985 que nous décidâmes d'aller à Moscou, Halina, ma fille Susan et son ancien mari, et moi. Être dans cette ville, sous le regard constant de nos escortes, me procurait un sentiment étrange. Nous étions certains d'être sur écoute, espionnés et que nos conversations étaient enregistrées.

Après quelques jours passés à Moscou, nous nous sommes rendus à Tarnopol où nous avions prévu de rester pour visiter la ville, puisqu'il n'était pas vraiment possible de se loger à Tluste à l'époque. L'hôtel à Tarnopol était très spartiate, très en deçà des critères occidentaux. Mais nous n'étions pas là depuis très longtemps, et certainement pas pour le simple plaisir de la visite.

Peu de temps avant nous, Edek et Tusia avaient eux aussi visité Tarnopol, et par le plus grand des hasards, ils étaient tombés sur l'un de mes amis d'enfance de Tluste. Mon ami s'appelait Zysio Stup, il avait quitté Tluste lors de la première invasion de la ville par les Allemands. Il était juif et, comme de nombreux juifs d'Europe de l'Est, il avait rejoint l'Armée Rouge et s'était battu à leurs côtés pendant la guerre. Heureusement, il avait survécu avant de retourner s'installer à Tarnopol après la guerre. C'était un de mes camarades de classe à l'époque, et Edek et Tusia ne l'avaient jamais rencontré jusqu'alors. La manière dont ils firent connaissance est intéressante.

Quand Edek et Tusia firent leur voyage, ils furent accompagnés par les fils de Tusia, Steven et Jerry, et la femme de Steven, Nancy. Le premier soir, ils avaient décidé de manger au restaurant de l'hôtel dans lequel ils restaient. Un groupe de musique jouait pour les patrons qui dinaient.

Au moment où le groupe fit une pause, le leader se dirigea vers eux. Il se présenta, puis leur demanda de se présenter à leur tour et de lui dire d'où ils venaient. Ils expliquèrent qu'ils venaient des États-Unis, et qu'ils étaient venus jusqu'ici pour voir où ils avaient grandi. Un membre du groupe se retourna alors vers Steven et lui demanda : "Ne serais-tu pas le fils de Mendel Weinstock ?" Ils étaient tous stupéfaits et se demandaient comment l'homme pouvait savoir cela. Cet homme était Zysio, et il leur expliqua que la première fois qu'il vit Steven, il lui trouva une ressemblance si frappante avec Mendel qu'il était sûr qu'un lien de parenté les unissait. Il connaissait très bien Mendel, mais ni Edek ni Tusia. C'est ainsi que le destin me permit de reprendre contact, et de savoir enfin ce qui était arrivé à Timush et Hania. Une fois la pause terminée, Zysio leur dédia une chanson : la magnifique chanson de folklore juif, "Jérusalem d'or".

Lorsque j'ai commencé à faire mes plans pour aller à Tluste, j'ai décidé que j'essaierais de rendre visite à Zysio : j'avais hâte de le voir après toutes ces années, mais je pensais aussi qu'il pourrait peut-être me donner quelques conseils pour arriver jusqu'à Tluste. Du fait du contrôle sévère qu'imposaient les Soviétiques, il était impossible de le contacter avant d'être sur place. Puisqu'Edek et Tusia l'avaient rencontré au cours de leur voyage, j'avais bon espoir qu'une telle chance se produise pour nous aussi. Ainsi, une fois arrivés, nous nous étions rendus au restaurant avant de constater, avec bonheur, qu'il y travaillait toujours. C'était un musicien accompli, et il continuait de jouer ici avec son groupe. Nous étions très heureux de nous revoir, de nous souvenir ensemble de notre enfance et de nous raconter comment nous avions survécu. Puis il nous dit qu'il aimerait nous inviter à dîner chez lui un soir. Toutefois, sous les Soviétiques, il devait recevoir une autorisation spéciale de la part des autorités pour nous accueillir chez lui. Cela prit plusieurs jours, mais notre demande finit par aboutir. Le dîner fut splendide, et la soirée, joyeuse. C'était si bon de le retrouver.

Le jour suivant nous avons voyagé à Tluste ensemble, accompagnés de notre escorte Soviétique. Tluste ne se trouve qu'à cent kilomètres de Tarnopol, mais il n'était pas si simple de s'y rendre. Le service de train n'étant ni fiable ni adéquat, nous avons engagé un chauffeur pour nous y conduire en voiture. Les routes étaient en très mauvais état, il était impossible de rouler au-delà d'une certaine vitesse. Ce qui aurait dû ne prendre que quelques heures prit presque une demi-journée.

Une fois arrivés, nous nous sommes dirigés vers l'endroit où avaient eu lieu les exécutions du Jeudi noir. Le lieu est, aujourd'hui encore, connu pour être la fosse commune de plus de trois mille juifs de Tluste. Parmi ces corps se trouvent ceux de ma mère, ma grand-être et ma tante. La longue observation de ce site fit ressurgir en moi les terribles souvenirs de ce jour-là, ainsi que le chagrin que j'avais éprouvé pour le terrible destin de ma mère. Nous sommes restés silencieux pendant plusieurs minutes pour honorer ceux qui ont perdu la vie ici.

Quelques instants plus tard, alors que nous étions en face des tombes, une vieille dame qui nous avait jusque là regardés de loin avec curiosité commença à s'approcher de nous. C'était une petite femme, un peu replète et légèremment voûtée à cause d'années de dur labeur. Elle portait une babushka sur la tête, et ressemblait au stéréotype de la paysanne d'Europe de l'Est. Elle nous dit bonjour en ukrainien, avant de nous demander qui nous étions et ce que nous faisions ici. Notre guide expliqua pourquoi nous étions ici, puis elle se redressa avec grand d'intérêt. Bien entendu, je comprenais toute la conversation, que je traduisais ensuite au reste de ma famille.

Elle commença par nous dire qu'elle n'était qu'une petite fille vivant à Tluste lorsque les événements que je relate dans mon histoire eurent lieu. Puis, à notre grande surprise, elle se mit à raconter les terribles événements du Jeudi noir. Elle était présente ce jour-là, juste à l'endroit où les exécutions furent conduites. Elle décrivait chaque chose en détail, tel que d'autres survivants et témoins m'avaient expliqué les choses. Son récit confirmait le trou énorme qui avait été creusé, la planche qui avait été posée par-dessus, et la mitrailleuse qui avait été utilisée pour assassiner les victimes. Elle nous expliqua que les juifs étaient forcés de se déshabiller complètement, de plier leurs vêtements et de les placer à l'arrière des camions qui stationnaient près d'eux.

Ensuite, elle nous raconta les jours qui suivirent ce massacre, et la manière dont la fosse se soulevait et maugréait. Elle se souvenait de la puanteur insupportable et de la brume sinistre qui s'était élevée autour du cimetière. D'une voix qui manifestait clairement l'effroi que ce jour avait eu sur elle, elle dit que les habitants de la ville pensaient tous que ce phénomène était un signe du mécontentement du dieu des juifs quant à ce qu'il s'était passé ce jour-là.

Je continuais à traduire l'ensemble de ces propos à ma famille, mais les émotions montaient en moi quand je repensais à ma chère mère et à son sort tragique. J'aurais tant souhaité savoir ce à quoi ces derniers instants avaient ressemblé pour elle, et quelles avaient été ses dernières pensées. J'imaginais combien la douleur et l'angoisse devaient être terribles. Puis je repensais à ce que Timush nous avait dit en la voyant marcher vers son exécution. Soudain, une partie de la réponse m'apparut. Ses derniers mots étaient adressés à nous, ses enfants, quand elle lui cria : "Je vous en prie, sauvez mes enfants."

C'est de cette pensée que le titre de ce livre s'est inspiré. Tant de mères et de pères ont perdu leurs enfants à cause d'une cruauté et d'une haine sans nom. Tant d'enfants ont perdu leurs parents. Tant de personnes se sont vues voler leur vie, principalement à cause de la folie d'un seul homme. Mais les autres étaient complices. Il y avait également une volonté préalable de croire et de suivre cette incarnation du mal. Je ne parviens pas à comprendre comment la quasi-totalité d'une nation, que mon père pensait être la plus cultivée de l'histoire de l'humanité, ait pu devenir la proie de la tromperie, de la haine et de la violence.

Après la visite de la fosse commune, nous nous sommes dirigés vers le cimetière juif où mon père est enterré. En arrivant sur place, l'endroit nous est apparu totalement négligé. Des vaches et des chèvres broutaient les mauvaises herbes qui avaient englouti la tombe. De nombreuses pierres tombales avaient été cassées, parfois même vandalisées, tandis que la plupart des autres étaient complètement renversées.

Nous avons beaucoup cherché pour trouver la tombe de mon père, mais elle était impossible à localiser. À l'époque, nous n'avions pas pu mettre une vraie pierre tombale dessus, et toute trace de l'endroit où nous avions creusé avait été effacée depuis longtemps. Je n'arrivais pas à me souvenir ne serait-ce que de l'endroit approximatif où il avait été enterré, et toute tombe dépourvue de repère était difficile à reconnaître. Le moins que l'on puisse dire, c'est que j'étais extrêmement déçu.

En dépit du fait que nous ne savions pas où il était, nous nous étions préparés pour réciter une prière. Nous nous sommes donc rassemblés pour la dire. J'ai ensuite récité un Kaddish juif traditionnel, puis nous avons tous gardé quelques instants de silence. Je me souvenais du mieux que je pouvais de toutes sortes de choses au sujet de mon père - son travail acharné, son dévouement à sa famille, son amour de la musique et de la culture, ses danses dans le salon avec ma mère en écoutant la musique de la radio. Tant de souvenirs me revenaient, qu'il ne s'écoula pas beaucoup de temps avant que la tristesse ne me submerge et que je pleure.

Des années plus tard, après la chute du mur de Berlin, nous avons pu retourner de nouveau à Tarnopol et à Tluste. Il était devenu bien plus simple d'entrer dans le pays, et nous n'avions plus besoin ni de guide ni d'escorte. L'endroit restait difficile à parcourir et ne permettait qu'un confort minimal. Lors de ce voyage, nous avions espoir de rencontrer Lubko, le fils de Timush et Hania.

Nous ne savions pas où il vivait, ni même s'il était encore en vie, mais nous avions envie de savoir. Cette fois-ci, je fus en mesure de contacter Zysio à l'avance, et de lui demander s'il pouvait nous aider à retrouver Lubko. Zysio était très content de nous aider, et avait commencé ses recherches. Il fut étonné d'apprendre que Lubko vivait à quelques pâtés de maisons seulement du sien à Tarnopol. C'est pourquoi nous l'avons appelé pour lui demander si nous pouvions lui rendre visite.

Il s'est tout d'abord montré méfiant à l'idée de nous rencontrer. Les Américains continuaient d'inspirer de la méfiance, et n'étaient pas très appréciés de ceux qui avaient grandi sous le système soviétique. Mais après lui avoir raconté les actes héroïques de son père et de sa mère, il accepta de nous voir. Il se proposa aussi pour nous emmener lui-même à Tluste. C'est ainsi que nous avons décidé de retourner à Tarnopol et à Tluste. Cette fois-ci, nous avions été capables d'emmener avec nous ma fille Nina, et ma petite-fille, Jamie.

L'aéroport le plus proche de Tarnopol se situe à Lwów. Quand nous avons atterri, Lubko nous attendait dans le hall de l'entrée. Il était venu avec une vieille camionnette usée qui, visiblement, avait connu des jours meilleurs. Il nous a conduits sur les 128 kilomètres jusqu'à Tarnopol et nous a accueillis dans sa maison. La route avait été longue, mais nous étions si contents de l'avoir retrouvé et d'enfin pouvoir lui raconter toute l'histoire. Nous avons rencontré sa femme et sa famille, et avions passé un très bon moment ensemble.

Lubko était très surpris d'apprendre les sacrifices que ses parents avaient faits pour nous. Timush et Hania ayant pris soin de lui cacher le secret du bunker, il n'était pas du tout au courant de ces événements lointains. Au moment où Timush partit se battre avec les Allemands, Lubko était très jeune et ignorait tout de notre cachette chez ses parents. Bien entendu, Timush n'avait jamais pu le lui dire, et sa mère mourut peu de temps après la guerre sans l'avoir fait.

Lubko était très reconnaissant d'apprendre les sacrifices faits par ses parents, et fut ému par leur courage. Par la suite, nous nous sommes donné pour mission de l'aider, lui et sa famille, de toutes les manières possibles, y compris par la biais d'un soutien financier occasionnel au cours des nombreuses années où nous l'avons connu. Malheureusement, Lubko n'est plus de ce monde, mais nous continuons d'aider ses enfants comme nous le pouvons. Si petite soit elle, il était important pour nous de rendre une certaine compensation pour ce que Timush et Hania ont fait pour nous.

Timush et Hania ont chacun leur monument commémoratif à Tluste pour leur service et leur sacrifice en faveur de l'indépendance de l'Ukraine. Sur ces sites, pas un mot ne concerne ce qu'ils ont fait pour sauver notre famille. J'ai longtemps songé au fait qu'ils devaient être reconnus pour avoir pris de tels risques et pour être allés si loin pour nous garder en vie. L'endroit idéal pour faire cela ne se trouvait pas à Tluste, mais au mémorial de Yad Vashem, à Jérusalem. Ce lieu est très spécial et les designers, architectes, constructeurs et historiens qui lui ont donné vie méritent d'être vivement félicités.

L'une des sections les plus importantes du musée est celle dédiée aux "Justes", ces personnes non juives qui ont contribué à sauver des juifs à leurs risques et périls, accomplissant ainsi des actes héroïques sous le règne nazi. Seuls ceux qui l'ont fait pour de nobles raisons et non pour de l'argent ou un gain personnel peuvent être reconnus au mémorial. Il ne fait aucun doute que Timush et Hania méritaient d'y être honorés. J'étais donc déterminé à ce que cela se produise. J'ai contacté Yad Vashem et les conservateurs ont commencé un processus de vérification minutieuse de mon récit. Une fois cette étape terminée, ils se sont accordés sur le fait qu'ils méritaient leur place ici. Le 9 septembre 1988, cela fut rendu officiel, et Tusia et moi avons assisté ensemble à la cérémonie à Yad Vashem à Jérusalem.

Quand je repense à ces années terribles au cours desquelles nous avons été confrontés à la haine, à la famine, à la maladie, à la guerre et à la mort tout autour de nous, il m'est maintenant plus facile de traiter les émotions qu'elles ont suscitées. J'ai travaillé avec des écrivains et des éditeurs qui m'ont aidé à mettre en mots mon histoire, en me demandant constamment de décrire comment ces événements m'ont affecté émotionnellement au moment où ils se sont produits. À l'époque, ma mémoire peinait à se souvenir de ces émotions. En fait, je pense que les événements ont été tellement bouleversants quand ils se sont produits que je n'ai pas ressenti grand-chose sur le moment. Il me semble qu'il s'agit là d'une réaction naturelle de l'esprit lorsqu'il est soumis à tant d'horreur comprimée sur si peu de temps. Il s'agissait, avant tout, de survivre. La seule chose à laquelle nous pouvions penser était comment nous pourrions vivre jusqu'au lendemain. Il n'y avait pas de temps pour les émotions.

Au moment même où j'écris ces lignes, l'anti-sémitisme est à nouveau en hausse dans le monde entier. En Europe de l'Est, les gouvernements qui accèdent au pouvoir expriment très ouvertement leurs doutes, voire leur haine, quant aux juifs. Cela se produit également aux quatre coins du monde, en Asie, en Amérique centrale et en Amérique du Sud. Les États-Unis ne sont pas exempts de tout reproche non plus. De plus en plus de personnes rejoignent des mouvances néo-nazies et d'autres groupes haineux qui n'hésitent pas à recourir à la violence pour attaquer le peuple juif. La liberté que procure internet leur a permis de diffuser leur propagande emplie de haine de manière beaucoup plus rapide et aisée. Il serait donc très naïf de penser que ce qui est arrivé sous Adolf Hitler ne puisse jamais se reproduire.

Mais je crois que mon expérience nous donne une raison d'espérer. Il faut se souvenir de chacune des histoires de l'Holocauste, et les raconter. Chacune d'entre elles est importante et unique. J'espère que j'ai réussi à transmettre ces deux qualités dans mon récit et que chaque lecteur en sera édifié. Mon frère et ma sœur ont raconté les leurs dans des entretiens sur la Shoah, mais ceux-ci sont limités et aucun ne raconte l'histoire complète de notre famille.

Ce livre en constitue la première tentative. Avant toute chose, c'est l'histoire de ma famille. Mais si je l'écris enfin, c'est avant tout pour rendre hommage à notre héros improbable, Timush. Son incroyable transformation ainsi que son courage montrent que la haine et la violence peuvent être surmontées. Espérons et prions pour que ceux qui sont en proie à de tels traits dans le monde d'aujourd'hui réussissent, eux aussi, à les dépasser. C'est le seul moyen d'empêcher un nouvel Holocauste.

REMERCIEMENTS

Différentes sources extérieures ont été utilisées pour raconter les événements que je n'ai pas vécus moi-même. Je tiens à remercier les personnes et les sources qui m'ont aidé à donner une image plus complète de tout ce qui se passait autour de moi et qui a influencé mon histoire.

Je suis extrêmement reconnaissant envers mon frère, Edek, et ma sœur, Tusia, pour avoir eu la force de mener les entretiens dirigés par la Shoah Foundation de Steven Spielberg. Leurs témoignages filmés m'ont immensément aidé à me remémorer notre histoire avec précision.

Après leur mort, la prise de conscience que notre histoire n'avait jamais été entièrement racontée à un public plus large a commencé à me hanter. Leur volonté de passer les heures nécessaires à la réalisation des entretiens m'a motivé à trouver le courage et la force d'accomplir la tâche difficile qu'exige l'écriture d'un livre.

Bien avant les entretiens sur la Shoah, mes neveux, les fils de Tusia, Steven et Jerry Weinstock, se sont minutieusement entretenus avec nous trois. Dans les années 1970, avec l'aide du fils d'Edek, Stewart, ils ont compilé un récit très descriptif de notre histoire en se concentrant sur les années de guerre et jusqu'à notre évasion du bunker. Je leur suis redevable de leur travail acharné et de leur attention aux détails, qui ont permis d'éclaircir une grande partie de l'histoire et de documenter des parties que je ne connaissais pas très bien. Merci également à Steven d'avoir numérisé le croquis du bunker réalisé par Edek. Il a également remplacé l'écriture manuscrite originale qui légendait le croquis par une typographie plus lisible.

J'aimerais remercier Doug Hykle, dont la famille est originaire de notre petite ville de Tluste. Doug est d'origine ukrainienne et a travaillé inlassablement pendant de longues années afin de rassembler les détails de l'histoire de Tluste. Le travail qu'il a fourni pour établir une chronologie des événements ayant eu lieu pendant la guerre m'a été très utile. Il a également récolté de nombreuses données sur les familles juives qui vivaient à Tluste avant la guerre et pour savoir où chacune d'entre elles vivaient dans la ville.

Le journal du Docteur Baruch Milch, notre médecin de famille à Tluste, représente une source d'inspiration m'ayant permis de me lancer dans le récit de ma propre histoire. Le Dr. Milch avait commencé son récit alors qu'il se cachait, saisissant tout bout de papier comme une chance de s'assurer que le mal qui se produisait autour de lui était documenté. Il compléta son journal des années après son départ pour Tel Aviv, et le livre fut publié à titre posthume. Ses filles, Shosh Milch-Avigal et Ella Sheriff, ont travaillé dur pour s'assurer que le journal était complet et qu'il puisse être publié. Son récit du massacre du Jeudi noir à Tluste, comme tant d'autres récits, a constitué une source d'inspiration capitale. Le livre, *Can Heaven be Void*, fut édité par Shosh Milch-Avigal et publié par Yad Vashem en 2003. Malheureusement, Sosh mourut peu avant la publication du livre. C'est grâce à Ella que le projet a pu aboutir. Le livre, édité par Yad Vashem, est aujourd'hui disponible en anglais.

Merci à Dina Kleiner, la fille de Stewart Kleiner, ma nièce, pour avoir rassemblé et catalogué les photos prises avant la guerre.

Je suis infiniment redevable à mon bon ami Sam Langholz, sans qui je ne serais peut-être pas présent aujourd'hui pour vous raconter mon histoire. Cela fait presque 80 ans que nous sommes amis. Ensemble, à Tluste, nous avions été deux jeunes garçons luttant pour notre survie. Il a été une source d'inspiration constante qui m'a permis de rester concentré et motivé pour raconter mon histoire et terminer le livre. Et sans son aide pour reconstituer les événements que nous avons vécus ensemble au cours de ces jours sombres, beaucoup de choses auraient été oubliées ou incomplètes.

Enfin, et certainement pas des moindres, je veux remercier mon adorable épouse, Halina. Je n'aurai pas pu finir le récit de mon histoire sans son amour et son soutien. La valeur des retours qu'elle m'a fournis, alors que nous élaborions l'histoire, est inestimable. Et, de par sa présence dans notre vie ensemble, elle a été une source intarissable d'inspiration et d'encouragement.

PHOTOS

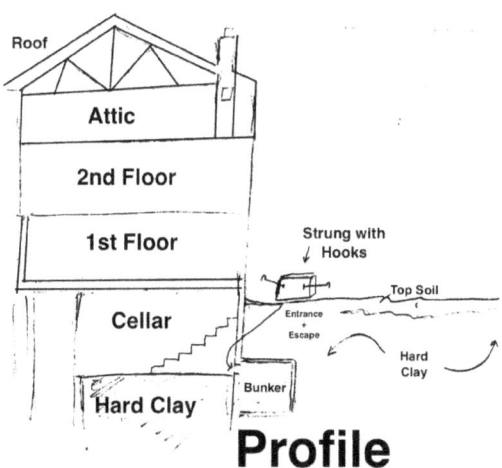

Le bunker, vu de l'extérieur, dessiné par Edek

Timush et Hania (même si la photo est de mauvaise qualité, elle vaut la peine d'être intégrée dans ce livre)

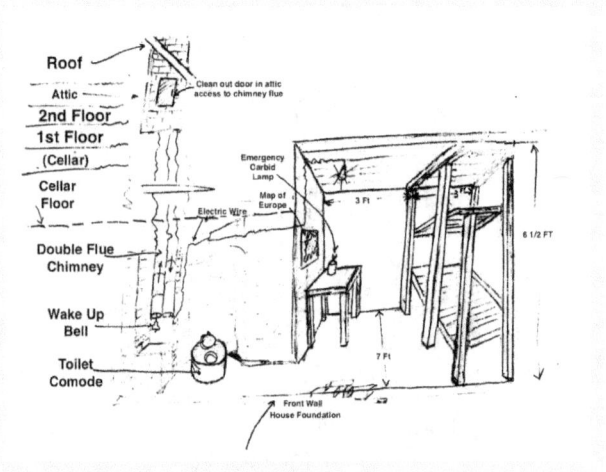

Le bunker, vu de l'intérieur, dessiné par Edek

Les parents de Leon, peu avant que la Seconde Guerre mondiale n'éclate

Les grands-parents de Leon, du côté de son père

Les employés de la fabrique de chapeaux Kleiner-Bickel. Le père de Leon est assis à gauche

Des garçons, tenant un panneau de la fabrique de chapeaux Kleiner-Bickel

Leon, bébé

Leon déguisé en Ali Baba

Leon, avec un haut-de-forme et une canne

Leon au vieux square de Tarnopol

Edek et Tusia sur un tricycle

Edek et Tusia en costume

Les enfants Kleiner avec quelques amis. Leon porte un chapeau marin blanc

Les enfants Kleiner

Les enfants Kleiner en vacances. Leon porte son chapeau marin blanc

La famille Kleiner à la plage

La famille de Leon avec sa mère et Zosia, la nounou

La famille Kleiner à Iwonich. Leon est habillé en blanc

Leon sur une charrette tirée par un cheval

Au fond du groupe, le père de Leon, un été à
Tartarow. Son visage est surligné

Leon, surligné sur la photo, pendant le festival de Pourim

Leon, surligné, pendant Hanoukka

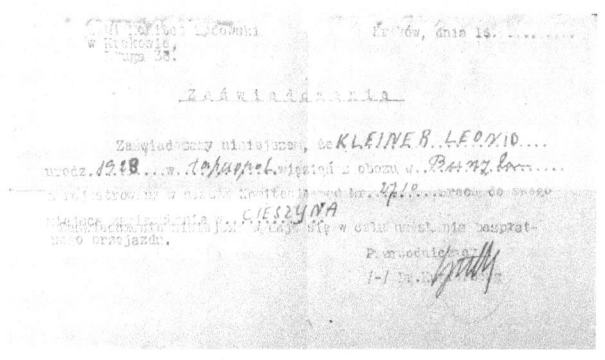

Le document de voyage de Leon, de Cracovie à Prague, mentionnant faussement le camp de concentration de Bunzlau

Leon à Prague. Derrière lui se trouve Lolek, tous les deux sont surlignés

Leon en Allemagne, probablement à Schwandorf

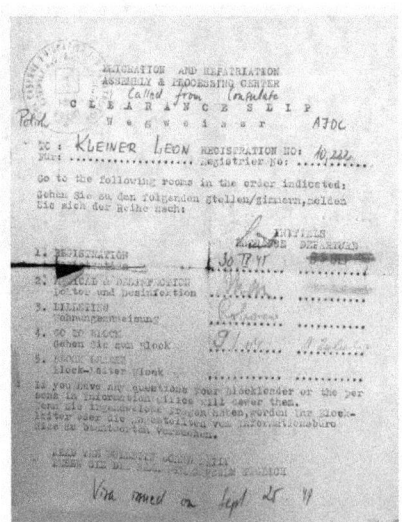

Le document d'immigration de Leon, datant du 25 septembre 1947

Leon, son frère et sa sœur, après la guerre, près du lac de Schwandorf. Au sol, à gauche, se trouve tante Fryma et, à droite, Ina, la femme d'Edek

U.S.S. Ernie Pyle, l'un des navires qui avaient transporté les réfugiés et immigrants vers les États-Unis après la guerre

Leon, à bord de l'U.S.S. Ernie Pyle

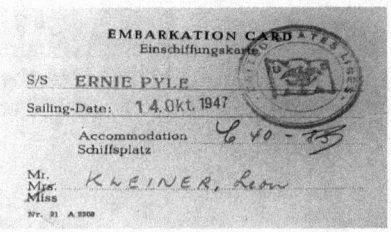

La carte d'embarquement de Leon

La carte d'immigré de Leon

Leon, Lubko et des membres de la famille, en Ukraine (2005)

Leon et Lubko

Leon et la femme de Lubko

La famille de Lubko à Tluste

Les Kleiner à Yad Vashem, à Jérusalem (2012)

David Kleiner durant son combat contre le cancer

Leon et Halina peu de temps après leur mariage
en 1949

Fête d'anniversaire des 90 ans de Leon, été 2018

La tapisserie de Pepi Kleiner, qui a miraculeusement survécu à la guerre

Le mémorial de l'Holocauste des Kleiner, dont la plaque commémorative est situé au Temple Beth Ahm, à Springfield, dans le New Jersey

Plaque commémorative des Kleiner au Temple Beth Ahm, à Springfield, dans le New Jersey

À PROPOS DES AUTEURS

Leon Kleiner est un un promoteur immobilier commercial et résidentiel retraité du New Jersey. Il est né dans la ville de Tarnopol, en Pologne, une dizaine d'années avant que la Seconde Guerre mondiale n'éclate. Après la guerre, la ville a été rattachée à l'Ukraine, et en fait toujours partie à ce jour. Les premières années de la vie de Leon, avant et pendant la guerre, sont consignées dans ce livre. Il a miraculeusement survécu à l'Holocauste, avant d'immigrer aux États-Unis en 1947, où il a épousé sa femme, Halina, également survivante de l'Holocauste. Ils se sont rencontrés dans un camp de personnes déplacées en Autriche en 1945. Lui et son frère ont travaillé dur pour économiser suffisamment d'argent afin d'investir dans une société immobilière qui profitait du boom immobilier de l'après-guerre. En 1964, il quitta New York pour se rendre dans le New Jersey et y créer une entreprise immobilière avec son frère. Leur entreprise s'est agrandie et a prospéré au fil des ans. Âgé de plus de 90 ans aujourd'hui, il profite de sa retraite auprès d'Halina. Tous les deux sont les heureux parents de deux filles. Ils avaient également eu un fils, décédé tragiquement d'un cancer dans sa vingtaine. Ses filles leur ont donné cinq petits-enfants, et ils viennent tout juste d'accueillir leur premier arrière-petit-fils.

Edwin Stepp a plus de trente années d'expérience dans les médias, le marketing et la publicité. Il a été le rédacteur en chef du journal trimestriel "Vision - Journal for a New World", pendant plus de 15 ans. Le magazine avait un tirage modeste mais était distribué dans plus de 75 pays dans le monde. Il a écrit des dizaines d'articles sur l'histoire, la culture, l'environnement et les actualités. À ce magazine s'ajoutait un site internet associé, comptabilisant plus de 250 000 visiteurs par mois. Edwin s'occupait du développement du site, ainsi que du contenu proposé sur l'application mobile. Ce métier lui a également permis d'écrire et d'éditer de nombreux livres sur l'histoire juive et chrétienne, publiés par le journal. En 2011, Edwin a créé la Django Productions, une société de production de télévision et de films spécialisée dans les documentaires et le divertissement non-fictif. Edwin continue d'affiner ses talents d'écrivain en élaborant ces films et ces scripts.

Merci beaucoup d'avoir lu ces mémoires. Nous espérons que vous avez apprécié votre lecture et nous serions ravis de vous demander de poster quelques mots gentils sur Amazon ou sur Goodreads. Autrement, si vous avez lu ce livre en Ebook Kindle, vous pouvez tout simplement laisser une note : vous n'avez qu'à cliquer sur le nombre d'étoiles (jusqu'à cinq) que le livre mérite selon vous. Cela ne vous coûtera qu'une demi-seconde.

Par avance, nous vous en remercions !

Leon Kleiner et Edwin Stepp

www.ingramcontent.com/pod-product-compliance
Lightning Source LLC
LaVergne TN
LVHW010308070526
838199LV00065B/5487